音声ダウンロード付

☑ 高校入試

対策

問題集

英語

ENGLISH

合格への最短完成

E 栄光ゼミナール 監修

PART 1 文法

PART 2 読解

PART 3 英作文

PART
4 🎧 | リスニング

| 実戦模試

| 音声ダウンロードの方法

この本をご購入いただいた方への特典として,リスニング問題の音声を無料でダウンロードいただけます。記載されている注意事項をよくお読みになり,ダウンロードページへお進みください。

https://www.kadokawa.co.jp/product/321903000271/

ユーザー名 saitankansei パスワード english

上記のURLへアクセスいただくと,データを無料ダウンロードできます。
「書籍に付属する音声データのダウンロードはこちら」という一文をクリックして,ユーザー名とパスワードをご入力のうえダウンロードし,ご利用ください。

注意事項
● ダウンロードはパソコンからのみとなります。携帯電話・スマートフォン・タブレットからのダウンロードはできません。
● スマートフォンに対応した再生方法もご用意しています。詳細は上記URLへアクセスの上,ご確認ください。(※ご使用の機種によっては,ご利用いただけない可能性もございます。あらかじめご了承ください。)
● 音声はmp3形式で保存されています。お聴きいただくには,mp3を再生できる環境が必要です。
● ダウンロードページへのアクセスがうまくいかない場合は,お使いのブラウザが最新であるかどうかご確認ください。また,ダウンロードする前に,パソコンに十分な空き容量があることをご確認ください。
● フォルダは圧縮されていますので,解凍したうえでご利用ください。
● 音声はパソコンでの再生を推奨します。一部ポータブルプレイヤーにデータを転送できない場合もございます。
● なお,本サービスは予告なく終了する場合がございます。あらかじめご了承ください。

特長と使い方

1 出やすい順×栄光ゼミナールの監修×思考力問題対応

　この本は，全国の公立高校入試問題の分析や栄光ゼミナールの知見をもとに，各分野のテーマを，出やすい・押さえておきたい順に並べた問題集です。

　さらに，近年の公立高校入試で出題が増えている"思考力問題"を掲載しており，「すばやく入試対策ができる」＝「最短で完成する問題集」です。

2 「栄光の視点」の3つのコーナーで，塾のワザを"伝授"

💡 この単元を最速で伸ばすオキテ

　学習にあたって、まず心掛けるべきことを伝授します。「ここに気をつければ伸びる」視点が身につきます。

📕 覚えておくべきポイント

　入試突破のために押さえたい知識・視点を復習します。考え方やテクニックも解説しているので，よく読んでおきましょう。

💣 先輩たちのドボン

　過去の受験生たちの失敗パターンを掲載しています。塾の講師が伝えたい「ありがちなミス」を防ぐことにつなげます。

※「要点」では，覚えておきたい知識を確認します。「オキテ」「ポイント」「ドボン」「要点」は，科目・テーマによって有無に違いがある場合があります。

3 「問題演習」で，定番問題から新傾向の思考力問題まで対策

「問題演習」の問題には，次のようなマークがついています。

✔ 必ず得点 ……正答率が高いなど，絶対に落とせない問題です。

👆 よくでる ……出題されやすい問題です。確実に解けるようにしておきましょう。

➕ 差がつく ……間違えるライバルが多いものの，入試で出やすい問題です。この問題ができれば，ライバルに差をつけられます。

🚨 思考力 ……初見の資料を読み込ませるなど，「覚えているだけ」ではなく「自分の頭で考えて解く」ことが求められる問題です。この問題が解ければ，試験本番で未知の問題に遭遇しても怖くなくなるでしょう。

　最後に，巻末の「実戦模試」に取り組んで，入試対策を仕上げましょう。

PART 1

文法

1 未来・進行形

栄光の視点

 この単元を最速で伸ばすオキテ

▷ これから起こること・予定を表す文，今起きていること・過去に起きていたことを表す文の形をおさえる。

 覚えておくべきポイント

▷ **未来**

(1) 〈will ＋動詞の原形〉…「～するだろう」「～するつもりだ」

　　例 He will come to the party. （彼はパーティーに来るでしょう） 基本文

　　例 He will not come to the party. （彼はパーティーに来ないでしょう） 否定文

　　例 Will he come to the party? （彼はパーティーに来るでしょうか） 疑問文
　　　　—Yes, he will. / No, he will not. ※ will not = won't
　　　　（はい，来るでしょう／いいえ，来ないでしょう）

(2) 〈be 動詞＋ going to ＋動詞の原形〉…「～するだろう」「～する予定だ」

　　例 They are going to visit Kyoto next week. （彼らは来週，京都を訪れる予定です） 基本文

　　例 They are not going to visit Kyoto next week. 否定文
　　　　（彼らは来週，京都を訪れる予定ではありません）

　　例 Are they going to visit Kyoto next week? 疑問文
　　　　（彼らは来週，京都を訪れる予定ですか）
　　　　—Yes, they are. / No, they are not. ← be 動詞を使って答える
　　　　（はい，その予定です／いいえ，その予定はありません）

▷ **進行形**

(1) **現在進行形**…〈am〔is, are〕＋動詞の～ ing 形〉「～している」

　　例 I am studying math now. （私は今，数学を勉強しています） 基本文

　　例 I am not studying math now. （私は今，数学を勉強していません） 否定文

　　例 Are you studying math now? （あなたは今，数学を勉強していますか） 疑問文
　　　　—Yes, I am. / No, I am not. （はい，勉強しています／いいえ，勉強していません）

(2) **過去進行形**…〈was〔were〕＋動詞の～ ing 形〉「～していた」

　　例 I was reading a book then. （私はそのとき，本を読んでいました） 基本文

　　例 I was not reading a book then. （私はそのとき，本を読んでいませんでした） 否定文

　　例 Were you reading a book then? （あなたはそのとき，本を読んでいましたか） 疑問文
　　　　—Yes, I was. / No, I was not. （はい，読んでいました／いいえ，読んでいませんでした）

like, know, want, see など，知覚や状態を表す動詞は進行形にしないことにも注意する。

問題演習

1 次の文の（　　）に入る適切なものを，下のア～エからそれぞれ１つずつ選び，記号で答えなさい。

(1) A: I need Tom's help now. Is Tom here?　　　〈岩手県〉
B: No, he is not.
A: OK. Please tell me when you see him.
B: Wait! Look outside.
Tom and his friends（　　　）soccer now.
ア　are playing　　イ　played　　ウ　plays　　エ　were playing
〔　　　　　〕

(2) Mother: What's the problem?　　　〈宮城県〉
Tom: Well, （　　　） I can't find it. Have you seen it?
Mother: No, I haven't. When did you use it?
Tom: I used it when I studied English in this room.
ア　I'm calling my friend.
イ　I'm listening to the music on the radio.
ウ　I'm watching a movie on TV.
エ　I'm looking for my dictionary.
〔　　　　　〕

(3) 〔 After school 〕　　　〈福島県〉
A: We will have our school trip this Friday. （　　　）
B: I checked it on TV. It will be good in Aizu.
ア　What will you want to be?
イ　What did you do there?
ウ　How will the weather be?
エ　How did you go there?
〔　　　　　〕

2 次の文の（　　）内の語(句)を並べかえて，文を完成させなさい。

(1) His birthday party (held / next / will / be) Sunday.　　　〈大阪府・改〉

_____

(2) Sally: Daisuke, do you have any plans after school today?
Daisuke: Yes. I'll (to / my sister / the library / before / take)
dinner.　　　〈宮城県・改〉

_____

3 次の対話について，右にあるイラストに合うように， ☐ に入る適当な英語1語を書きなさい。ただし， ☐ 内の __ に1文字ずつ書くものとします。 〈北海道〉

A: What is the boy doing now?
B: He is ☐_____☐ a bike.

4 次の英文は，来週カナダに帰国するALTのブラウン先生(Mr. Brown)と博人(Hiroto)の会話である。二人の会話が成り立つように， A ， B に入る適当な英語を書きなさい。ただし，それぞれ単語を6語以上使用し，1文となるように書くこと。 〈佐賀県・改〉

🔔 思考力

Hiroto:	Thank you for teaching us English, Mr. Brown.
Mr. Brown:	You are welcome. I really enjoyed teaching English at Saga Junior High School.
Hiroto:	How was the life in Japan?
Mr. Brown:	It was very good. Many Japanese people were kind, and all Japanese foods were my favorite.
Hiroto:	Good. I'm glad to hear that. A ?
Mr. Brown:	I am going to study science again. Before I came to Japan, I studied science in Canada. I enjoyed teaching, but my dream is to become a scientist in the future.
Hiroto:	Really? I didn't know that. B ?
Mr. Brown:	Because I want to save the earth. To do so, I think it is very important to study science.

A _____

B _____

2 助動詞

栄光の視点

 ## この単元を最速で伸ばすオキテ

⇨ 「〜できる」「〜してもよい」などの意味を表す助動詞の種類を整理する。

覚えておくべきポイント

⇨ **助動詞 can, may, must, should, will**

組み合わせる述語が be 動詞であれ一般動詞であれ，あるいはどの助動詞を用いようとも，語順はすべて共通であり，助動詞の語順に支配される。

◎ **助動詞の種類と意味**

助動詞	意味	否定形
can	「〜できる」【可能】，「〜してもよい」【許可】	cannot, can't
may	「〜してもよい」【許可】，「〜かもしれない」【推量】	may not
must	「〜しなければならない」【義務】，「〜に違いない」【推量】	must not, mustn't
should	「〜すべきだ」【義務】	should not, shouldn't
will	「〜するだろう」【未来】，「〜するつもりだ」【意思】	will not, won't

基本文…〈主語＋助動詞＋動詞の原形〜 .〉←主語が何であっても動詞は原形

　　例 Tim can run fast. (ティムは速く走ることができます)

否定文…〈主語＋助動詞＋ not ＋動詞の原形〜 .〉

　　例 We cannot eat lunch here. (私たちはここで昼食を食べることができません)

疑問文…〈助動詞＋主語＋動詞の原形〜 ?〉

　　例 Can I open the window? (窓を開けてもいいですか)

　　　―Yes, you can.〔Of course. / Sure.〕/ No, you cannot. (はい，いいです〔もちろん〕/

　　　　　　　　　　　　　　　　　　　　　　　　　　　　いいえ，いけません)

⇨ **助動詞の働きをする表現**

(1) **be able to 〜**…「〜できる」の can とほぼ同じ意味。

　　例 You will be able to speak English. (あなたは英語を話すことができるようになるでしょう)

(2) **have〔has〕to 〜**…「〜しなければならない」の must とほぼ同じ意味。

　　基本文 例 I have to cook dinner. (私は夕食を料理しなければいけません)

　　否定文…〈don't〔doesn't〕have to 〜〉「〜する必要はない」

　　例 You don't have to help me. (あなたは私を手伝う必要はありません)

　　疑問文…〈Do〔Does〕＋主語＋ have to 〜〉「〜する必要がありますか」

　　例 Do I have to go with you? (私はあなたと行く必要がありますか) = Must I go with you?

　　　―Yes, you do. / No, you don't have to. (はい，あります／いいえ，必要ありません)

ただし，must not と don't〔doesn't〕have to の使い分けに注意する。

　　must not 〜 …「〜してはならない」【強い禁止】= Don't 〜 .

　　don't〔doesn't〕have to 〜 …「〜する必要はない」【不必要】

問題演習

次の文の（　　）に入る適切な語(句)を，下の**ア〜ウ**からそれぞれ１つずつ選び，記号で答えなさい。

✔必ず得点

(1) I must (　　) a lot of homework today.　　　　　　　〈大阪府・改〉

　　ア　do　　イ　doing　　ウ　to do

　　　　　　　　　　　　　　　　　　　　　　　〔　　　　〕

(2) He may (　　) here today.　　　　　　　　　　　　　〈大阪府・改〉

　　ア　leave　　イ　leaves　　ウ　leaving

　　　　　　　　　　　　　　　　　　　　　　　〔　　　　〕

次の文について，あとの**ア〜カ**の語句を並べかえて（　　）に入れ，英文を完成させなさい。解答欄には，（ ① ）〜（ ② ）に入る語の符号を書きなさい。

よくでる　　　　　　　　　　　　　　　　　　　　　　　〈兵庫県〉

A: Do you think I can read this English book?

B: Yes, I think you can. You (　　) (①) (　　) (　　) (②) (　　).

　　Try to understand the *outline of the story.　　（注）outline　概要

ア　difficult　イ　to　ウ　don't　エ　know　オ　have　カ　words

　　　　　　　　　　　　① 〔　　　　〕　② 〔　　　　〕

次の対話文の（　　）に入る適切な文を，下の**ア〜エ**から１つずつ選び，記号で答えなさい。

(1) A: I forgot to bring my pencil case.　　　　　　　　〈福島県〉

　　B: (　　) You can use my pencil.

　　ア　You must not use your dictionary.

　　イ　You don't have to worry about it.

　　ウ　You have to look for it.

　　エ　You must get home early.　　　　　　　　　〔　　　　〕

✔必ず得点 (2) Bob:　　What are you doing, Akira?　　　　　　〈富山県〉

　　Akira:　　I'm writing an e-mail to my friend living in America, but it is difficult to do it in English.

　　Bob:　　(　　)

　　Akira:　　Thank you. I'm glad to hear it.

　　ア　Can you help me?　　イ　I'm not helping you.

　　ウ　Can I help you?　　エ　I can't help you.　　〔　　　　〕

(3)　A: I'm going to see a baseball game next Sunday with my family.
　　　　But my sister is busy and can't go. Would you like to come?

　　　B: I like watching baseball, but (　　　)　　　　　　　〈長野県〉

　　　A: OK. I hope you can come with us next time.

　　　ア　I can go next Sunday.　　イ　I don't have any baseballs.

　　　ウ　I don't have any sisters.

　　　エ　I have to help my family that day.　　　　　〔　　　〕

(4)　Akio:　　　　　　Hello, this is Akio. May I speak to Tom, please?

　　　Tom's mother: Sorry, but he is out now.　　　　　　〈富山県〉

　　　Akio:　　　　　I see. (　　　)

　　　Tom's mother: Sure.

　　　ア　Shall I take a message?　　　イ　Can I call him again?

　　　ウ　Will you give me a message?　エ　May I help you?

　　　　　　　　　　　　　　　　　　　　　　　　〔　　　〕

4　次は，ＡとＢの家での対話です。　1 ～ 4 に入る最も適当なも
のを，ア～エの中からそれぞれ１つずつ選びなさい。　〈福島県・改〉

A: Can I go to a movie tomorrow?

B: 　1

A: 　2

B: OK. 　3

A: I'm not sure.

　　Maybe about six o'clock.

B: All right. 　4

| ア　When will you get home? |
| イ　My friends. Erika and Harry. |
| ウ　But you should call me if you are late. |
| エ　Who will go with you? |

1〔　　〕 2〔　　〕 3〔　　〕 4〔　　〕

5　インターネットで食品の無駄(food waste)についての記事を読んだ雄太
が，そのことについて英語でＡＬＴに説明している。下線部の文が，意味
の通る英文になるように，(　　)のア～カを最も適切な語順に並べかえて，
その記号を左から順番に書きなさい。　〈長野県・改〉

Japan is *wasting a lot of food. One of the main reasons is food
waste from families. We often can't eat all the food we buy at shops
because we buy too much, or we forget about the food we have
bought before. We (ア find / イ to / ウ way / エ have / オ new /
カ a) of life. For me, I am going to buy only the food that I really
need. Do you have the same problem in your country?

(注)　wasting ← waste　無駄にする

〔　　→　　→　　→　　→　　→　　〕

3 不定詞・動名詞

栄光の視点

覚えておくべきポイント

⬚ 不定詞は〈to + 動詞の原形〉で表す

不定詞の3つの用法を理解しておく。

(1) 名詞的用法…「〜すること」の意味を表す。

　例 I want <u>to play</u> soccer.（私はサッカーをしたいです） `目的語の働き`

　　 <u>To have</u> a party is a lot of fun.（パーティーをすることはとても楽しいです） `主語の働き`

　　 My hobby is <u>to make</u> cakes.（私の趣味はケーキを作ることです） `補語の働き`

(2) 副詞的用法…「〜するために，〜して」の意味を表す。

　例 I visited her <u>to help</u> her.（私は彼女を手伝うために彼女を訪ねました） `目的を表す`

　　 I'm glad <u>to see</u> you.（あなたにお会いできてうれしいです） `感情の原因を表す`

(3) 形容詞的用法…「〜するための，〜すべき」など和訳の際は自然な日本語になるようにする。

　例 I have a lot of work <u>to do</u> today.

　　　　　　　　　　　　（私は今日，しなければならない仕事がたくさんあります） `名詞を修飾する`

> ● **不定詞を使った表現**
> (1)〈It is … (for+人)+to 〜 .〉((人が)〜することは … だ)
> 　例)It is difficult for him <u>to get</u> up early.（彼が早起きすることは難しいです）
> (2)〈how〔what / when / where〕+to 〜〉(どのように〔何を / いつ / どこで〕〜したらよいか)
> (3)〈want〔tell / ask〕+人+to 〜〉((人)に〜してほしい〔〜するように言う，〜してくれるように頼む〕)
> (4)〈too … to 〜〉(〜するには … すぎる)　　(5) enough to 〜 (〜するのに十分な)

⬚ 動名詞は〈動詞の 〜ing形〉で，「〜すること」の意味を表す

動名詞は，`主語の働き`，`補語の働き`，`目的語の働き`，`前置詞の目的語の働き` をする。

　例 I stopped <u>watching</u> TV.（私はテレビを見るのをやめました） `目的語の働き`

> ● **動名詞を使った表現**
> Thank you for 〜 ing.(〜してくれてありがとう)/ How about 〜 ing?(〜するのはどうですか)
> look forward to 〜 ing(〜するのを楽しみに待つ)/ without 〜 ing(〜せずに)など

💣 先輩たちのドボン

⬚ 不定詞の名詞的用法と動名詞の使い分けができない

不定詞を目的語に持てる動詞と動名詞を目的語に持てる動詞があるので注意。

> 【不定詞のみ】want to 〜 (〜したい)/ need to 〜 (〜する必要がある)/ would like to 〜 (〜したい)
> 【動名詞のみ】enjoy 〜 ing(〜を楽しむ)/ finish 〜 ing(〜し終える)/ stop 〜 ing(〜をやめる)
> 【不定詞・動名詞どちらも】like(〜を好む)/ love(〜が大好きである)/ start, begin(〜を始める)など

問題演習

1 次の文の（　　）に入る適切な語（句）を，下のア～ウまたはア～エからそれぞれ1つずつ選び，記号で答えなさい。

✔必ず得点

(1) （　　　）about foreign cultures is interesting. 〈大阪府・改〉

　　ア　Learn　　イ　Learned　　ウ　Learning　　〔　　　〕

(2) We can get new ideas by （　　　） with a lot of people. 〈神奈川県〉

　　ア　talking　　イ　talked　　ウ　have talked　　エ　to talk

　　〔　　　〕

2 次の文の（　　）内の語を並べかえて，文を完成させなさい。

☆よくでる

(1) A: You've visited many countries. （ to / you / what / do / visit / want / country) next?

　　B: I want to go to Italy. 〈島根県・改〉

　　―――――――――――――――――――――――――

(2) Jack:　You're going to give a speech in English class this afternoon. Are you ready?

　　Miwa:　Yes, but I'm worried because it's (front / me / difficult / for / talk / in / to) of many people.

　　Jack:　Don't worry. You can do it. 〈高知県〉

　　―――――――――――――――――――――――――

(3) A: What's your plan for tomorrow?

　　B: My sister (to / go / me / shopping / asked) together.

　　A: That sounds fun! Where will you go? 〈沖縄県・改〉

　　―――――――――――――――――――――――――

(4) A: Will you carry this desk to the next room with me?

　　B: OK, but it (big / to / may / too / go / be) through the door. 〈兵庫県・改〉

　　―――――――――――――――――――――――――

次の英文は，冬休みに，高校生の亜美が，カナダにいるおばを訪れたときのことについて書いたものです。これを読んで，問いに答えなさい。

〈北海道・改〉

I have an aunt, Nina. I received a letter from her last summer. It said that she opened a coffee shop. I *looked forward to visiting there.

At the airport, I was very glad (meet) her. Before we went to her house, Nina took me to her shop, but it was closed. She smiled at me and said, "In summer, many *customers came to enjoy drinking coffee, but the number of customers *decreased during winter. So I have to close my shop now. Reality bites, but I'll open my shop again next summer."

On the last day of my stay, Nina told me about her dream. She wants to buy many kinds of food, such as chocolates and *coffee beans from developing countries. She also wants to sell them *at the right price. She said to me, "Making people's lives in developing countries better is my dream." Next summer, I want to help Nina with her work.

（注） look forward to　～を楽しみに待つ　　customer(s)　客
　　　decrease　減少する　　coffee bean(s)　コーヒー豆
　　　at the right price　適正な価格で

(1) （　　　）内の語を適切な形に直しなさい。ただし，1語とは限りません。

_____

🔔 思考力 (2) 下線部はどのような意味で使われていますか。最も適当なものをア〜エから選びなさい。

　　ア　Winter is better than summer
　　イ　It's harder than I thought
　　ウ　Everything is good for me
　　エ　People around my shop are friendly　　　〔　　　〕

(3) 本文の内容から考えて，次の問いに対する答えを，主語と動詞を含む英文1文で書きなさい。

　　Why does Nina want to sell many kinds of food from developing countries at the right price?

_____

4 受け身（受動態）

栄光の視点

 ### この単元を最速で伸ばすオキテ

⬚ 「〜される」のように動作を受けるものに焦点を当てた文をおさえる。

覚えておくべきポイント

⬚ **作り方**

進行形の be going to などと同様に，be 動詞中心の語順となることに注意する。

〈be 動詞＋動詞の過去分詞（＋ by …）〉…「（…によって）〜される」，「〜されている」

例 Kenta uses this bike. （ケンタはこの自転車を使います）
　　S　　　　O

※ by のあとに続くものが一般的な人のときや言う必要のないときは，〈by …〉を省略する

受け身の文 This bike is used by Kenta. （この自転車はケンタに使われます）
　　　　S 〈be 動詞＋過去分詞〉〈by 人〉

否定文 The language is not spoken in Japan. （その言語は日本では話されていません）

疑問文 Was the room cleaned yesterday? （その部屋は昨日掃除されましたか）
　　—Yes, it was. / No, it was not. （はい，掃除されました／いいえ，掃除されませんでした）

⬚ **SVOO ／ SVOC の受け身**

SVO と同様に，能動態の目的語を主語にし，動詞を be 動詞＋過去分詞にする。
残りの要素はそのまま降ろし，必要なら by 句で行為者を述べる。

〈be 動詞＋動詞の過去分詞＋ C（補語）（＋ by …）〉…「（…によって）（主語は）C と〜される」

例 My father calls me | Yuki. （父は私をユキと呼びます）
　　　　S　　　　　O　　C

受け身の文 I am called | Yuki by my father. （私は父によってユキと呼ばれます）
　　　　S 〈be 動詞＋過去分詞＋ C（補語）＋ by…〉

元の文 例 My father gave me | this ring.

受け身の文 I was given | this ring by my father.
（SVOO）

元の文 例 My father gave this ring | to me.

受け身の文 This ring was given | to me by my father.
（SVO）

⬚ **by 以外の前置詞を伴う受け身**

① I was surprised at the letter. （私はその手紙に驚きました）
② The street is covered with snow. （その通りは雪で覆われています）
③ The singer is known to all of us. （その歌手は私たち全員に知られています）
④ The desk is made of wood. （その机は木で作られています）
⑤ This juice is made from apples. （このジュースはりんごでできています）

💣 **先輩たちのドボン**

🔄 **助動詞を使った受け身の文で語順がわからない**

否定文 Mt. Fuji will not be seen today.（今日は富士山が見られないだろう）

疑問文 Who will the book be bought by?（この本は誰に買われるのだろうか）

文中に be 動詞があれば be 動詞中心の語順になるが、助動詞が入ると今度は助動詞中心の語順になり、このあたりで「語順の混乱」を起こす生徒が多い。

　　例 **正しい文** When will the park be cleaned?

　　　多い誤答 When will be cleaned the park?

問題演習

1 次の文の（　　）の中に入れるのに最も適するものを、あとの1～4の中から一つ選び、その番号を答えなさい。　　　〈神奈川県〉

✏️よくでる

That house with large windows（　　　）built ten years ago.

　　1　lives　　2　is　　3　was　　4　were　　　〔　　　〕

2（　　　）の中のア～オを正しい語順に並べかえ、その順序を符号で示しなさい。　　　〈千葉県〉

A: What（ ア　is　イ　your　ウ　spoken　エ　language　オ　in ）country?

B: English and French.　　　〔　　→　　→　　→　　→　　〕

3 次の英文が日本語と同じ意味になるように、（　　　）内の語を並べかえて書きなさい。　　　〈北海道〉

✔必ず得点

この歌は、世界中で多くの人々に愛されています。

This song (many / is / by / loved) people around the world.

_____

4 次の文の（　　　）内の語を並べかえて、文を完成させなさい。

✔必ず得点

(1)　A: Did you know these plastic bottles (from / are / made / oil)?

　　B: Yes, we studied it in our science class.　　　〈徳島県・改〉

_____

よくでる (2) A: What does it say on the door?

B: It says that (not / students / to / allowed / are) enter from here. 〈宮崎県〉

____

5 必ず得点

次の会話文について，(　　)に入る最も適当な英語１語を答えなさい。〈島根県〉

A: This castle is so beautiful.

B: It's Osaka Castle. It was (　　　) by Toyotomi Hideyoshi.

____

6 思考力

美穂(Miho)と留学生のジャック(Jack)が会話をしています。二人の会話が成り立つように，下線部①と②のそれぞれの(　　)内に最も適当な語を入れて，英文を完成させなさい。ただし，(　　)内に文字が示されている場合は，その文字で始まる語を解答とすること。〈愛知県・改〉

Miho: Hello, Jack. How is your life in Japan?

Jack: Hello, Miho, it's all right. Japanese people are very kind and I like Japanese food.

Miho: ① <u>What (　　　) your (f　　) Japanese food?</u>

Jack: Well, actually, there is one that I love.

Miho: Oh, really? Tell me about it.

Jack: Can you guess what it is? I think it's very popular in Japan and in Korea.

Miho: In Japan and in Korea? OK, I'll try. How can we make it?

Jack: ② <u>It's (　　　) (o　　) rice and nori.</u> We put many kinds of foods in the rice and roll* it in nori.

Miho: Oh, I know the answer! It's norimaki, right?

Jack: That's right!

(注) roll ～　～を巻く

① ______________　② ______________

5 現在完了

栄光の視点

 この単元を最速で伸ばすオキテ

▣ 過去の動作などが，何らかの形で現在とつながっていることを〈have〔has〕＋過去分詞〉で表す。

 覚えておくべきポイント

▣ **【継続】を表す現在完了**

〈用法〉過去のある時点から現在まで，動作や状態が継続していることを表す。

〈意味〉「ずっと～である，～している」

> 肯定 I have used this bag <u>for three years</u>.（私は 3 年間このかばんを使っています）
> 否定 I have not seen him <u>for a week</u>.（私は 1 週間ずっと彼に会っていません）
> 疑問 Have you lived in Japan <u>since last year</u>?（あなたは昨年から日本に住んでいるのですか）
> —Yes, I have. / No, I have not（No, I haven't）.（はい，そうです／いいえ，違います）

▣ **【経験】を表す現在完了**

〈用法〉現在までの経験を表す。

〈意味〉「（今までに）～したことがある」

> 肯定 I have talked with her <u>twice</u>.（私は彼女と 2 回話したことがあります）
> 否定 I have <u>never</u> visited the library.（私はその図書館を一度も訪れたことがありません）
> 疑問 Have you <u>ever</u> been to Osaka?（あなたは今までに大阪に行ったことがありますか）
> —Yes, I have. / No, I have not（No, I haven't / No, I never have）.

（はい，あります／いいえ，ありません）

▣ **【完了】を表す現在完了**

〈用法〉過去に始まった動作が今完了したことを表す。

〈意味〉「（今）～したところだ，～してしまった」

> 肯定 I have <u>just</u> had lunch.（私はちょうど昼食を食べたところです）
> 否定 I have not written a letter <u>yet</u>.（私はまだ手紙を書いていません）
> 疑問 Have you finished your homework <u>yet</u>?（あなたはもう宿題を終えましたか）
> —Yes, I have. / No, I have not（No, I haven't）.（はい，終えました／いいえ，終えていません）

💣 先輩たちのドボン

🔁 **現在完了とともによく使われる語句が使い分けられない**（次の表のようにまとめよう）

継続	for 〜「〜の間」〈for ＋期間を表す語句〉 since 〜「〜以来（ずっと）」〈since ＋「過去のある時点」を表す語句〉 How long 〜「どのくらいの間〜」
経験	ever「(疑問文で) 今までに」, twice「2 度」, before「以前」, never「一度も〜ない」 How many times 〜「どのくらいの回数〜」, How often 〜「どのくらいの頻度で〜」
完了	just「ちょうど」, already「すでに」, yet「(否定文で) まだ, (疑問文で) もう」

問題演習

1 （　　）の中の語を最も適当な形にしなさい。ただし，1 語で答えること。

〈千葉県〉

A: This song has (be) famous in Japan for a long time.

B: Yes, my grandfather sometimes listens to it.

2 次の文の（　　）内の語を並べかえて，文を完成させなさい。

(1)　We (been / friends / since / have) we were children.　〈北海道・改〉

(2)　Some of the (have / members / come / not) yet although it is the time to start the meeting now.　〈大阪府〉

3 次の対話文の（　　）に入る適切な文を，下のア〜エから 1 つ選び，記号で答えなさい。

〈北海道〉

⚑よくでる

A: Did you see my dictionary?

B: No, I didn't. （　　　）

A: Yes. I can't find it in my room.

ア　Are you ready?　　　イ　Have you lost it?

ウ　May I use it?　　　エ　How are you?　　　〔　　　〕

4 〈　　〉の状況の会話が成り立つように □ 内の語に必要な2語を加え，正しい語順で英文を完成させなさい。ただし，文頭にくる語は，最初の文字を大文字にすること。　　　　　　　　　　　　　　〈秋田県〉

〈日曜日の午後に図書館で〉

Lisa:　Hi, Hanae. I saw your sister here in the morning.

Hanae: Really? how you been here?

Lisa:　I've been here for five hours. I usually spend my free time in the library.

---

5 次の英文を読んで，文中の □ の中の語を，最も適当な形に直して書きなさい。　　　　　　　　　　　　　　〈新潟県〉

Bob:　Good morning, Saki. I haven't see you for a few days.

Saki:　Good morning, Bob. I took part in a seminar.

---

6 名詞・代名詞／形容詞・副詞

栄光の視点

 この単元を最速で伸ばすオキテ

🔄 名詞の種類，代名詞の形，形容詞・副詞の働きをおさえる。

 覚えておくべきポイント

🔄 **名詞…数えられる名詞（可算名詞）と数えられない名詞（不可算名詞）がある**

・**数えられる名詞**：単数のときは前に a〔an〕をつけ，複数のときは -(e)s をつける。
child → children のように不規則な変化をするものもある。

　　例 a pen（1本のペン）／ an egg（1つの卵）／ two books（2冊の本）／ three classes（3つの授業）

・**数えられない名詞**：tea，soccer，Japan など。tea などの一定の形のない物質や材料を表す語は，形や容器を表す語を使って数える。

　　例 a cup of tea（カップ1杯のお茶）／ two pieces of cake（ふた切れのケーキ）

🔄 **代名詞…人称・数・性・格によって次のように変化する**

	単数				複数			
	主格 （〜は，が）	所有格 （〜の）	目的格 （〜を〔に〕）	所有代名詞 （〜のもの）	主格 （〜は，が）	所有格 （〜の）	目的格 （〜を〔に〕）	所有代名詞 （〜のもの）
一人称	I	my	me	mine	we	our	us	ours
二人称	you	your	you	yours	you	your	you	yours
三人称	he	his	him	his	they	their	them	theirs
	she	her	her	hers				
	it	its	it	–				

🔄 **形容詞…名詞を修飾する・補語になる**

(1)・〈a〔an〕＋形容詞＋名詞〉…「〜（形容詞）な…（名詞）」　←後ろの名詞を説明

　　例 I have a small bag.（私は小さなかばんを持っています）

　・〈-thing ＋形容詞〉…「〜（形容詞）なもの」　← -thing を説明

　　例 I want to eat something hot.（私は何かあたたかいものが食べたいです）

(2)〈主語＋ be 動詞〔look など〕＋形容詞〉…「（主語）は〜（形容詞）だ〔に見える など〕」

　　例 She is cute.（彼女はかわいいです）　　　　　　　　↑主語を説明

🔄 **副詞…名詞以外を修飾する**

　　例 She swims well.（彼女は上手に泳ぎます）←動詞を説明

🔄 **数量を表す形容詞の使い分けを覚える**

	たくさんの	少しの	いくつかの〔いくらかの〕	ほとんどない	まったくない
可算	many〔a lot of〕	a few	some, any	few	no
不可算	much〔a lot of〕	a little	some, any	little	no

few/little「ほとんどない」が，否定語（not を用いずに否定文を作れる語）であることを理解できていない生徒が多いので注意する。

問題演習

1 次の対話文の( )の中に最も適する英語を，それぞれ１語ずつ書きなさい。 〈山形県〉

(1) Teacher: Which part of your face is used to smell something?
　　　　　　 Can you say it?
　　 Student: I got it! It's a ( ).　　　_____

(2) Man:　　 Which would you like to drink, coffee or tea?
　　 Woman: Oh, it's difficult to choose because I like ( ) coffee
　　　　　　 and tea.　　　　　　　　　　　_____

(3) Betty:　 When were the Tokyo Olympics held in the 20th
　　　　　　 ( )?
　　 Hiroshi: They were held in 1964.　　　_____

2 次の文の( )に入る適切な語を，下のア〜エからそれぞれ１つずつ選び，記号で答えなさい。

✔ 必ず得点

(1) 〔At home〕　　　　　　　　　　　　　　　　　〈福島県〉
　　 A: What should we do for our father's birthday?
　　 B: Well, how about buying ( ) some books?
　　 ア　he　　イ　him　　ウ　we　　エ　us　　〔　　　〕

(2) A: What are you looking for?　　　　　　　　〈岩手県〉
　　 B: I'm looking for my pen.
　　 A: If you can't find your pen, please use ( ).
　　 B: Thank you very much.
　　 ア　your　　イ　my　　ウ　yours　　エ　mine　　〔　　　〕

3 英文が完成するように，文中の( )内に，最も適切な英語を１語書きなさい。答えは( )内に示されている文字で書き始めるものとします。

〈茨城県・改〉

　　 Today, I played tennis with a Japanese girl at school and we became good friends. Her name is Emi. We went shopping in a department store in the afternoon. We had a very good time. Next week we are going to play tennis at school (a), and Emi's friends will join us.

_____

4 （　　　）の中の語を最も適当な形にしなさい。ただし，1語で答えること。

〈千葉県〉

A: Which is Naomi's new bicycle?
B: The red one is (she).

_____

5 Haruki は留学生の Peter に，バスケットボールの試合があることを伝えるため，メールを英語で作成します。〔日本語のメモ〕をもとに，空欄 ☐ A ☐ ～ ☐ D ☐ にあてはまる適切な1語を，それぞれ英語で書きなさい。なお，空欄 ☐ A ☐ ～ ☐ D ☐ には省略した形や数字は使わないものとします。

✔必ず得点

〈埼玉県〉

〔日本語のメモ〕
バスケットボールの試合
日付：4月15日　日曜日　　時間：午前8時から午前11時
場所：みどり体育館　　　　連絡：家で朝食を食べてきてください。
試合には赤色のユニフォームを着用します。試合の後にみんなで写真を撮ります。君の家族に送ってあげてください。

From: Haruki
To: Peter
Date: March 20, 2018　18:15
Subject: Basketball game
Hi, Peter. How are you? We have a basketball game next month.
Date: Sunday, ☐ A ☐ 15
Time: 8 a.m. to 11 a.m.
Place: Midori Gym
＊ Please have ☐ B ☐ at home.
＊ We will wear the ☐ C ☐ uniforms during the game.
We'll take pictures after the game. Please send the pictures to your ☐ D ☐.

A _____　　B _____　　C _____

D _____

7 比較

栄光の視点

📖 覚えておくべきポイント

🔲 比較級・最上級の作り方

形容詞・副詞の語尾に -er，-est をつける例

> 例 long-longer-longest / busy-busier-busiest

つづりの長い語は，前に more，most を置く。

> 例 difficult-more difficult-most difficult

不規則に変化する語もある。

> 例 good〔well〕-better-best / many〔much〕-more-most

🔲 比較級の文

〈比較級の直後に than がくる場合〉

> 例 My father is older than my mother.（父は母よりも年上です）
>
> This picture is more beautiful than that one.（この絵はあの絵よりも美しいです）
>
> Mika plays tennis better than Aya.（ミカはアヤよりも上手にテニスをします）

〈比較級と than が離れている場合，その他〉

> 例 It is hotter in August than in April.（4月よりも8月が暑い）
>
> Try harder.（もっとがんばって）

🔲 最上級の文

〈the ＋最上級＋ in 〜〉…「〜の中で最も…」 ※あとに場所，集団，範囲を表す語句

> 例 My father is the oldest in my family.（父は家族の中で最も年上です）
>
> Mika plays tennis the best in the club.（ミカはクラブで最も上手にテニスをします）

〈the ＋最上級＋ of 〜〉…「〜の中で最も…」 ※あとに複数を表す語句

> 例 This picture is the most beautiful of the six.（この絵は6枚の中で最も美しいです）

🔲 原級比較

原級を用いて比較を表す場合もある。

> 例 This movie is as popular as that one.（この映画はあの映画と同じくらい人気です）
>
> I'm not as famous as that singer.（私はあの歌手ほど有名ではありません）

🔲 比較の重要表現

> I like summer better than winter.（私は冬よりも夏が好きです）
>
> I like summer (the) best of all seasons.（私はすべての季節の中で夏が最も好きです）
>
> My dog is much bigger than yours.（私の犬はあなたの犬よりもずっと大きいです）
>
> Which is more interesting, this book or that one?
>
> （この本とあの本とでは，どちらのほうがおもしろいですか）
>
> Who runs (the) fastest in your class?（あなたのクラスで，誰が最も速く走りますか）
>
> He is the tallest of all the boys.（彼はすべての男の子の中で最も背が高いです）
>
> ＝ He is taller than any other boy.（彼は他のどの男の子よりも背が高いです）

💣 先輩たちのドボン

🔄 **in と of の使い分けができていない**

① in…あとに場所，集団，範囲を表す語句　例 in Japan / in my class
② of…あとに複数を表す語句　　　　　　例 of the five / of all the players

問題演習

1 次の文の（　　）に入る適切な語(句)を，下のア〜エからそれぞれ１つずつ選び，記号で答えなさい。

✔必ず得点

(1) Yoshio has two brothers and he is the (　　　) of the three.

〈神奈川県〉

　　ア　younger than　　イ　youngest　　ウ　young　　エ　as young

〔　　　〕

(2) A: What season do you like?　〈岩手県〉

　　B: I like summer. I love swimming in the sea. How about you?

　　A: I like spring the (　　　) of all seasons. The flowers are beautiful.

　　B: I see.

　　ア　much　　イ　more　　ウ　better　　エ　best

〔　　　〕

2 次の文の（　　）内の語(句)を並べかえて，文を完成させなさい。ただし，(2)は不要な語が１語あるので，その語は使わないこと。

(1) A: I want a cat as a pet. Cats are so cute, aren't they?　〈富山県〉

　　B: Yes, but (more / dogs / than / popular / are) cats in Japan.

　　A: I know that, but a lot of my friends have a cat in their house.

_____

🔖よくでる (2) A: Atsushi, (like / better / which / you / have / do), spring or fall?

　　B: I like fall better.

〈神奈川県・改〉

_____

3 次の会話が成立するように，[　　　]内のア～オの語を並べかえて英文を完成させ，2番目と4番目の　　　　　に入る語の記号を書きなさい。

〈秋田県〉

A: What ＿＿＿＿ 　　　　 ＿＿＿＿ 　　　　 ＿＿＿＿ best?
B: I like science.
[ア like ／ イ do ／ ウ the ／ エ you ／ オ subject]

2番目 〔　　　〕　　　4番目 〔　　　〕

4 本文中の（　Ⓐ　），（　Ⓑ　）に入る最も適当な語を，それぞれ次のア～エのうちから一つずつ選び，その符号を書きなさい。

〈千葉県〉

　A long time ago, a Chinese emperor thought that there were many bad things in water. He believed it was （　Ⓐ　） to drink boiled water because it was safe. One day, he felt tired when he was traveling across the country. He sat under a tree and made boiled water to drink. At that time, strong wind blew and some leaves fell into it. The boiled water with the leaves looked so good that he drank it. He was surprised because it was delicious. He loved it very much, and in this way the first "tea" was （　Ⓑ　）.

(注) emperor 皇帝　　boiled 沸騰させた　　safe 安全な
　　blew　（風が）吹いた

Ⓐ　ア　better　　イ　newer　　ウ　harder　　エ　stronger
Ⓑ　ア　sold　　イ　shared　　ウ　born　　エ　bought

Ⓐ 〔　　　〕　Ⓑ 〔　　　〕

8 前置詞・接続詞

栄光の視点

💡 この単元を最速で伸ばすオキテ

🔗 **前置詞は（代）名詞の前に置いて，時や場所などを表す**

（1）時を表す前置詞

例 <u>at</u> one o'clock（1時ちょうどに） 時刻　　<u>on</u> Monday（月曜日に） 日, 曜日

<u>in</u> spring（春に） 月, 季節, 年　　<u>until</u> noon（正午までずっと） 継続の期限

<u>before</u> dinner（夕食前に）⟷ <u>after</u> dinner（夕食後に）

<u>for</u> an hour（1時間） 継続期間　　<u>during</u> the stay（その滞在中に） 特定の期間

<u>since</u> yesterday（昨日から） 過去の時点　　<u>by</u> noon（正午までに） 完了の期限

（2）場所を表す前置詞

例 <u>at</u> home（家で〔に〕）　　<u>in</u> the park（公園で〔に〕）

<u>on</u> the desk（机の上で〔に〕）　　<u>under</u> the tree（木の下で〔に〕）

<u>near</u> a shop（店の近くで〔に〕）　　<u>by</u> the door（ドアのそばで〔に〕）

<u>around</u> the lake（湖のまわりで〔に〕）　　<u>along</u> the street（通りに沿って）

（3）その他の意味を表す前置詞

例 <u>to</u> the station（駅に到達して）　　<u>for</u> Tokyo（東京に向かって）

<u>by</u> bike（自転車で）　　<u>for</u> her family（彼女の家族のために）

<u>with</u> your help（あなたの手助けで）⇔ <u>without</u> your help（あなたの手助けなしで）

<u>with</u> my brother（私の弟と一緒に）⇔ <u>without</u> my brother（私の弟抜きで）

🔗 **接続詞は「語（句）と語（句）」「文と文」をつなぐ働きをする**

（1）and, but, or, so など…「語（句）と語（句）」「文と文」を対等につなぐ。

例 He <u>and</u> I are busy , <u>so</u> we will go home .（彼と私は忙しいので，私たちは家に帰ります）

語と語をつなぐ　文と文をつなぐ

（2）when, because, if など…〈接続詞＋主語＋動詞〉が副詞の働きをする。

例 When I'm free , I read books .（私はひまなとき，本を読みます）

〈接続詞 when ＋主語＋動詞〉が時を表す副詞節となって文を修飾する

（3）that…〈接続詞＋主語＋動詞〉が動詞 think や know などの目的語になる。

例 I think that you are a good tennis player .（私はあなたが上手なテニス選手だと思います）

〈接続詞 that ＋主語＋動詞〉が動詞 think の目的語になる

 ## 先輩たちのドボン

🔗 **直後に続く語（句）が「（代）名詞」か「主語＋動詞」の形か見極めていない**

前置詞や接続詞の前後の意味をとらえていない

例 Please keep quiet while you take the examination.（試験中は静かにしてください）

Please keep quiet during the examination.（試験中は静かにしてください）

while の後には「主語＋動詞」の形，during の後には「（代）名詞」の形。

問題演習

1 次の日本語の文の内容と合うように，英文中の（　　）内のア～エまたはア～ウからそれぞれ最も適しているものを1つずつ選びなさい。

✔ 必ず得点

(1) 私の言ったことを繰り返しなさい。　　　　　　　　　　　　　〈北海道・改〉

Repeat （ ア　after　　イ　before　　ウ　under　　エ　in ） me.

〔　　　　〕

(2) 机の下にあなたのかばんを置いてください。　　　　　　　　〈大阪府〉

Please put your bag （ ア　in　　イ　on　　ウ　under ） the desk.

〔　　　　〕

2 次の文の（　　）内の語(句)を並べかえて，文を完成させなさい。

(1) A: Did you watch the soccer game last night?　　　　　　〈富山県〉

B: Yes. It was exciting. (at / bed / I / to / one / went) o'clock.

A: I see. You look sleepy today.

_____

(2) A: My dream is to become a doctor. I have had that dream since I was a small child.　　　　　　　　　　　　　　　〈兵庫県・改〉

B: That's nice. You are trying very hard, so I (your dream / sure / come / will / am / true).

_____

3 バリアフリーについて学習した友美が，事前に用意したメモをもとに発表している。（　　）に当てはまる最も適切な英語を，次のページのア～エから1つ選び，記号を書きなさい。　　　　　　　　　　　　　　　　　　　〈長野県・改〉

補助犬同伴可
ステッカー

Look at this sign. Some places like supermarkets and restaurants have one of these. This dog isn't a pet. This is a dog that helps people in need. This sign shows that these places welcome people （　　　　） helping dogs. I think it is important to have ideas like this. It helps to make a better life for everyone. Thank you.

補助犬同伴可
◎盲導犬・介助犬・聴導犬◎

ア　with　　イ　at　　ウ　on　　エ　against

〔　　　　　〕

4 留学生の友だちをお花見に誘うための案内を英語で作成します。日本語の案内をもとに，空欄 A ～ D にあてはまる適切な1語を，それぞれ英語で書きなさい。ただし，省略した形は使わないものとします。

✓必ず得点

〈埼玉県〉

お花見のご案内

春休みに，桜の花の下でいっしょに昼食を食べましょう！

日付：4月4日 火曜日　　時間：午前11時から午後2時まで

場所：みなみ公園

＊昼食は自分で持って来てください。

＊もし雨が降ったら，昼食は公園の近くの公民館で食べます。

Join us for Ohanami

Let's have lunch together under the cherry blossoms during ⬚ A ⬚ vacation!

Date: ⬚ B ⬚ , April 4

Time: 11 a.m. to 2 p.m.

Place: Minami Park

＊ Please ⬚ C ⬚ your own lunch with you.

＊ ⬚ D ⬚ it rains, we will have lunch in the community center near the park.

A ＿＿＿＿＿＿　　B ＿＿＿＿＿＿　　C ＿＿＿＿＿＿

D ＿＿＿＿＿＿

9 いろいろな文

栄光の視点

 覚えておくべきポイント

▶ 命令文・Let's ～ . の文…〈動詞の原形～ .〉「～しなさい」，〈Don't ＋動詞の原形～ .〉「～してはいけません」，〈Let's ＋動詞の原形～ .〉「～しましょう」

> 例 <u>Use</u> this computer. （このコンピューターを使いなさい）
> <u>Don't use</u> this computer. （このコンピューターを使ってはいけません）
> <u>Let's use</u> this computer. （このコンピューターを使いましょう）

> 文頭か文末に please をつけると，ていねいな表現になる。Let's ～ . にはあてはまらない

▶ There is 〔are〕 ～ . の文…不特定の物・人がある〔いる〕ことを示す文。be 動詞は直後の名詞の人称・単複に応じて変化する

> 例 <u>There is</u> a book on the desk. （机の上に本があります）

▶ it を主語とする文…「時刻」「時間」「天候」「季節」「距離」などを表すとき，it を主語にする。この it は「それは」と訳さない

> 例 <u>It</u> is eight thirty now. （今，8 時 30 分です） 時刻
> <u>It</u> will take ten minutes to the library. （図書館までは 10 分かかるでしょう） 時間
> <u>It</u> was rainy this morning. （今朝は雨でした） 天候

▶ 間接疑問…疑問詞で始まる疑問文が他の文中に入った形を間接疑問という。〈疑問詞＋主語＋動詞〉という形になる

> 例 疑問文 What is this? （これは何ですか） 〈疑問詞＋ be 動詞＋主語 ?〉
> I know what this is . （私は，これが何かを知っています） 〈疑問詞 what ＋主語＋ be 動詞〉
> ＊ [　] 全体が know の目的語

> 例 疑問文 Where does he study every day? （彼は毎日どこで勉強しますか） 〈疑問詞＋ do / does / did ＋主語＋一般動詞～ ?〉
> I'll tell you where he studies every day . （彼が毎日どこで勉強するかあなたに教えます）
> 〈疑問詞 where ＋主語＋一般動詞〉 ＊ [　] 全体が tell の目的語

先輩たちのドボン

▶ 主語をたずねる疑問文が間接疑問になるとき，〈疑問詞＋動詞～〉となるのを見落とす

> 例 Do you know who called me ? （誰が私に電話したのかを知っていますか）〈疑問詞who（＝主語）＋動詞〉

▶ 文の動詞が過去形の場合，間接疑問の中の動詞も過去形にすることを失念

> 例 Do you know what he likes ? （あなたは彼が何が好きか知っていますか）
> Did you know what he liked ? （あなたは彼が何が好きか知っていましたか）

▶ 語順整序などで出題が多い単元。疑問文と同様の語順にして，誤答してしまう

> 正しい文 Will you tell me where I can find some paper?
> 誤答 Will you tell me where can I find some paper?

問題演習

1 次の対話文(1)〜(4)を読んで，（　　）に最も適するものを，それぞれア〜エから1つずつ選びなさい。

よくでる

(1) A: I went to my piano teacher's house yesterday. 〈徳島県〉

B: How long did it take from your house?

A: （　　　）

ア　It took many students.

イ　I took a walk there.

ウ　It took twenty minutes.

エ　I took a bath there.

〔　　　〕

(2) A: Let's hurry. Our train will leave soon. 〈徳島県〉

B: All right, but do you know which one we should ride?

A: Yes, （　　　）

B: I see. Oh, we can see it there!

ア　it's on Track seven.

イ　it's one of the stations.

ウ　it's just three thirty.

エ　it's the train we missed.

〔　　　〕

(3) A: Would you like to go to the zoo with me tomorrow? 〈北海道〉

B: Sure. Where will we meet?

A: （　　　）

ア　Nice to meet you.

イ　I went there yesterday.

ウ　I'm sorry you can't.

エ　Let's meet at the station.

〔　　　〕

(4) A: May I help you? 〈長野県〉

B: Yes. I'd like to read some books about animals, but I don't know （　　　）

A: On the second floor. I'll take you there.

ア　when you will have them.

イ　where they are.

ウ　why you have them.

エ　how many books you have.

〔　　　〕

2 次の 1 ～ 3 に，あ～うの英文を，ＡとＢの対話が成り立つように当てはめたとき，その組み合わせとして最も適当なものを，ア～エから選びなさい。　　　　　　　　　　　　　　　　　　　　　〈北海道〉

A: Long time no see.　How was your trip to Australia?

B: [　　1　　]

A: [　　2　　]

B: [　　3　　]

あ　OK, let's look at them together.　I hope you'll like my pictures.

い　Could you show me some of them?　I've never been there.

う　It was great.　I walked around the city I visited and took a lot of pictures there.

ア　(1 － う，　2 － あ，　3 － い)　　イ　(1 － う，　2 － い，　3 － あ)

ウ　(1 － い，　2 － あ，　3 － う)　　エ　(1 － あ，　2 － う，　3 － い)

〔　　　　　〕

3 次の文の（　　）内の語（句）を並べかえて，文を完成させなさい。ただし，(4)は不要な語が１語あるので，その語は使わないこと。

よくでる　(1)　Please tell me (I / which / should / train) take.　　〈北海道・改〉

_____

よくでる　(2)　〔 In a park 〕　　　　　　　　　　　　　　　　　　　〈福島県〉

A: It is getting dark.　Do you (is / what / it / time / know) now?

B: Yes.　It will be six o'clock soon.

_____

(3)　A: I want to buy something for my mother's birthday.　　〈愛媛県・改〉

B: There (front / in / a flower shop / is) of the station.　You can buy beautiful flowers there.

A: That's a good idea.

_____

(4)　A: Do you know (how / is / be / will / the / weather) tomorrow?

B: Yes, I do.　It'll be sunny and warm.　　　　　　　　　　〈神奈川県・改〉

_____

10 文の構造

栄光の視点

 この単元を最速で伸ばすオキテ

⤶ S（主語），V（動詞），O（目的語），C（補語）の4つの要素で英文は構成されている。英文の5つの構造のうちの〈S + V + C〉，〈S + V + O + O〉，〈S + V + O + C〉をとくにしっかりおさえる。

📖 **覚えておくべきポイント**

⤶ **〈主語＋動詞（S + V）の文〉，〈主語＋動詞＋目的語（S + V + O）の文〉**

(1) 〈主語＋動詞（S + V）の文〉…修飾語（句）が続くことが多い。

例 <u>He</u> <u>runs</u>. （彼は走ります）　<u>She</u> <u>swims</u> <u>fast</u>. （彼女は速く泳ぎます）
 　　S　 V 　　　　　　　　　　　S　 V　　修飾語

(2) 〈主語＋動詞＋目的語（S + V + O）の文〉…名詞，名詞句・名詞節などが目的語になる。

例 <u>He</u> <u>studies</u> <u>math</u>. （彼は数学を勉強します）
 　　S　 V　　O

⤶ **〈主語＋動詞＋補語（S + V + C）の文〉…be 動詞，become，look，get などの動詞のあとに，主語を説明する補語が続く。〈S = C〉の関係が成り立つ**

例 <u>He</u> <u>is</u> <u>a teacher</u>. （彼は先生です）　<u>He</u> <u>looks</u> <u>busy</u>. （彼は忙しそうに見えます）
 　　S　V　C（名詞）　　　　　　　　　　S　 V　C（形容詞）

⤶ **〈主語＋動詞＋目的語＋目的語（S + V + O + O）の文〉…give，make，send，show，teach などの動詞のあとに，目的語が2つ続く。目的語は「人」「もの・こと」の順になる**

例 <u>My father</u> <u>made</u> <u>me</u> <u>a desk</u>. （父は私に机を作ってくれました）
 　　S　　　　 V　 O（人）O（もの）

⤶ **〈主語＋動詞＋目的語＋補語（S + V + O + C）の文〉…call，make，name，keep などの動詞のあとに，目的語と補語が続く。〈O = C〉の関係が成り立つ**

例 <u>I</u> <u>made</u> <u>the room</u> <u>clean</u>. （私はその部屋をきれいにしました）
 　S　 V　　O　　　C

 先輩たちのドボン

⤶ **形容詞⇔副詞の書きかえに注意できない**

例 She is a <u>good</u> tennis player. （彼女はよいテニス選手です）

= She plays tennis <u>well</u>. （彼女は上手にテニスをします）

⤶ **SVOO → 〈SVO + for〔to〕＋人〉の書きかえでミスをする**

例 She teaches <u>me</u> English. （彼女は私に英語を教えます）

= She teaches English to <u>me</u>.　動詞が show，give，teach，send などの場合は to となる。

例 I cooked <u>my family</u> dinner. （私は家族に夕食を料理しました）

= I cooked <u>dinner</u> for <u>my family</u>.　動詞が buy，make，get，cook などの場合は for となる。

1 次の文の（　　）内の語を並べかえて，文を完成させなさい。

(1) A: We like our new teacher. Her class is fun.
    B: What subject does she teach?
    A: She (us / teaches / music). 〈岩手県〉

_____

 (2) My new school life has started. Today, the *student council showed us a video about the school. (excited / it / made / watching / very / me). (注) student council　生徒会 〈兵庫県・改〉

_____

(3) A: My father (the / cat / bought / a / me) other day.
    B: That's good. 〈宮崎県〉

_____

(4) A: What did you learn about peace during your school trip?
    B: Many things. I especially remember an old woman who (memories / us / told / her). 〈徳島県・改〉

_____

2 英語の文章を読んで，あとの(1)から(3)までの問いに答えなさい。〈愛知県・改〉

　　We cannot live alone. So we try to have good relationships with other people every day. We sometimes succeed and we sometimes fail. Through those experiences, we make our own communication styles.

　　But talking with strangers is difficult. And getting along with other people is more difficult. A lot of people get nervous and worried about their relationships with other people. People may think, "Should I smile? What should I talk about? How can I be good at getting along with people?"

　　In fact, a lot of people seem worried about their communication skills. They are (　　　) to find a good way to have better communication skills. Some people are too shy when they talk to people. Some people think too much to enjoy talking. So there are many books and TV programs about communication skills. On the Internet, they can also visit many websites which tell them how to solve their problems.

A Canadian writer once had his own problem. He did not like meeting other people. He【 he had / very tired when / people / to / meet other / always got 】. He wanted to change himself.

He was a smart person and came up with an interesting idea. He created a card game to become stronger mentally. In this game, you choose one card every day, and follow its instruction in your real life. For example, one card tells you to speak to a stranger. And another one tells you to look at someone's eyes for 10 seconds when you talk with that person. You keep doing this for 30 days. The more often you play the game, the stronger you become mentally. In the end, you are ready for better relationships with other people.

You may worry about your communication skills and relationships with other people, but you do not have to worry about them. The writer played the game and changed himself. Now many people all over the world have tried the game and they have solved their own problems. You cannot change the past and other people, but you can change the future and yourself.

(1) （　　）にあてはまる最も適当な語を，次の５語の中から選んで，正しい形にかえて書きなさい。

　　[feel   have   hear   stay   try]　＿＿＿＿＿＿＿＿

(2) 下線のついた文が，本文の内容に合うように，【　　】内の語句を正しい順序にならべかえなさい。

＿＿＿＿＿＿＿＿＿＿＿＿＿＿＿＿＿＿＿＿＿＿＿＿＿＿＿＿

(3) 次のアからカまでの文の中から，その内容が本文に書かれていることと一致するものを全て選んで，そのかな符号を書きなさい。

ア　Meeting strangers is difficult, but getting along with them is easy.

イ　Some people are too shy to think much about many books and TV programs.

ウ　The Canadian writer was smart, but he could not write about his experience in his book.

エ　The card game is designed for people who want to become stronger mentally.

オ　The Canadian writer played the game but he could not change himself.

カ　A lot of people who tried this card game have made better relationships with other people.　　〔　　　　　　　〕

11 分詞

栄光の視点

覚えておくべきポイント

名詞を修飾する現在分詞「〜している（人／モノ）」

現在分詞が単独で名詞を修飾するとき〈現在分詞＋名詞〉

例 Do you know the singing boy?（歌っている男の子を知っていますか）
現在分詞

現在分詞のあとに語句が続き，そのかたまりが名詞を修飾するとき〈名詞＋現在分詞＋語句〉

例 Do you know the boy singing by the piano?
〈現在分詞＋語句〉
（ピアノのそばで歌っている男の子を知っていますか）

名詞を修飾する過去分詞「〜された〔される〕（人／モノ）」

過去分詞が単独で名詞を修飾するとき〈過去分詞＋名詞〉

例 I got a used computer.（私は使われた（＝中古の）コンピューターをもらいました）
過去分詞

過去分詞のあとに語句が続き，そのかたまりが名詞を修飾するとき〈名詞＋過去分詞＋語句〉

例 I got a computer used by my father.（私は父に使われたコンピューターをもらいました）
〈過去分詞＋語句〉

先輩たちのドボン

動詞の〜 ing 形を使った文が整理できていない

①進行形　例）She is walking in the park.（彼女は公園を歩いています）
〈be動詞＋現在分詞〉

②動名詞　例）Walking in the park is her hobby.（公園を歩くことが彼女の趣味です）
主語としての動名詞

③名詞を修飾する現在分詞
例）Do you know that girl walking in the park?（公園を歩いているあの女の子を知っていますか）
〈名詞＋現在分詞＋語句〉

動詞の過去分詞を使った文が整理できていない

①受け身　例）Japan is visited by a lot of foreigners.（日本は多くの外国人に訪れられている）
〈be動詞＋過去分詞〉

②現在完了　例）I've never visited Japan before.（私は日本を訪れたことがない）
〈have〔has〕＋過去分詞〉

③名詞を修飾する過去分詞
例）Japan is a country visited by a lot of foreigners.（日本は多くの外国人に訪れられている国です）
〈名詞＋過去分詞＋語句〉

問題演習

1 次の文の（　　）に入る適切な語(句)を，下のア〜ウまたはア〜エからそれ
ぞれ1つずつ選び，記号で答えなさい。

✔ 必ず得点

(1) Last week, I climbed that mountain (　　) with snow. 〈大阪府・改〉
ア cover　　イ covered　　ウ covering

〔　　　　〕

(2) My grandfather sent me a shirt (　　) in India. 〈神奈川県〉
ア make　　イ was made　　ウ making　　エ made

〔　　　　〕

(3) 〔 After school 〕 〈福島県〉
A: Who's this woman in this picture?
B: This is my sister (　　) in China.
ア to work　　イ works　　ウ working　　エ worked

〔　　　　〕

2 次の文の（　　）内の語(句)を並べかえて，文を完成させなさい。

(1) A: Look at this picture. The girl (is / under / sitting / the tree)
my sister.
B: Oh, she really looks like you. 〈愛媛県〉

_____

➕ 差がつく (2) A: What are you trying to find on the Internet?
B: I'm trying to find (languages / in / used / the number / the
world / of). 〈兵庫県・改〉

_____

3 次の会話が成立するように，〔　　　　〕内のア〜オの語を並べかえて英文
を完成させ，2番目と4番目の _____ に入る語の記号を書きなさい。

🖊 よくでる 〈秋田県〉

A: The _____ _____ _____ _____ _____ was good.
B: She'll be happy to hear that.
〔 ア your / イ dinner / ウ by / エ sister / オ cooked 〕

2番目 〔　　〕　　4番目 〔　　〕

4 次の文について，文が完成するように，(　　)の中の語を，適切な形にして書きなさい。 〈山口県〉

Our teacher said, "When I was young, I read a lot of books (write) in English."

_____

5 由衣（Yui）は，下校途中に外国人の男性を見かけました。Ⅰは男性が持っているパンフレットの一部で，Ⅱは由衣とその男性の対話です。(1)，(2)の問いに答えなさい。 〈福島県〉

Ⅰ

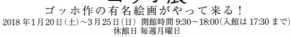

VINCENT VAN GOGH
ゴッホ展
ゴッホ作の有名絵画がやって来る！
2018年1月20日（土）〜3月25日（日）　開館時間 9:30〜18:00（入館は17:30まで）
休館日 毎週月曜日
このパンフレットを美術館に持参すると，特別ポスターがもらえます。

Ⅱ　Yui:　Excuse me. Can I help you?

Man:　Yes, thank you. Look at this pamphlet.

Yui:　Oh, you are going to see some famous pictures
　　　　①　Vincent van Gogh!

Man:　Yes! But I don't understand Japanese. Is there anything that I must know in this pamphlet?

Yui:　You should keep the pamphlet.　②

Man:　Oh, really? I want it as a present for my family! Thank you very much.

(1)　①　に入る適当な**英語2語**を書きなさい。

_____

思考力 (2)　②　に入る適当な**英語を10語以上の1文**で書きなさい。

_____

_____

12 関係代名詞

栄光の視点

 この単元を最速で伸ばすオキテ

🔄 文中が（代）名詞を後ろから修飾するとき，その文を導く語を関係代名詞という。
関係代名詞が導く文によって修飾される（代）名詞を先行詞という。

覚えておくべきポイント

🔄 **主語の働きをする関係代名詞〈主格〉**

〈先行詞（名詞）＋関係代名詞（who, which, that）＋動詞〉の形で，「～する…（名詞）」の意味を表す。

(1) **who**…先行詞が「人」のときに用いる。

例 I have a friend who lives in America. （私にはアメリカに住む友達がいます）
先行詞（人）　〈関係代名詞＋動詞～〉←動詞の形は，直前の（代）名詞に合わせる

(2) **which**…先行詞が「もの・こと」（＝「人」以外）のときに用いる。

例 He lives in a house which was built last year. （彼は昨年建てられた家に住んでいる）
先行詞（もの）　〈関係代名詞＋動詞～〉

(3) **that**…先行詞が「人，もの・こと」のときに用いる。

例 I have the dogs that have blue eyes. （私は青い目をした犬を飼っています）
先行詞（もの）　〈関係代名詞＋動詞～〉

🔄 **目的語の働きをする関係代名詞〈目的格〉**

〈先行詞（名詞）＋関係代名詞（that, which）＋主語＋動詞〉の形で，「―が～する…（名詞）」の意味を表す。目的格の関係代名詞は頻繁に省略される。

(1) **that**…先行詞が「人，もの・こと」のときに用いる。

例 He is the player that my sister likes very much. （彼は私の姉が大好きな選手です）
先行詞（人）　〈関係代名詞＋主語＋動詞～〉

= He is the player my sister likes very much. ※関係代名詞の省略

(2) **which**…先行詞が「もの・こと」（＝「人」以外）のときに用いる。

例 I use a bag which my mother made. （私は母が作ったかばんを使っています）
先行詞（もの）　〈関係代名詞＋主語＋動詞～〉

= I use a bag my mother made. ※関係代名詞の省略

先輩たちのドボン

🔄 **主語が〈関係代名詞～〉に修飾され，動詞が離れているため，文の構造がわからない**

● 正しい例 The boy who is playing the piano is my brother. （ピアノを弾いている男の子は私の弟です）
先行詞　〈関係代名詞＋動詞～〉　動詞
The guitar my father gave me was big. （父が私にくれたギターは大きかったです）
先行詞　〈関係代名詞（省略）＋主語＋動詞～〉

1 次の文の（　　）内の語（句）を並べかえて，文を完成させなさい。

＋差がつく

(1) A: We're going to see a baseball game next Saturday, but I've never seen one at a stadium.（ there / I / bring / anything / should / is ）?

B: You'll need a lot of water because it'll be very hot there.〈兵庫県・改〉

_____

(2) A: I think the writer is smart.

B: Why do you think so?

A: Because the book (is / she / last year / which / wrote) very popular with people of all ages. 〈沖縄県・改〉

_____

(3) A: Did you enjoy your vacation?

B: Yes! I went to Hokkaido. These are (I / there / the / took / pictures).

A: Oh, they're beautiful! 〈山口県〉

_____

(4) A: Are you looking for something?

B: Yes. Which (the / that / is / to / goes / bus) Kanazawa?

A: You can use that green bus.

B: Thank you very much. 〈富山県〉

_____

(5) Fred: (who / the student / I / came / met / haven't) from Japan yet. Have you?

Susan: Yes. I saw her in the hallway yesterday. She was speaking English very well. 〈山形県〉

_____

2 次は，みどり市中学生イングリッシュ・セミナー(English seminar)の参加者募集について，ある中学校の校内で昼休みに放送された英文です。英文とポスター(poster)をもとにして(1)〜(3)の問いに答えなさい。　〈大分県〉

Hi, everyone. It is January 11 today. It is time for "Students English News".

The English seminar in Midori City will be held on (　ⓐ　) 23. It's for junior high school students. We can enjoy some English games and activities with some *assistant language teachers. We can also listen to the speech of a ①(ア　as　イ　has worked　ウ　man　エ　who) a volunteer in foreign countries. We will make an English video to *introduce Midori City. We can enjoy using English with friends.

About one(　ⓑ　) junior high school students can join this English seminar.

If you want to know more about it, please see the poster at the students' entrance and ask our English teacher, Ms. Hara. We still have two weeks before the *deadline. Why don't you take part in the seminar?

ポスター

☆みどり市中学生イングリッシュ・セミナーのお知らせ☆
○日時　　　２月23日(土) ９:００〜16:００
○開催場所　みどり市民センター
○内容
　　・ＡＬＴとのゲームや交流活動
　　・みどり市出身で海外ボランティアに取り組まれている方の講演
　　・英語でのみどり市紹介ビデオ作成　　　　　　　　　など
○募集人数　　市内の中学生約100名
○申込期限　　　　　　②
○申込方法
　各中学生の英語担当の先生を通じて申し込んでください。
　　　　　　参加をお待ちしています！

(注)　assistant language teacher(s)　外国語指導助手（ALT）
　　　introduce 紹介する　　deadline　締め切り

(1)　(　ⓐ　)，(　ⓑ　)にそれぞれ適切な英語１語を書きなさい。

ⓐ ＿＿＿＿＿＿＿＿　　ⓑ ＿＿＿＿＿＿＿＿

(2)　①の(　　　)内のア〜エを意味の通るように並べかえ，その符号を順に書きなさい。

〔　　→　　→　　→　　〕

🔔思考力 (3)　英文を参考にして，ポスターの ② に入れるのに最も適当なものを，ア〜エから１つ選び，その符号を書きなさい。

　　ア　１月18日(金)　　イ　１月25日(金)
　　ウ　２月１日(金)　　エ　２月８日(金)　　　〔　　　〕

13 熟語

栄光の視点

 覚えておくべきポイント

定番の熟語を確実におさえる

● **be動詞を使った熟語**
be able to ～（～できる）　例）He is able to speak English.（彼は英語を話せます）
be interested in ～（～に興味がある）　例）I'm interested in science.（私は科学に興味があります）
be famous for ～（～で有名である）/ be afraid of ～（～をおそれる）
be good at ～（～が得意である）/ be proud of ～（～を誇りに思う）
be different from ～（～とは異なる）/ be kind to ～（～に親切である）

● **動詞を使った熟語**
look for ～（～を探す）　例）I'm looking for a bag.（私はかばんを探しています）
take care of ～（～の世話をする）　例）She takes care of birds.（彼女は鳥の世話をします）
get up（起きる）⇔ go to bed（寝る）/ get on ～（～に乗る）⇔ get off ～（～から降りる）
give up（あきらめる）/ go shopping（買い物に行く）/ have a good time（楽しく過ごす）
help ～ with …（人の…を手伝う）/ keep ～ing（～し続ける）/ listen to ～（～を聞く）
look at ～（～を見る）/ look forward to ～（～を楽しみに待つ）/ put on ～（～を着る）
show ～ around（～を案内して回る）/ travel abroad（海外旅行をする）/ wait for ～（～を待つ）

● **時や場所を表す熟語**
after school（放課後）/ all day（一日中）/ all over the world（世界中）
at first（まず, 最初は）/ at last（ついに）/ between A and B（AとBの間）
for a long time（長い間）/ from A to B（AからBまで）/ for the first time（初めて）
in front of ～（～の前［正面］に［で］）/ one day（ある日）/ over there（向こうに）

● **one'sや代名詞を含む熟語**
each other（お互い）/ one another（お互い（3人以上のとき））※数による区別はしないことも多い。
do one's best（最善をつくす）/ make up one's mind（決心する）
on one's way to ～（～に行く途中で）/ one's own way（自分自身のやりかた）

● **数や量を表す熟語**
a kind of ～（一種の～）/ a little（少し）/ a lot of ～（たくさんの～）
a cup[glass] of ～（カップ［グラス］1杯の～）/ a piece of ～（1枚［切れ / 本］の～）

● **その他の重要熟語**
because of ～（～のために）/ for example（たとえば）/ I'd like to ～.（～したい）
of course（もちろん）/ such as ～（～のような）/ thanks to ～（～のおかげで）

問題演習

1

✔必ず得点

次の対話について，右にあるイラストに合うように， ☐ に入る適当な英語1語を書きなさい。ただし， ☐ 内の __ に1文字ずつ書くものとします。　　　　　　　　　　　　　　　　　　　　　〈北海道〉

A: Would you like a ☐ ☐ ☐ ☐ of coffee?
B: Sure.

――――――――

2

✔必ず得点

次の対話文について，（　　　）に入る最も適当な英語1語を答えなさい。

A: You'll play for the piano contest tomorrow. Good luck.
B: Thank you. I'll do my (　　　　).　　　　　　　〈島根県〉

――――――――

3

✔必ず得点

次の英文が，日本語と同じ意味になるように，（　　　　）内の語を並べかえて書きなさい。　　　　　　　　　　　　　　　　　　　〈北海道〉

私は，ふだん6時半に起きます。
I usually (at / up / get) six thirty.

――――――――

4

次の(1)，(2)のそれぞれの（　　　）の中のア～オを正しい語順に並べかえ，その順序を符号で示しなさい。

(1)　A: I'm worried about my new school life.
　　B: Don't worry. We (ア　when　イ　other　ウ　can　エ　each
　　　オ　help) we have trouble.　　　　　　　　　　〈千葉県〉
　　　　　　　　　　　　　　　　〔　　→　　→　　→　　→　　〕

(2)　A: What (ア　between　イ　is　ウ　color　エ　and　オ　red)
　　　yellow?
　　B: I think it's orange.　　　　　　　　　　　　　　〈千葉県〉
　　　　　　　　　　　　　　　　〔　　→　　→　　→　　→　　〕

5 次の対話文の ☐ に入る最も適当な英語を，次のア～エのうちから一つ選び，その記号を書きなさい。 〈岩手県〉

A: I am going to visit America with my family.

B: That's wonderful. Will you go there with your dog?

A: No, I won't. But I have already asked my grandfather to ☐ our dog.

B: That's good.

　ア　take off　イ　take care of　ウ　look for　エ　look forward to

[　　]

6 次の対話文の（ 1 ）～（ 3 ）に入る最も適切な 1 語を書きなさい。 〈宮崎県〉

A: Shall (1) go skiing this weekend?

B: Yes, let's! I have never skied before.... Is that OK?

A: Oh, that's OK. My father is going to come and help us.

B: Is he good (2) skiing?

A: Yes. He'll show you how to ski. You'll (3) able to ski well.

B: That's exciting. I can't wait!

1 ＿＿＿＿＿　2 ＿＿＿＿＿　3 ＿＿＿＿＿

7 次の英文は，ショウヘイ(Shohei)と留学生のボブ(Bob)の対話です。対話文中の(ア)～(ウ)の(　　)の中にそれぞれ適する 1 語を英語で書きなさい。ただし，答えはそれぞれの(　　)内に指示された文字で書き始め，一つの ＿ に 1 文字が入るものとします。 〈神奈川県〉

Shohei: I hear you can speak Chinese very well. Did you live in China?

Bob:　　Yes, I was (ア)(b ＿ ＿ ＿) in China and I lived there until I was ten years old.

Shohei: What do you remember about living in China?

Bob:　　I enjoyed a lot of things with my friends. For (イ) (e ＿ ＿ ＿ ＿ ＿ ＿), we played soccer, baseball, and games. We had a lot of fun.

Shohei: You had a lot of good friends there, right?

Bob:　　That's right. We still (ウ)(c ＿ ＿ ＿ ＿ ＿ ＿ ＿) to send e-mails in Chinese to each other.

Shohei: Oh, you've been good friends for a long time. That's great!

ア ＿＿＿＿＿　イ ＿＿＿＿＿　ウ ＿＿＿＿＿

14 会話表現

栄光の視点

 この単元を最速で伸ばすオキテ

⤷ さまざまな場面で使われる会話表現をおさえる。助動詞に注意する。

 覚えておくべきポイント

⤷ **重要表現を確実におさえる**

● 電話・買い物での表現

電話　Hello. May I speak to Becky?（もしもし。ベッキーをお願いします）
　　　Hold on, please.（そのまま、お待ちください）
　　　Can I take〔leave〕a message?（伝言を伺いましょうか〔伝言をお願いできますか〕）
　　　You have the wrong number.（番号が違います）

買い物　May I help you?（お手伝いしましょうか〔いらっしゃいませ〕）
　　　—Yes, please. / No, thank you. I'm just looking.
　　　（はい、お願いします／結構です。見ているだけです）
　　　May I try it on?（それを試着していいですか）
　　　—Sure. / Sorry, you can't.（いいですよ／申し訳ありませんが、だめです）
　　　How about that one?（あちらはいかがですか）
　　　I'll take that one.—Thank you. Here you are.
　　　（あちらをいただきます—ありがとうございます。はい、どうぞ）

● 道案内での表現

Excuse me. Please tell me the way to the library.（すみません。私に図書館への道を教えてください）
How can I get to Asahi Station?（アサヒ駅へはどうしたら行けますか）
Go down this street〔Go straight〕, and turn right〔left〕at the first corner.
（この通りを進んで〔まっすぐ行って〕、1つ目の角を右〔左〕に曲がってください）

● 依頼・勧誘・提案での表現

依頼　Will〔Can〕you make lunch?—Sure.（昼食を作ってくれませんか—いいですよ）
　　　Could〔Would〕you show it to me?—I'm sorry(,but) I can't.
　　　（私にそれを見せていただけませんか—すみませんが、できません）

勧誘　Shall we have dinner at the restaurant?—OK. / No, let's not.
　　　（レストランで夕食を食べませんか—いいですよ／やめておきましょう）
　　　Why don't we go to movies?—Sounds good.（映画に行きませんか—いいですね）

提案　How about playing soccer?—That's nice.（サッカーをするのはどうですか—いいですね）
　　　Shall I help you?—No, thank you.（あなたを手伝いましょうか—結構です、ありがとう）
　　　Why don't you ask him the question?—I see. I'll try.
　　　（彼に質問してみてはどうですか—わかりました。そうします）

1 次の対話について，下線部の（　）の中の語を，対話の内容に合うように並べかえなさい。　　　　　　　　　　　　　　　　　　　　　　　　　　　　　〈山口県〉

✔必ず得点

A: Excuse me. How (to / I / get / can) Wakaba Station?
B: Go straight for about five minutes. It's on your left.
A: Thank you.

---

2 次の対話文の（　）に入る適切な英文を，下の**ア〜エ**から1つ選び，記号で答えなさい。

♂よくでる

(1)　A: Excuse me. I want a hamburger and orange juice, please.
　　B: OK. Anything else?
　　A: (　　　　　　)　　　　　　　　　　　　　　　　　　　　〈徳島県〉

　　ア　Yes, I was.　　　　イ　Yes, they are.
　　ウ　No, it's not.　　　　エ　No, that's all.

　　　　　　　　　　　　　　　　　　　　　　　　〔　　　　〕

(2)　A: May I help you?
　　B: Yes, please. I'm looking for a shirt as a birthday present for
　　　my brother.
　　A: OK. What color does he like?
　　B: (　　　　　　)　　　　　　　　　　　　　　　　　　　〈群馬県〉

　　ア　Well, I think he likes blue.
　　イ　No, he doesn't. He likes a cap.
　　ウ　Great. But it's large for me.
　　エ　Oh, it's nice. I like the color very much.

　　　　　　　　　　　　　　　　　　　　　　　　〔　　　　〕

+ 差がつく (3) A: Hello, Ms. Green. For the presentation* in your class, I want to talk about recycling in Japan. What do you think?

B: Well, it's not bad, but I think almost everyone already knows about it. (　　①　　)

A: That's a good idea. But I only have five minutes for the presentation, so I think I can talk about only one country. I will compare* it with Japan.

B: I see. I think it'll be a good presentation.

A: I'll need to practice a few times. (　　②　　) before the class?

B: Of course. I'll be happy to do that.　　　　　　　　〈兵庫県〉

（注）　presentation：プレゼンテーション，発表　　compare：比較する

① ア　How about showing some examples of recycling in Japan?

　　イ　How are you going to learn about recycling in other countries?

　　ウ　Why don't you talk about recycling in other countries, too?

　　エ　Why do you want to talk about recycling in Japan?

　　　　　　　　　　　　　　　　　　　　　　　　〔　　　〕

② ア　Shall I start the presentation

　　イ　Will you listen to my presentation

　　ウ　May I see your presentation

　　エ　Can you understand my presentation

　　　　　　　　　　　　　　　　　　　　　　　　〔　　　〕

3

差がつく

次の対話文は，香川県の栗林公園（Ritsurin Garden）を訪れたいと思っている海外からの旅行者（traveler）と，中学生の Masao の会話である。本文の内容からみて，文中の (a) ～ (d) の ☐ 内にあてはまる英文は，次のア～クのうちのどれか。最も適当なものをそれぞれ一つずつ選んで，その記号を書け。

〈香川県・改〉

Traveler: ☐ (a) ☐ Could you tell me how to get to Ritsurin Garden?

Masao: Sure. Take that Bus No. 53.

Traveler: ☐ (b) ☐

Masao: That's right. Then *get off at Ritsurin Koen Mae. You'll see the garden in front of you.

Traveler: ☐ (c) ☐

Masao: Well, I don't think it will take a long time. Perhaps about 20 minutes.

Traveler: I decided to visit it during my travel around Japan. I heard Ritsurin Garden was very quiet and beautiful.

Masao: Yes, it's really great. You can enjoy walking around the garden, taking pictures, and also seeing beautiful flowers and trees from a boat on the water.

Traveler: Really? From a boat! That sounds interesting! Thank you very much for telling me the way to Ritsurin Garden and giving me the new *information.

Masao: You're welcome. ☐ (d) ☐

Traveler: Thanks. Goodbye.

Masao: Goodbye.

（注）get off　おりる　　information　情報

ア　I'm sorry.　　イ　Excuse me.　　ウ　I'll stay here.

エ　Please leave a message.　　オ　Please enjoy your stay in Kagawa.

カ　Do you often take a walk?　　キ　How long will it take?

ク　Take that bus?

(a) 〔　　　〕　(b) 〔　　　〕　(c) 〔　　　〕　(d) 〔　　　〕

PART 2

読解

1 適切な語句・文を補う問題

栄光の視点

📖 覚えておくべきポイント

適切な語句を補う問題…空所の前後の語句や品詞に注目して，空所に何が入るかを考える

例題1 次の文の（　　）の中に入れるのに最も適するものを，あとの1〜4から一つ選び，その番号を答えなさい。 〈神奈川県〉

The city is visited by many people（　　）a famous festival in February.

1　when　　　　2　which　　　　3　between　　　　4　during

解説 直後に名詞が続くので，前置詞が入る。between と during を比べ，意味から解く。

解答　4

適切な文・語句を補う問題…対話文では，誰が，何について話しているかに注目

例題2 （　　）に入る最も適当なものを，ア〜エの中から一つ選びなさい。 〈福島県〉

〔At school〕A: Oh, you are already here this morning.　Why is that?

　　　　　B: Well, I come to school（　　）on a rainy day.

ア　by bus　　イ　at twelve　　ウ　with my dog　　エ　on Sunday

解説 Aの発言から，Bがいつもより早く登校していると判断できる。理由を聞かれているので，「雨の日はバスで来る」と答えると対話が成立する。 **解答　ア**

長文では空所の前後のつながりに注意

例題3 次の英文の（　　）に入る最も適切なものを，下のア〜エから一つ選び，その記号を書け。 〈高知県〉

　I like playing online games.　I usually play games during my free time.　While I am enjoying playing games, I don't have to think about anything else.　But I sometimes feel tired after playing games.　Today, I read the news about some young people who play online games too much.　（　　）For example, they cannot get up in the morning. They don't have meals.　They don't go to work or school.　I think playing games is fun, but we have many other things to do.　Now I play online games for more than three hours every day.　Time is so limited.　So I think I should change my everyday life.

（注）　online games　インターネットを利用したゲーム

ア　I get sick and cannot eat anything because I play games for more than three hours every day.

イ　They have some problems in their everyday life because they cannot stop playing games.

ウ　They told me to stop playing games when I got up very late this morning.

エ　When they get sick, they should play online games and eat lots of food.

解説 直後に，「朝起きられない」という問題を例示しているので，空所には「問題がある」という趣旨の英文が入ると考えることができる。 **解答　イ**

1 次の問いに答えなさい。 〈北海道〉

✔必ず得点

(1) 次の①，②の英文が，それぞれの日本語と同じ意味になるように，
□ に入る最も適当な英語1語をそれぞれ語群から選んで書きな
さい。

① Stand □ , please.
立ってください。
語群 good up to mine

_____

② □ is the weather in Tokyo today?
今日の東京の天気はどうですか。
語群 How When That Sunday

_____

(2) 次の①，②の英文の □ に入る最も適当な英語1語をそれぞれ
語群から選んで書きなさい。

① □ is the second month of the year.
語群 June November February August

_____

② Apples, oranges and bananas are kinds of □ .
語群 days sports animals fruits

_____

2 次の(1)，(2)の会話文について，（ ）に入る最も適当な英語1語を答えな
さい。 〈島根県〉

(1) A: Which T-shirt do you like, a green one or a white one?
B: I can't decide, so I'll take ( ).

_____

(2) A: I'll have a birthday party for my sister next Sunday. Can you
come?
B: Of course. Thank you for ( ) me to the party.

_____

3 英文が完成するように，文中の①～③の（　）内に，最も適切な英語を，それぞれ1語ずつ書きなさい。なお，答えはすべて（　）内に示されている文字で書き始めるものとします。　　　　　　　　　〈茨城県・改〉

✔必ず得点

    Yesterday, my host father and I went to Mt. Wakaba. I saw many young people there. Climbing Mt. Wakaba is very ①(p　　　) among them. It was very difficult for me to climb the mountain and it ②(t　　　) three hours. I was so ③(t　　　) that I went to bed early.

① ＿＿＿＿＿＿＿＿　　②＿＿＿＿＿＿＿＿　　③＿＿＿＿＿＿＿＿

4 次は，中学生の智子（Tomoko）がホームステイ先のホストファミリーへ書いたお礼の手紙である。　①　～　④　に入れるのに最も適当なものを，それぞれ下のア，イから一つ選び，記号で答えなさい。　　〈熊本県〉

✔必ず得点

智子が書いた手紙
Dear Ms. Smith,

    Thank you for your help during my stay last month. I was happy that you 　①　 me to many famous places. I was surprised that all of them 　②　 by so many people. During the stay, my English got 　③　 than before!

    The best memory is my birthday party at your house. I really like the picture 　④　 me as a present. I hope I can see you again in the future.

Tomoko

（注）　memory　思い出
① ア　take　　イ　took　　② ア　visited　　イ　were visited
③ ア　better　　イ　best　　④ ア　which gave　　イ　you gave
①〔　　　〕　②〔　　　〕　③〔　　　〕　④〔　　　〕

5 次の対話文(1)～(3)を読んで，　　　　に最も適するものを，それぞれア～エから1つずつ選びなさい。　　〈徳島県〉

✔必ず得点

(1)　A: Can I help you?
    B: 　　　　 I'm just looking.
    A: I see. Please ask me when you need help.
    ア　Yes, please.　　　　イ　Yes, I can.
    ウ　No, thank you.　　　エ　No, I can't.　　　　　〔　　　〕

(2)　A: Which girl is your sister in this picture?

　　B: Well, the girl holding a racket is my sister.

　　A: Oh, ☐

　　B: Yes, she practices at the court every day.

　　ア　does she enjoy swimming?

　　イ　does she like playing tennis?

　　ウ　does she enjoy cooking?

　　エ　does she like singing a song?　　　　　　〔　　〕

(3)　A: What are you doing, Dad?

　　B: I'm making a cake.　Today is your mother's birthday.　I asked
　　　　you to do it with me last week.

　　A: Sorry, I forgot. ☐

　　B: Thank you.

　　ア　I will give you a card.　　イ　I will eat breakfast.

　　ウ　I will do my homework.　　エ　I will help you soon.

　　　　　　　　　　　　　　　　　　　　　　　　〔　　〕

6　(1), (2)の英文を読んで，それぞれの（　　）に入れるのに最も適当なもの
を，それぞれの英文の下のア〜ウの中から1つ選び，記号を書きなさい。

〈佐賀県〉

(1)　When I was going back to my home yesterday, it suddenly
started to rain.　It rained so hard that I decided to wait at a
convenience store until it stopped raining.　Then I saw a friend
who lived near my house.　She had (　　).　We shared it and
walked home together.

　　ア　an umbrella　　イ　a cap　　ウ　a map

　　　　　　　　　　　　　　　　　　　　　　　　〔　　〕

(2)　There are many developing countries in the world.　One
example is *Sierra Leone.　It is a very hot country in Africa.　A
lot of people who suffer from *diseases can't live for a long time
because there are not many (　　).　What can we do to help
them?

　　(注)　Sierra Leone　シエラレオネ共和国　　disease(s)　病気

　　ア　customers or shops　　イ　doctors or hospitals

　　ウ　teachers or schools　　　　　　　　　　　〔　　〕

教師と２人の生徒の会話の意味が通じるように，①～④に入る文として，あとのア～オから最も適切なものをそれぞれ１つ選び，その符号を書きなさい。　〈石川県〉

Teacher: Today we're going to talk about this. "Which is better, riding a bike or taking a bus when you go to high school?" Satoshi and Erika, will you tell us your opinions?

Satoshi: I think riding a bike is better.

Teacher: Why do you think so?

Satoshi: It's a good way to save time because you don't have to wait long for a bus. ①

Erika: If that's true, you should take a bus instead of a bike. ② You can save more time by doing so. What do you think, Satoshi?

Satoshi: ③ If you ride a bike to school, it's really good for your health. It's also good for the environment.

Erika: I understand. But what will you do when it rains or if your school is very far from your house? It'll be very dangerous to ride a bike. ④

Teacher: Thank you. Both riding a bike and taking a bus have good points. Now I'd like to ask other students. Any different opinions?

ア　Everyone says high school students are very busy.

イ　I think going to school safely is important.

ウ　Maybe you are right, but I have some more things to tell you.

エ　Sorry, but I have never thought about how to go to school.

オ　When you're on a bus, you can study or read a book.

①〔　　　〕　②〔　　　〕　③〔　　　〕　④〔　　　〕

2 内容正誤問題

栄光の視点

📘 覚えておくべきポイント

🔖 **本文中から選択肢の内容が書かれている部分を見つけ, 正誤を判断する**

内容正誤問題の解き進め方

(1) 選択肢は原則時系列順（本文と同じ流れ）になっている。

(2) 特に対話文では, 対応文を探す際, 主語・話者に注目し, 追っていく。

(3) 選択肢の確認ポイント

① 肯定⇔否定の逆転（not の有無）

② 理由 or 目的のすり替え（to V, because SV 部分のみが異なる, など）

③ 語句 or 数値の差し替え（Tom → John, 13 → 30, 主語のみが異なる, など）

④ データの極大・極小化（all/every, no/none, always/never, など）

⑤ 本文に書いていない（もっともらしい一般論）

例題 次の文章は, カナダに帰国した Judy が Maki に送った E メールの内容である。

〈東京都〉

Dear Maki,

Thank you for your help during my stay in Japan. Do you remember that you took me to the Dream Festival? I enjoyed it very much.

I enjoyed learning about Japanese culture at the festival. I played the shamisen ⓐ for the first time at the event "Try new things!" The sound of the shamisen was very new to me. It was a wonderful experience. I learned that it is very important for me to try new things. The shamisen was one new thing. In Canada, I have started to practice the shamisen. I practice it every day.

The other day, I went to a concert with my sister, Amy. It was exciting! Japanese *musical instruments, such as the shakuhachi, shamisen, and wadaiko, ⓑ were played together with *Western musical instruments, such as drums and guitars. I was very surprised. When they were played together, music became more beautiful and *powerful! At the end of the concert, ⓒ I was very happy to ⓓ have a chance to play the shamisen with a special band on the stage! That was a lot of fun.

I found a new thing I wanted to do. I'm very glad about that. Have you started doing any new things? If you have, tell me about them. I'm looking forward to hearing from you.

Yours,

Judy

（注） musical instrument 楽器
western 西洋の　powerful 力強い

問 このEメールの内容と合っているのは，次のうちではどれか。

ア At the concert, Judy was surprised that many kinds of Japanese musical instruments were played ⓑ before western ones were played.

イ Before coming to Japan, Judy played the shamisen ⓐ many times in many concerts with members of a special band in Canada.

ウ After coming back to Canada, Judy went to the concert with her sister and ⓓ enjoyed playing Western musical instruments.

エ At the end of the concert, having a chance to play the shamisen with a special band on the stage ⓒ made Judy very happy.

 先輩たちのドボン

⑤ **内容正誤問題では，本文と一部だけ異なっていることが多い。また，本文と選択肢で表現が書きかえられる場合もあるが，それらに注意できない**

解説 　本文ⓒ I was very happy to 〜（私は〜してとてもうれしかった）
　　　 ＝エⓒ 〜 made me very happy（〜することは私をとてもうれしくさせた）　　解答 　エ

問題演習

1 Hiroto は，友人の Kevin から次の e-mail を受け取りました。この e-mail の内容と合っているものを，次のページのア〜エから一つ選び，その記号を書け。 〈高知県〉

Hello, Hiroto.

　How are you? I went to see a comedy at Sakura Hall yesterday. I usually watch comedies on TV, so it was my first time. I was very happy. I laughed a lot. After the show, I saw our favorite comedian outside the hall. He was selling his books. I bought two books. After I bought them, he wrote his autograph in the books. I will send one of them to you. I also asked him to take pictures with me. He said, "Of course." He was very kind to me. You can see these pictures in this e-mail.

　I hope you like the pictures and the book.

Your friend,

Kevin

（注） comedy 喜劇・お笑い　　show ショー
　　　 comedian コメディアン・お笑い芸人　　autograph サイン

ア　昨日，Hiroto が Sakura ホールの外で大好きなコメディアンと撮った写真を，メールで送ってほしいと Kevin が頼んでいる。

イ　昨日，Kevin が久しぶりに Sakura ホールに喜劇を見に行った帰りに，本屋で Hiroto に頼まれていた本を買ったので，その本を Hiroto に送ると言っている。

ウ　昨日，Kevin が好きなコメディアンの喜劇をテレビで見たので，一緒に喜劇を見に行かないかと Hiroto を誘っている。

エ　昨日，Kevin は喜劇を見た後で，Kevin と Hiroto が好きなコメディアンの本を 2 冊買い，サインをしてもらったので，そのうちの 1 冊を，Hiroto に送ると言っている。

〔　　　〕

2 次の英文は，高校生のあかね(Akane)さんと，留学生のビリー(Billy)さんの電話での会話である。会話の内容と合うものを次のページのア〜エから 1 つ選びなさい。〈徳島県・改〉

Akane: Hello, Billy. This is Akane.

Billy:　Hi, Akane. What's up?

Akane: You are interested in science, right?

Billy:　Yes. I've just read a book about renewable energy. But why?

Akane: My father told me about the science festival at the university near our school. Will you come with me?

Billy:　The science festival? I'd like to go! When will it be held?

Akane: On August 3 and 4. There are some interesting events on each day.

Billy:　Do you mean it will be held this weekend?

Akane: Yes, do you have any plans then?

Billy:　Well, I'm going to see a karate tournament with my host family on Saturday. But I'm free on Sunday. How about this Sunday?

Akane: Sure. On that day we can join an event about producing electricity by using the wind. It's a kind of renewable energy. It will start at ten.

Billy:　Great! I want to know more about renewable energy. Let's meet in front of the university gate at nine thirty. Thanks, Akane.

Akane: You're welcome. See you then.

（注）renewable　再生可能な　　university　大学

ア　When Akane called Billy, he was cleaning his room.

イ　Akane heard about the science festival from her brother.

ウ　Billy will go out with his host family on August 3.

エ　Billy is going to meet Akane at the station near her house.

〔　　　〕

3 次の英文は，高校生の大樹(Daiki)が，英語の授業でスピーチをするために書いたものである。よく読んで，本文の内容に合っているものを，下のア〜エから一つ選び，記号で答えなさい。　　　　　　　〈熊本県・改〉

+差がつく

My father grows rice and some fruit with his friends. Sometimes, I help my father at home. I study agriculture in my high school. I grow rice and flowers at my school. I'm going to work with my father in the future. However, I have three things to do before I start to work.

First, I need to learn more about growing rice. I want to study more about agriculture at college. My dream is to make many people happy with my rice, so I want to know more about rice and learn many ways to grow it.

Second, I want to go to Australia to study agriculture. In Australia, there are not many rice farmers, but they make a lot of rice. They use big machines, so they don't need many people. In Japan, most farmers are elderly people and farmers are getting older. I want to know how farmers work with machines in Australia.

Third, I want to learn how to use the Internet for agriculture. For example, we can sell our rice and fruit to people in the world through the Internet because many people in the world are interested in Japanese food.

To eat is to live. Food is important for our body. I want to make good food for people. Agriculture is the door to my future.

(注)　grow〜　〜を栽培する　　agriculture　農業　　college　大学
　　　machine　機械　　elderly　年配の

ア　大樹の父は，一人で米や果物を育てている。

イ　大樹の夢は，果物で人々を幸せにすることである。

ウ　日本の農家は若者が多く，高齢者が減っている。

エ　世界中で多くの人が，日本の食べ物に興味を持っている。

〔　　　〕

4 次は，中学生の Yukiko が書いたスピーチ原稿である。これを読み，文の内容に合っているものを下のア～エの中から一つ選び，その記号を書け。

〈鹿児島県・改〉

Hello, everyone. I am going to talk about something important that will help us in our lives.

Look at this. This is one of the tomatoes I grew* this year. My brother is studying agriculture* in high school and enjoys growing vegetables*. I thought it was interesting, so I started growing tomatoes in my garden* last year. I gave the tomatoes water every day. However, one month later, many of them became sick. My brother didn't give me any solutions* then, but he said, "Do you know why they are sick? Did you try to find the reason?"

I went to the city library and read a book about growing tomatoes. Finally, I found the reason. Tomatoes don't need a lot of water every day. After that, I stopped giving my tomatoes too much water.

This year, I tried again and I have grown my tomatoes well! Experience is the best teacher. Now I know what to do. I will grow more tomatoes next year.

（注） grew ～　～を育てた（現在形は grow，過去分詞形は grown）
　　　agriculture　農業　　vegetable(s)　野菜　　garden　菜園
　　　solution(s)　解決法

ア　Yukiko thinks eating tomatoes is good for her health.
イ　Yukiko's brother taught her how to grow tomatoes.
ウ　Yukiko had a problem about growing tomatoes last year.
エ　Yukiko has grown tomatoes well for two years.

〔　　　　〕

3 図・表から情報を読み取る問題

栄光の視点

 覚えておくべきポイント

図・表・メモなどから必要な情報を見つける

例題　次のごみ収集カレンダー (Trash Collection Calendar) を見て, 下の(1), (2)の質問の答えとして最も適当なものを, ア〜エの中から一つずつ選びなさい。　〈島根県〉

March

Sun	Mon	Tue	Wed	Thu	Fri	Sat
					1	2
3	4	5	6	7	8	9
10	11	12	13	14	15	16
17	18	19	20	21	22	23
24/31	25	26	27	28	29	30

- - - Trash - - - -

Garbage that can be burned :
Every Tuesday and Friday

Garbage that cannot be burned :
The second and fourth Thursday

Old newspapers, Old clothes :
The first Wednesday

Cans, Bottles, Plastic bottles :
Every Monday
or bring to the RECYCLING
STATION at any time

※ *You should take out the trash by 8:30 a.m. on the collection day.*

(1)　Which mark shows 'garbage that cannot be burned'?

ア ◯　　　イ △　　　ウ ✦　　　エ ☐

(2)　Which is true about the calendar?

ア　'Garbage that can be burned' is collected ⓐ eight times in March.

イ　Old newspapers and old clothes are collected ⓑ once a month.

ウ　We should bring plastic to the recycling station ⓒ on Monday.

エ　Trash should ⓓ not be taken out until 8:30 in the morning.

 先輩たちのドボン

図・表から情報を読み取る問題では, 本文と選択肢で表現が書きかえられる場合もあるが, これに気づけない

解説　※ *You should take out the trash by 8:30 a.m.*(あなたは午前8時30分までにごみを出すべきだ)

(2)のエ：Trash should not be taken out until 8:30 in the morning.

（ごみは朝の8時30分までは出されるべきではない）

ⓐ〜ⓓは, 解答のカギとなる部分。ⓐであれば, 表から9回の収集日があることを読み取り, eight times (8回) は間違っていることを導く。

解答　(1)　エ　(2)　イ

問題演習

1 健(Ken)と留学生のマイク(Mike)が，週末，買い物に行くために，信州ショッピングセンター(Shinshu Shopping Center)のパンフレットを見ながら対話をしている。　〈長野県〉

Ken: What do you want to buy, Mike?

Mike: Soba. I want my family to try soba. It's my favorite Japanese food. Where can I buy that?

Ken: You can buy some in ①(　　　) or at some Japanese restaurants. But how about books with pictures? They tell you a lot about things in Nagano like mountains and rivers.

Mike: Sounds good. I want to buy one. I think it will be good to show my family the places I have visited.

Ken: I see. Let's go and look for one in ②(　　　) first, then eat lunch.

Mike: Sure.

（注）Shoes くつ　　a.m. 午前　　wheelchairs 車いす

パンフレット

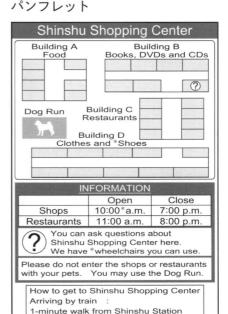

(1) 対話の流れに合うように，下線部①，②の(　　)に当てはまる最も適切な英語を，次のア～エから1つずつ選び，記号を書きなさい。

ア　Building A　　イ　Building B　　ウ　Building C

エ　Building D　　　　　　　　　①〔　　　〕　②〔　　　〕

(2) パンフレットの内容と合っている最も適切な英文を，次のア～エから1つ選び，記号を書きなさい。

ア　All the shops and restaurants open at 10:00 a.m.

イ　You can ask for wheelchairs if it is necessary.

ウ　You must not take any pets to Shinshu Shopping Center.

エ　Shinshu Shopping Center is very far from Shinshu Station.

〔　　　〕

〈北海道・改〉

思考力

Lake Hotel Information

■ *Floor Information

Floor	*Guest Rooms	*Facilities （Open Hours）
fifth	501-540	
forth	401-440	
third	301-330	meeting room （9:00-21:00）
second		pool （15:00-21:00） karaoke room （17:00-23:00）
first		restaurant （6:30-20:30） convenience store （24 hours）

◎ You can use these facilities during stay.

◎ Please ask the *front desk when you use the meeting room or the karaoke room.

■ Room Information

◎ Please take your room *key with you when you leave the room.

◎ Please put your important things in the *safe.

（注） floor 階，フロア　　guest room(s) 客室　　facility (facilities) 施設
front desk （ホテルの）フロント，受付　　key かぎ　　safe 金庫

問　次の(1)，(2)の英文について，本文の内容から考えて，□□□に当てはまる最も適当なものを，それぞれア～エから選びなさい。

(1) At Lake Hotel, you can □□□.

ア stay in a guest room on the first floor

イ enjoy swimming in the pool on the fourth floor

ウ eat breakfast at the restaurant from 6:00 a.m

エ buy things at the convenience store at any time

〔　　〕

(2) If you want to use □□□, you must tell the front desk.

ア the facility on the third floor

イ your important things in the safe

ウ your room key on the second floor

エ the facility on the top floor

〔　　〕

3 次のポスターを見て，下の(1), (2)の質問の答えとして最も適当なものを，ア～エの中から一つずつ選び，記号で答えなさい。　〈島根県〉

🔔 思考力

Sakura Music Festival

DATE　July 31
PLACE　Sakura River Park

☆ **Chorus Stage** ☆　　　5 p.m.–6 p.m.
Sakura Chuo High School

☆ **Brass Band Stage** ☆　6 p.m.–7 p.m.
Sakura Higashi Junior High School
Sakura Nishi Junior High School

☆ **Dance Stage** ☆　　　7 p.m.–8 p.m.
Sakura University

Food Menu

shaved ice	200 yen
cotton candy	200 yen
french fries	300 yen
popcorn	400 yen
ice cream	300 yen

Drink Menu

juice/tea	200 yen
coffee	300 yen

(1) What can you buy for 500 yen?
　ア　Shaved ice and ice cream.　　イ　Cotton candy and popcorn.
　ウ　French fries and coffee.　　エ　Popcorn and juice.

〔　　　〕

(2) Which is NOT true about Sakura Music Festival?
　ア　It will be held on the last day of July.
　イ　High school students will sing before the brass band performance.
　ウ　Junior high school students will play music for an hour.
　エ　University students will dance the earliest of all.

〔　　　〕

4 次の英文は，中学３年生の愛子（Aiko）が，冬休み前の英語の授業で行った，パンダについての発表の原稿です。これを読み，問いに答えなさい。

🔔 思考力

〈和歌山県・改〉

In May, I went to a zoo to see pandas in Shirahama, Wakayama. I enjoyed seeing all the pandas there. A small panda climbed a tree. The panda was female. One of the zookeepers said, "She became seven months old yesterday. She began to climb trees well about one week ago." I thought, "How do pandas grow up?" After I came home, I decided to study about pandas. I used the Internet and read many books to get information about pandas.

PART 2
読解

3

図・表から情報を読み取る問題

Please look at this graph. This is the graph about the female panda I saw in Shirahama in May. It shows the panda's weight, age in days, and the things she began to do. Her weight was only 200 grams when she was born. For several days after birth, her body was pink. When she was 8 days old, her body's color began to change. When she was about 50 days old, she began to open her eyes. When her weight was about 6,000 grams, she began to walk. When she was 250 days old, she began to have teeth. When she was about 1 year old, she began to eat bamboo leaves. Then, she began to live without her mother. Pandas grow up fast!

Well, I love pandas. When I visit the zoo in Shirahama again, I want to take pictures with pandas.

Are you interested in anything around you? Please find an interesting thing. Then, please study about it. It's important to study about things we want to know.

(注) Shirahama 白浜   female メスの   zookeeper 動物園の飼育係
　　　～ month(s) old 生後～か月   grow up 成長する   graph グラフ
　　　weight 体重   age in days 日齢（生後日数）   gram グラム
　　　birth 誕生   pink ピンク色の   ～ day(s) old 生後～日
　　　teeth ＜ tooth （歯）の複数形   bamboo 竹
　　　leaves ＜ leaf （葉）の複数形

問　文中の下線部 this graph について，次のグラフは，愛子が発表中に示したものである。本文の内容に合うように，グラフの　A　～　D　にあてはまる最も適切なパンダの様子を，下のア～カの中から1つずつ選び，その記号を書きなさい。

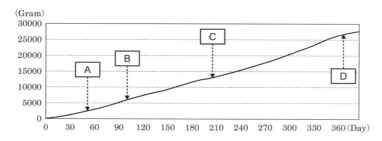

The panda's weight, age in days and the things she began to do

ア　walk　　　　　　　　　　イ　change her body's color
ウ　open her eyes　　　　　　エ　climb trees well
オ　eat bamboo leaves　　　　カ　have teeth

A〔　　　〕B〔　　　〕C〔　　　〕D〔　　　〕

4 英文を日本語で説明する問題

栄光の視点

 覚えておくべきポイント

⤵ 下線部の前後の内容から，答えを日本語で考える。下線部のすぐそばに答えがあ
ることが多いが，見つからないときは後ろの文からも探すこと

⤵ 「説明しなさい」という表記であっても事実上，該当箇所の和訳問題である場合
がある。ここは，国語の記述問題と大きく異なる部分

特に対話文では，対応文を探す際，主語・話者に注目しながら探すと見つかりやすい。

例題　次の対話文は，高校生で新聞部員の Ayumi が，学校新聞 (school newspaper) の記
事を作るために，外国語指導助手 (ALT) の White 先生に，インタビューをしている
ときのものです。対話文を読んで，あとの問いに答えなさい。　　　　〈三重県・改〉

Ayumi:　　　When did you come to Japan?

Mr. White:　I came to Japan about two years ago, and I have lived in Minami Town
since then.

Ayumi:　　　I see. Do you enjoy living in this town?

Mr. White:　Yes. I have a lot of Japanese friends and have a good time with them.
It's a wonderful experience for me to teach Japanese students English at
school, too.

Ayumi:　　　That's good. I like your English classes. I think I have improved my
English little by little. Then, let's change the topic. Could you tell me
about your hobby?

Mr. White:　Well, my hobby is running. I started running when I was a college
student in Australia. Now I run before breakfast every morning.

Ayumi:　　　Wow, every morning? It's difficult for me to run every morning.

Mr. White:　Actually, running in this town is a lot of fun for me because I can see
many kinds of flowers of each season.

Ayumi:　　　Are they the flowers on the street along the river?

Mr. White:　Yes, they are.

Ayumi:　　　Volunteers living in this town grow the flowers, and my mother is one of
them. So she will be very happy to hear that.

Mr. White:　I hope so.

Ayumi:　　　Thank you for your time, Mr. White. I want to tell students in the next
school newspaper why you enjoy running in Minami Town.

Mr. White:　I'm looking forward to reading it.

Ayumi:　　　I hope you'll like it.

（注）　little by little　少しずつ　　topic　話題　　hobby　趣味
grow ~　~を育てる

問　下線部について，Mr. White がみなみ町 (Minami Town) を走ることを楽しんでいる理由を，具体的に日本語で書きなさい。

解説　直前の文や発言に答えがあるとは限らない。why があるので，because を使っている箇所や，running という語がある箇所を探す。

解答　それぞれの季節の多くの種類の花を見ることができるから。

問題演習

1　奈美恵 (Namie) さんと ALT のジュリー (Julie) 先生が和食について話をしています。次の対話文を読んで，あとの問いに答えなさい。　〈富山県〉

差がつく

Julie:　Last Saturday I ate really good tofu for lunch in Kyoto.　I love tofu very much.

Namie:　Do you often eat it?

Julie:　Yes.　I eat it almost every day.　Now more and more Japanese foods are eaten abroad.

Namie:　I've read <u>it</u> in a book.

Julie:　In 2013, washoku was *registered as a *UNESCO Intangible Cultural Heritage.

Namie:　UNESCO Intangible Cultural Heritage?　What is that?

Julie:　We have a lot of old and important *culture in the world.　For example, food, festivals, and music.　Some of them are registered and *preserved by UNESCO.

Namie:　Well, I think washoku is important to us.

Julie:　Why do you think so?

Namie:　First, it *is connected to places.　There are a lot of mountains, rivers, and seas in Japan, so we can get *fresh *foodstuffs in each place.　They are used in washoku.

Julie:　I see.　If I travel in Japan, I can enjoy some special foods at each place.　Through the foods I can learn more about the places.

Namie:　Also, washoku is connected to *yearly events.　We eat soba on *New Year's Eve, and osechi on New Year's Day.

Julie:　Well, I had ozoni on New Year's Day at my Japanese friend's house.　It was nice.　Japanese people enjoy the events with food.

Namie:　And washoku is good for our health because it's *well-balanced.

Julie:　I think so too.　Washoku has good points.

Namie: I want to preserve this wonderful culture as a Japanese person.

（注）　register　登録する
　　　　UNESCO Intangible Cultural Heritage　ユネスコ無形文化遺産
　　　　culture　文化　　preserve　保存する　　be connected to ～　～と結びつく
　　　　fresh　新鮮な　　foodstuff　食材　　yearly　例年の
　　　　New Year's Eve　おおみそか　　well-balanced　バランスのとれた

(1)　下線部 it はどのようなことを指していますか。日本語で書きなさい。

_____

(2)　奈美恵さんは，和食が日本人にとって大切だと思う理由を3つ述べています。そのうちから2つ選んで，日本語で書きなさい。

_____

_____

2

🔔 思考力

中学生の Kyoko が書いた次の英文を読み，あとの問いに答えよ。

〈鹿児島県・改〉

　　When I entered junior high school, I didn't like studying English. It was difficult, and I didn't understand many words.　However, last summer, I discovered* <u>a dream</u>.

　　My grandfather took me to SATSUMA STUDENTS MUSEUM in Ichikikushikino City during last summer vacation.　The Satsuma students went to Great Britain* more than 150 years ago.　Going abroad was very dangerous at that time, but they learned many new things there and had an influence on* Japan.　"The youngest student was only thirteen when he left Japan," my grandfather said.　I was surprised to hear that and said, "He was amazing!　Only thirteen?" I became interested in going abroad after I visited the museum.

　　A week later, I watched a TV program about a Japanese doctor who was working hard in a foreign country.　That country needed more doctors.　I was shocked* to know that many countries didn't have enough doctors.　I wanted to do something for sick people.　I decided to be a doctor and help people in those countries.

　　English is very important for working in foreign countries.　I have

read an English newspaper every week since I watched that program.
It's not easy, but I will do everything to improve my English.

（注）　discovered 〜　〜を見つけた　　Great Britain　英国
　　　　had an influence on 〜　〜に影響を与えた　　shocked　ショックを受けた

問　下線部の内容を 30 字程度の日本語で書け。

5 文を並べかえる問題

栄光の視点

 覚えておくべきポイント

▷ 空所の前後に注意し，つながりのある語を探す。選択肢の中に指示語がある場合は，それが何を指しているかを考える

例題　次は高校生の健二 (Kenji) が，英語の授業で行ったスピーチの原稿です。彼が書いたこの原稿を読んで，あとの問いに答えなさい。　　　　　　　　　　〈大阪府・改〉

　　Hello, everyone. Last autumn, I visited my grandmother living in Kyoto. When I walked along a street with my grandmother, we saw a river beside the street. She said to me, "This water comes from Lake Biwa. This is a canal made in the *Meiji* period to carry water from Lake Biwa to Kyoto. And, it is called Lake Biwa Canal." When I heard that, I wanted to know more than the canal. So, she took me to a museum about the canal. In the museum, I learned many interesting things about the canal. Today, I am going to tell you some of them.

　　Early in the *Meiji* period, the construction of the canal was planned to make Kyoto more prosperous. ⬚⬚⬚⬚⬚⬚⬚⬚⬚⬚⬚⬚ In this way, they wanted to promote industries in Kyoto. However, in the *Meiji* period, people didn't have the high technology that is used today. So, the construction of the canal was difficult. At that time, designs and construction for big important projects were done by foreign engineers. But the design and the construction of this canal were done by a Japanese engineer and his name was *Tanabe Sakuro*. I didn't know about him before going to the museum.

（注）　Lake Biwa　琵琶湖　　canal　疏水（土地を人工的に開いて設けた水路）
　　　　the *Meiji* period　明治時代　　Lake Biwa Canal　琵琶湖疏水
　　　　construction　建設　　prosperous　繁栄した　　promote　振興する
　　　　industry　産業　　design　設計　　project　事業

問　本文中の ⬚⬚⬚⬚⬚⬚⬚⬚ に，次の(i)～(iii)の英文を適切な順序に並べかえ，前後と意味がつながる内容となるようにして入れたい。あとのア～エのうち，英文の順序として最も適しているものはどれですか。一つ選び，記号を○で囲みなさい。

（ i ）　They were also going to support farmers with the water the canal carried.
（ ii ）　For example, the main purpose was carrying many things by boats.
（iii）　People who planned it were going to use the canal for some purposes.

ア　（ i ）→（ ii ）→（iii）　　　　イ　（ i ）→（iii）→（ ii ）
ウ　（iii）→（ i ）→（ ii ）　　　　エ　（iii）→（ ii ）→（ i ）

先輩たちのドボン

解説

（ⅲ） 空所の直前の the construction of the canal を受けた代名詞 it に注目。

（ⅱ） for example 「たとえば」は,（ⅲ）の some purposes の例を挙げることを示す。

（ⅰ） also 「～も」は,（ⅲ）の were going to use 「使おうとした」に加えて,「～しようともした」という意味で使われている。また, 指示語である they で受ける複数形名詞が事前に必要であり, それゆえ, they が 1 番目に来ることは絶対ないこともポイント。

解答 **エ**

問題演習

1 次の手紙の ☐☐☐☐ には, 下のア～エの四つの文が入ります。意味の通る英文になるようにア～エの文を並べかえて, 記号で答えなさい。 〈島根県〉

思考力

September 1

Dear Hibari Junior High School Students,

　How are you? Two weeks have passed since I left Japan. When I was in Japan, I experienced many things with you. ☐☐☐☐☐☐☐☐☐ The students and the teachers ran very hard on that day. This has become the best memory of my days in Japan. Thank you for everything. Please tell me if you come to Australia.

　I wish you the best of luck.

From your teacher,
Sarah Watson

ア　For example, we practiced greeting foreign people in some classes.

イ　Second, I was happy to join many school events with you.

ウ　First I enjoyed teaching you English.

エ　One of them was the sports day.

〔　　→　　→　　→　　〕

2 次は，中学生の由美が英語の授業で発表するために書いた原稿の一部である。英文中の ☐ には，下のア～ウの三つの英文が入る。意味がとおる文章になるようにア～ウの英文を並べかえて，記号で答えなさい。

〈熊本県〉

思考力

(注) plant 植物　　SOS 助けを求める合図　　insect 昆虫
attack ～ ～を攻撃する　　smell におい

由美が書いた原稿の一部

　Do you think that plants can send an SOS to insects? You may say no, but some plants do so. ☐ They want other insects to come to help them.

ア　When some plants are attacked by an insect, they will have a special smell.

イ　That is the SOS from the plants.

ウ　I'll show you an example.

〔　　→　　→　　〕

3 次の各問いは，それぞれある場面での会話文です。2人の会話が交互に自然につながるようにア～ウの文を正しく並べ替え，その並べ替えた順に記号をすべて書きなさい。

〈沖縄県〉

(1)　When is your birthday, Ken?

ア　Yes. That's right.

イ　It's November 25th.

ウ　Wow, it's just one month before Christmas!

〔　　→　　→　　〕

(2)　Hi. Can I help you?

ア　Sounds good. Can I try them on?

イ　Well, we have three kinds of white ones.

ウ　Yes, please. I'm looking for white tennis shoes.

〔　　→　　→　　〕

(3)　Mike, don't go outside. It'll rain soon.

ア　No! You should stay inside. You can't go out.

イ　Well, may I play video games then?

ウ　But it's not raining now. Mom, can I go out, please?

〔　　→　　→　　〕

4 次の英文は, 高校生の信二(Shinji)が「災害時の SNS 利用の利点と注意点」について英語の授業で行ったスピーチの原稿の一部です。 □□□ に入る次の英文 a ～ c を, 本文の流れに合うように並べ替えるとき, その順序として最も適当なものを, 下の**ア**～**カ**の中から一つ選び, 記号を書きなさい。

〈佐賀県・改〉

　　Now, I'll tell you some good points about using SNS when a big *natural disaster happens.　First, you can send messages and *information for help at any time if you can use the Internet.　If you can't use the Internet you usually use, you can use a free *Wi-Fi called "*00000JAPAN" in the *disaster area.　Second, you can get information that newspapers and TV news don't report.　For example, you can learn about what is happening even in a small village through *SNS.　Third, information can spread to the world more easily. □□□□□□□□□□□□□

(注)　natural disaster　自然災害　　information　情報
　　　Wi-Fi　パソコンや携帯電話が無線でインターネットにつながる仕組み
　　　00000JAPAN　Wi-Fi の名前　　disaster area　被災地
　　　SNS　ソーシャルネットワーキングサービス（利用者間のつながりを支援する
　　　インターネット上のサービス）

a : Then many people can help them by sending the things they
　　need even when the people don't live near the disaster area.
b : Some people who read their messages share them with other
　　people.
c : People in the disaster area tell their situation and ask someone
　　for help on SNS.

ア　a → b → c　　**イ**　a → c → b　　**ウ**　b → a → c
エ　b → c → a　　**オ**　c → a → b　　**カ**　c → b → a

〔　　　　〕

6 指示語の内容を答える問題

栄光の視点

 覚えておくべきポイント

🔸 指示語（代名詞）が指すものを考える。代名詞はそれよりも前にある語句を受ける語なので，指示語の前の内容に注意して読む。単数か複数か，ものを指すか人を指すか，に注目する

🔸 指示語が指すものを探す際は，段落をまたいだり，5行10行遡って探したりすることはほぼない。原則直前である場合が多いこともポイント

例題　次は，高校生の健太（Kenta）が英語の授業で行ったスピーチの原稿です。彼が書いたこの原稿を読んで，あとの問いに答えなさい。　　　　〈大阪府〉

　Hello everyone. Last summer, I went to Portland in America. I stayed there with my host family for three weeks. Look at this picture. This is a train which runs in Portland. I used this kind of train in Portland, and I had a nice experience. Today, I am going to talk about it.

　My host family had a daughter and her name was Emily. One day, Emily was planning to take me to a lake in the city. I asked her how to go there, she said, "By bike and train. On the trains in this city, we can bring our bikes." I was surprised to hear that. Then, we left home before noon and went by bike to the closest station from the house of my host family.

　At the station, we got on a train with our bikes. In that train, I saw a space for bikes. Emily taught me the way to use it. I thought it was interesting. Look at the other picture. I hung my bike in the space like this.

　After we got off the train, we rode our bikes again to go to the lake. I thought bringing bikes into trains was convenient. After arriving at the lake, I enjoyed riding bikes around it with Emily, and felt nice winds. I also saw some kinds of wild birds around the lake.

　By bringing our bikes into that train in Portland, I had a very good time with Emily on that day. Thank you.

（注）　Portland　ポートランド（オレゴン州の市）　　get on ～　～に乗る
　　　　hung　hang（吊るす）の過去形　　get off ～　～から降りる

問　本文中の it の表している内容に当たるものとして最も適しているひとつづきの英語4語を，本文中から抜き出して書きなさい。

　解説
① 指示語は it なので，それよりも前にある単数の名詞を探す。
② 「ひとつづきの英語4語」と指示があることに注意。taught（教えた）と the way to use ～（～の使い方）に注目し，それと関係の深い4語を探す。

解答　a space for bikes

問題演習

1 次の英文は，剛（Takeshi）が通信手段の歴史について調べたことを，英語の時間に発表したものの一部である。これを読んで，問いに答えなさい。

〈愛媛県・改〉

How do you usually communicate with your friends? Many people use a smartphone now because they can deliver messages quickly with it. I think that it is very useful for communication.

Since a long time ago, people in the world have tried to deliver messages quickly. People in the United States began to deliver them by telegram around 1850. They could send <u>them</u> more quickly by telegram than by letter. In Japan, the telegram service started between Tokyo and Yokohama in 1869. In 1873, people could use the service between Tokyo and Nagasaki, and could send telegrams to other countries in 1878. Now, they are not usually used. We see them only in special cases like graduation ceremonies.

（注） communicate　コミュニケーションをとる　　smartphone　スマートフォン
deliver 〜　〜を届ける　　telegram(s)　電報　　around 〜　〜頃
service　サービス　　case(s)　場合
graduation ceremony(ceremonies)　卒業式

問　本文中の <u>them</u> が指すものを，1語で本文中からそのまま抜き出して書け。

2 次の英文は，中学生のゆみさんが書いたエッセイです。英文をもとにして，問いに答えなさい。 〈大分県・改〉

After you read a book, what do you do? After you eat delicious food, what do you do? After you listen to a wonderful song, what do you do?

After I do something, I talk about it with my friends.

Three months ago, I *moved to this city. At that time, I was so nervous that I couldn't even talk to my classmates in my new school.

One day after school, one of them talked to me. It was our first time to talk to each other. Her name was Kana. She said to me, "Hi, Yumi. Did you finish the math homework? I couldn't answer the last question. Will you help me?" I smiled at her and sat by her desk.

I *tried to answer the question *the day before. It was very difficult for me, so I asked my brother to help me. He taught me how to answer it.

I am not good at math, but I wanted to help her because I thought it was a good chance to talk with one of my classmates. I taught Kana how to answer the question. After we finished, she said to me, "Thank you, Yumi! Let's go home! I want to talk to you more."

I wanted to talk to her too, so I was very happy and we went home together. While we were going home, we talked about our math homework. Kana wanted me to teach her math again, but I answered, "Kana, I'm sorry. I can't <u>do it</u>." She was surprised to hear that and looked sad. I said to her, "I like math, but sometimes some questions are difficult for me. Yesterday I was able to finish the homework because my brother helped me. He taught me how to answer the question. I think we can help each other, so let's study math together!" She smiled at me and we have been good friends since then.

After I do something, I want to know how my friends feel by talking about it with them. I think talking with our friends can make our friendships stronger and that can also make our life better.

（注） moved　引っ越した　　tried to 〜　〜しようとした
the day before　その日の前日

75

問　下線部 <u>do it</u> が表す内容を，□に英文中の表現を使って，完成させなさい。

"Kana, I'm sorry. I can't ▢."

---

3 次の英文は，中学生の智也(Tomoya)が，英語の授業でスピーチをしたときのものです。この英文を読んで，あとの問いに答えなさい。　〈宮城県・改〉

Do you know the space elevator?　It's a system to carry many people or things between the Earth and space.　My dream is to study about the space elevator in the future.　I learned about the space elevator when I read a science fiction book.　I thought the idea was very exciting.　Now, it's very difficult for most people to go into space.　But the space elevator may change <u>that</u>.

（注）　space elevator　宇宙エレベーター　　system　仕組み
　　　　science fiction　空想科学小説

問　下線部が示す具体的な内容を，本文中から探して日本語で書きなさい。

---

7 文を適当な場所に入れる問題

栄光の視点

 覚えておくべきポイント

英文の空所を選ぶ問題では前後の英文に注目して，話の流れが最も自然になる場所を選ぶ

特に，指示語・代名詞に注目する。挿入する英文そのものに指示語・代名詞が与えられているケースと，挿入箇所の直後に指示語・代名詞が与えられるケースがある。

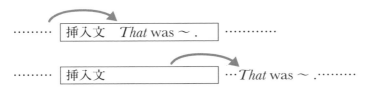

挿入文の時制が挿入箇所前後の時制とマッチしているかも確認すべきポイントになる。

例題　本文中の　A　～　D　のいずれかに，That was the first big problem she had in Japan. という1文を補います。どこに補うのが最も適切ですか。　A　～　D　の中から1つ選び，その記号を書きなさい。　〈埼玉県・改〉

　　Kota is a junior high school student. One day in his English class, Mr. Sato, his English teacher, told everyone to write a speech for class. Kota wanted to start writing his speech, but he didn't know what he should talk about.

　　One week later, Mr. Sato came to class with a new ALT, Ms. Bower. She came to Kota's town a week ago. She said, "Hello, my name is Amy Bower. Nice to meet you." Mr. Sato looked at Kota and said, "Why don't you *introduce yourself to Ms. Bower in English, Kota?" Kota was nervous but he said, "Hi, my name is Kota. I'm in the English club. Nice to meet you, too." Ms. Bower smiled and some of the other students started to talk with her, too. 　A　 Kota and his classmates asked her many questions about her country and she asked them many questions about their school and life in Japan.

　　Kota and his classmates talked with Ms. Bower more after class. While they were talking with her, she said she had a problem. Three days ago, she left her *burnable garbage in front of her house in the morning, but it was still there that evening. She had to take it back into her house. She didn't know the *garbage collection rules for the town. 　B　 She used the Internet and found a poster about the rules.

The next day, Ms. Bower showed the students the poster she found on the Internet. The poster was written in Japanese. She said she couldn't find an English *version of the poster. She was learning Japanese, but she couldn't understand the poster very well. She found posters in English for other cities but not for their town. Kota and his classmates looked at the poster Ms. Bower brought and tried to help her in English. It was difficult for Kota, so he needed a dictionary to tell her about the rules in English. She had to take her burnable garbage to the *collection site by 8:30 in the morning on Tuesdays and Fridays. She could also leave her plastic bottles out on Wednesdays. C "Oh, I see." Ms. Bower said. "Thank you so much. Now I know what to do." "You all did very well," Mr. Sato said, "It will be easier for Ms. Bower to live in Japan."

After that, Mr. Sato said to Kota, "Now you have a good idea for your speech." D Kota thought so, too. The most important thing that Kota learned is that there are a lot of things to do to help people from other countries.

(注)　introduce ～　～を紹介する　　burnable garbage　可燃ごみ
　　　garbage collection rule　ごみ収集のルール　　～ version　～版
　　　collection site　収集場所

解説
キーワード a big problem に注目する。第３段落２文目に a problem があり，その問題について３〜５文目で具体的に述べられている。B に入れるべき１文 That was the first big problem she had in Japan. を入れると，That は３〜５文目の内容を表し，それが大きな問題だったとなるので，自然な流れになる。

解答　B

78

問題演習

1

思考力

次の英文は，中学生のたかし（Takashi）さんが，英語の授業で学校新聞をテーマに発表したものである。これを読んで，問いに答えなさい。

〈徳島県・改〉

This year I'm a member of our student council. I'm going to talk about our new school newspaper.

One day in May, we talked about our student council activities. Our leader, Keiko said, "I want to make our school life better. I want students to get more interested in our school and join us. What should we do for that?" We talked about a way to tell students about our school. Yui proposed a school newspaper. It was a good way to show a lot of information about our school. We agreed with her idea. Our student council started to make our first school newspaper.

First we thought about a good name for our new school newspaper. It should become popular among students and easy to remember. We wanted students to share and have communication with each other about articles, and wanted them to keep smiling and feel happy through their school life. We thought about it together and chose "SMILE." I imagined some students smiling with our school newspaper. 　ア　

One week later, we decided to write articles about our clubs, class reports, and advice for studying. My part was about clubs. My sister is in the kendo club and is practicing for the next matches. I wanted to write about the students working hard like my sister. I interviewed members of many clubs such as the brass band and the basketball team. They gave us information about their clubs. I also took some pictures of their practice. Another member, Kazuya wrote about class reports. He visited the classrooms during lunch time. When he took pictures, students were very excited. Yui asked teachers about how to study. 　イ　 The teachers taught her about useful ways to study. The math teacher said, "I'm glad that I can help students with this article. I hope students and teachers become closer through it."

It wasn't so easy for us to make the newspaper. Our teacher, Mr. Yamano said, "Work together and you can do it!" We still had a lot of work to do, for example, checking the articles on the page and drawing pictures for the newspaper. Then some members of the art club tried to draw some good pictures. We thanked them for their help. Finally, we finished the first newspaper one month later. We passed it out to all students and teachers. We were nervous at first.
　ウ　 One student said, "It was good. I'm looking forward to the next newspaper." Another student asked me, "What do you want to write about for the second newspaper, Takashi?" I answered, "I want to write about our sports day." Later we made our second school newspaper.

In March, the third year students will leave our school. We want to make the third newspaper for them as a memory of their school life. 　エ　 In this way, we hope we can continue making our newspaper for a long time. We also want people in the community to read it and know about our school events. I'd like to make our school life better through our school newspaper. Working together for our goal is very important. I will do my best from now on with a "SMILE."

(注)　student council　生徒会　　activity (activities)　活動　　propose　提案する
　　　article(s)　記事　　advice　助言　　look forward to　～を楽しみに待つ
　　　in this way　このようにして

問　次の英文は，本文中から抜き出したものである。この英文を入れる最
　　も適切なところを，本文中の　ア　～　エ　から選びなさい。
　　But we were very glad to find students enjoyed reading it.

　　　　　　　　　　　　　　　　　　　　　　　　　　〔　　　　〕

8 英語の問いに英語で答える問題

栄光の視点

 覚えておくべきポイント

↪ **質問文にある語句を本文中から探し，できるだけ簡潔に答える**

例題 次の英文は，高校生の亜紀 (Aki) が，英語の授業でスピーチをするために書いたものである。よく読んで問いに答えなさい。 〈熊本県・改〉

Hello, everyone. I'm interested in English, so I'm in the English club. We meet on Wednesdays and do many kinds of activities with our English teacher. For example, we watch movies, play games, and cook foreign food. We had a tea party last month. We invited George, Emma, and John. They are international students who are studying Japanese language and culture in different high schools in Kumamoto. They came to Kumamoto three months ago.

At the party, I asked them, "Are you enjoying your school life in Kumamoto?" George said, "I really enjoyed the sports festival last month. I was excited to see the cheerleaders' performances. They were amazing. In my country, we don't have a big sports festival like that in high school."

Emma said, "I like lunch time here. My host mother puts a lot of Japanese food in a lunch box every morning. I enjoy lunch with my friends in our classroom. In my country, we don't have lunch in the classroom. We have a school cafeteria."

John said, "At first, I was surprised that there is cleaning time at school. In my country, students don't clean their classroom. Now I like cleaning time at school because I feel good after cleaning."

Then I talked with our English teacher about cleaning time in Japan. He is from London. He said, "I like cleaning time in Japan, too. Now, I practice judo here. When we enter the practice room, we bow to show our thanks to the place we use every day. I think Japanese students clean their classroom every day for the same reason."

I was surprised to learn that students don't have cleaning time at school in some countries. I wanted to know more about it, so I checked it on the Internet and learned two things. First, there are countries which have cleaning time at school in the world, but there are more countries which don't. Second, some people think it is not necessary for students to have cleaning time at school because they should learn how to clean at home, not at school.

（注） cheerleaders' performance 応援団の演技　　cafeteria 食堂
　　　bow　お辞儀をする

ⓐ〜ⓒに注目して，問いを読んでください。

　問　本文の内容について，ⓐ<u>次の問い</u>に英語で答えなさい。
　　Some people think students ⓑ<u>don't have to clean</u> their classroom. ⓒ<u>Why</u> do they think so?

 先輩たちのドボン

↪**本文内容を理解していても，記述の仕方で大幅減点をもらうことが多い**
<u>「ミスをしないための書き方・マナー」を身に着けられるといい</u>。

◉ 英語の問いに英語で答える問題（英問英答）のポイント
　① 原則，問いと答えでSVは変わらない
　② 変えられるものは代名詞（・副詞）に
　③ 時間，場所に関する設問は前置詞＋名詞だけでも可
　　理由に関する設問は原則 Because SV

解説
ⓐ 問いの意味は，「学生が自分の教室を掃除する必要があるとは思わない人もいます。彼らはなぜそう思うのですか。」
ⓑ 疑問文中の don't have to 〜「〜する必要がない」と clean の2つのキーワードに注目。前者は本文の it is not necessary (for …) to 〜「〜するのは（…にとって）必要ない」と同じ意味。それに対する理由を続けている because 以降が答えるべき理由だとわかる。
ⓒ Why と理由を尋ねているので，Because 〜 . という形で答える。

解答　Because they think that students should learn how to clean at home, not at school.

問題演習

1
次の英文は，中学生のサオリ（Saori）が，カナダ（Canada）での2週間の語学研修を終え，帰国後に，英語の授業で行ったスピーチです。これを読んで，あとの問いに答えなさい。

+ 差がつく

〈青森県・改〉

I studied at a junior high school in Canada for two weeks. In a class, our teacher, Mr. *Robert, showed us pictures of World Heritage sites. He said, "Now, there are 1,092 World Heritage sites in 167 countries. *Italy has the most World Heritage sites. It has 54. The second country is China and it has 53. Canada has 19, and it is in the fourteenth *place. I like *Canadian Rocky Mountain Parks. They were under the sea in the past. You can find *fossils of fish, and relax in the beautiful mountains. You should visit them once."

After the class, a friend said to me, "I like Canadian Rocky Mountain Parks, too. How many World Heritage sites do you have in Japan? Which do you *recommend?" I wanted to tell her about *Shirakami-Sanchi, but I could not answer the questions well. I was sad.

*That night I wrote about the class in my diary. I wrote, "Today, my friend asked me questions about World Heritage sites in Japan, but I could not answer well. I *realized that I should know more about Japan. So, I went to the library after school and found a book about World Heritage sites in Japan. It was very interesting. In the future, I want to tell people in foreign countries about them."

（注）　Robert　ロバート　　Italy　イタリア　　place　順位
　　　Canadian Rocky Mountain Parks　カナディアン・ロッキー山脈自然公園群
　　　fossils　化石　　recommend ～　～を勧める　　Shirakami-Sanchi　白神山地
　　　that night　その日の夜　　realized ～　～を実感した

問　サオリのスピーチの内容と合うように，次の(1)～(3)の質問に対する答えをそれぞれ一つの英文で書きなさい。

(1)　Did Mr. Robert tell his students to visit Canadian Rocky Mountain Parks?

_____

(2)　Why was Saori sad after the class?

_____

(3)　What does Saori want to do in the future?

2　次の英文を読んで，問いに答えなさい。　〈千葉県・改〉

　　Even if you are not good at science, you should know the Earth is one of eight planets that move around the Sun. Also, a lot of small objects called asteroids go around the Sun. Do you know you can name asteroids? Actually, the first person that finds a new asteroid can give it a name. The next story hasn't happened yet, but let's imagine.

　　One day, a boy in Chiba found a new asteroid in his telescope. At that time, he wanted to fly to the asteroid in space, like a bird. A few days later, he had a dream to give the asteroid the name of a bird. He took the name from Chiba's bird, the *hōjiro*. Finally, five years later, his dream came true. People in Chiba were so happy to hear the news. One of them said, "I feel *Hōjiro* will fly in space forever."

　　Like this story, you may have a chance to name an asteroid in the future.

（注）　even if 〜　たとえ〜でも　　　planet　惑星　　　object　物体
　　　　asteroid　小惑星　　imagine　想像する　　　telescope　望遠鏡
　　　　space　宇宙　　*hōjiro*　ホオジロ（鳥の名前）

問　本文の内容に関する次の質問に，英語で答えなさい。
　　What did the boy think when he found a new asteroid?

3　次の英文は，高校生の結衣が，オーストラリアから来ていた留学生のルーシー（Lucy）のことについて書いたものです。これを読んで，問いに答えなさい。　〈北海道・改〉

　　One day, I took Lucy to the *shogi* club in my school because she wanted to *experience some traditional Japanese culture. We watched the club members playing *shogi*. Lucy said to me, "Yui, *shogi* is cool because each *piece has some kanji on it." I said to Lucy, "*Shogi* is played by many people in Japan, and there are some famous *professional *shogi* players. One of them is still a high school student and is very strong!" "Wow, it's amazing! I also want to play *shogi*. Are the *rules of *shogi* difficult?" said Lucy. I said to her, "No. But first, you have to *remember how each piece moves." Lucy said she would try hard. Then she went to the club many times and learned the rules.

Last month, Lucy returned to Australia. I hear she is still interested in *shogi* and she plays it on the Internet because she wants to be a good player. I hope she'll keep playing it.

（注） experience　経験する　　piece　（将棋の）駒　　professional　プロの
rule(s)　ルール　　remember　覚える

問　次の問いに対する答えを，主語と動詞を含む英文1文で書きなさい。
What does Lucy do to be a good *shogi* player?

---

4 次の英文を読み，問いに答えなさい。　　　　　　　　　　〈埼玉県・改〉

〈*Mr. Lee took a video in Singapore to show to his class. In the video, he talks about the senior citizens there.*〉

Hello, class! I'm in a big supermarket in Singapore now. There are a lot of workers here. About half of the people working in this supermarket are over fifty years old. The oldest worker here is eighty-two! That's amazing, right? I interviewed one of the workers here. His name is Ron. He says he is seventy-two years old now and has worked here for five years. He usually works five days a week. He can meet a lot of people, so he likes working at this supermarket. People in Singapore say that sixty is "the new forty" because people live longer now and continue to work. I've heard that, in Singapore, 25% of the people who are more than sixty-four years old are still working. I hope I can *stay active like the workers here when I'm older.

（注）　stay active　元気でいる

問　本文の内容に関する次の質問に，英語で答えなさい。
Why does Ron like working at the supermarket?

9 内容に合う英文を完成させる問題

栄光の視点

 覚えておくべきポイント

🔟 完成させる英文にある語句を本文中から探し，できるだけ簡潔に答える

例題　放課後，中学生の輝（Teru）とひろ（Hiro）が，留学生のメアリー（Mary）と高校の話
をしています。三人の会話を読んで，問いに答えなさい。　　　　　　　〈福島県・改〉

Hiro: In 2016, more than 250 Japanese high schools and more than 40,000 Japanese
high school students went to Taiwan on their school trips.
Mary: Many Japanese students visit Taiwan! What did your sister do in Taiwan?
Hiro: She visited a high school there and joined some classes. She made a
presentation about *Kimono*.
Teru: Did she do it in English?
Hiro: Of course. *Taiwanese students also study English at school like Japanese
students. I think it is great to have a chance to use the language we learn at
school. If we visit Taiwan, we can practice using English.
Mary: I think so, too.
（注）　Taiwanese　台湾の

問　次の英文は，本文の内容の一部を示したものです。本文の内容に合うように，□□□□□
に入る適当な英語6語を書き，文を完成させなさい。
　　Hiro thinks visiting Taiwan will give Japanese students □□□□□ they learn at
school.

解説

問いに示された英文のキーワードをひろっていくと，Hiro thinks ～ . の内容は，本文中
のひろの3つ目の発言 I think ～ . 以降「僕たちが学校で学ぶ言語を使う機会があるのは，
すばらしいことだと思う。台湾に行けば，英語を使って練習することができる」にあたる
ことがわかる。その部分を，「ひろは，台湾訪問が，日本人生徒に学校で習う言語を使う
機会を与えてくれると思っている」という意味の英文になるように書きかえる。

解答　a chance to use the language

問題演習

1 島根県に住んでいる中学生のマコト（Makoto）さんが，地域活性化に関するスピーチを英語で行っています。次の英文は，その内容です。これを読んで，あとの問いに答えなさい。　　　　　　　　　　　〈島根県・改〉

One day, my mother took me to a restaurant for lunch. When we arrived there, I wondered where the restaurant was. I saw a school there. "The school was closed two years ago and now it's used as a restaurant," my mother said to me. "There are many closed schools in Japan and some of them are used for other purposes." I was surprised to hear that. After I went back home, I surfed the Internet to know more about closed schools.

In Japan, about five hundred schools are closed every year. People around the schools are very sad about this. And there are other problems after the schools are closed. For example, some families with children move to another town and the population gets smaller. Also, it costs a lot of money to keep closed schools as safe places. It is dangerous to leave them without being used. They get older or someone may go into them to do something bad.

Now it's getting popular to use closed schools all over Japan. Actually, about seventy percent of them are used for many kinds of purposes. Some are used as offices by companies. Some are used as hotels or restaurants. A city in Kochi Prefecture uses a closed school as an aquarium. Before the people opened it, fishermen gave them fish for the aquarium. The natural *resources in their city helped them. Now many visitors enjoy watching the fish and other animals at that closed school.

I think there are good points for using schools again. They can save money to start a new program because they can use desks, chairs or rooms. And starting a new program needs workers, so it can give people more chances to get jobs. Especially, a school is an important place for people because they have a lot of memories there. We should not lose such a place so easily.

Many schools have been "closed", but they will be "open" to the community when people use them again. Many people feel happy to meet and talk together there. In Shimane, more than fifty schools were closed in the past ten years. Some of them are used, but others are not. We should use these schools more. Let's talk about how to use them.

(注)　resource(s)　資源

問　下線部で述べられている内容とほぼ同じ意味になるように，次の
（　　　　）に入る語句を，本文中から4語で抜き出し，適当な形に変えて
答えなさい。

　　　People can enjoy (　　　　　　　　　　　　　　) at closed schools.

---

2 次の英文は，高校生のカズミ(Kazumi)とブラウン先生(Mr. Brown)と
の対話です。この対話文を読んで，下の問いに答えなさい。　　〈茨城県・改〉

Kazumi:　　Hi, Mr. Brown. I heard you went to Kyoto. How was
　　　　　　your trip?
Mr. Brown: It was great.
Kazumi:　　How many days did you stay in Kyoto?
Mr. Brown: I spent three days there and enjoyed sightseeing. I
　　　　　　like learning about Japanese history, so I visited many
　　　　　　famous shrines and temples.
Kazumi:　　I'm sure that you had a good time there.
Mr. Brown: I did.

問　下線部を次の英文のように言いかえたとき，（　　　　）に入る適切な
英語1語を書きなさい。
　　　How (　　　) did you stay in Kyoto?

3 次の対話の文章を読んで，あとの問いに答えよ。　　〈東京都・改〉

Shohei, Nana, and Arisa are high school students in Tokyo. David is a high school student from the United States. They are talking in their classroom after school.

Shohei: Look at this picture! I want this bike.

Nana: I think getting something new is exciting, but you should think *carefully before you buy it.

David: What do you mean?

Nana: Last Sunday, I went to a clothes shop with my sister. I found a cute T-shirt and wanted to buy it. But my sister said, "You already have enough T-shirts. You don't need any more." After that, I didn't buy it.

Shohei: I see.

Nana: At the shop, I saw something interesting.

Arisa: What was it?

Nana: It was a *poster. It explained that the shop collected clothes and sent them to other countries because there were many people who needed clothes there.

Arisa: That's interesting.

Nana: Yes. I decided to bring some of my clothes to the shop.

（注）　carefully　ていねいに　　poster　ポスター

問　At the shop, I saw something interesting. の内容を，次のように書き表すとすれば，□□□の中に，下のどれを入れるのがよいか。

　　At the shop, Nana saw □□□□□.

ア　a poster and thought it was important for Shohei to think carefully before he bought something

イ　a poster and learned a way to help people in other countries

ウ　clothes that the store was going to send to other countries

エ　clothes, like a cute T-shirt, with her sister and wanted to buy some

〔　　　〕

10 要約文を完成させる問題

栄光の視点

 覚えておくべきポイント

🔲 要約文の中にキーワードを探す。要約文中の表現が，本文とは別の表現になっている場合もあるので注意する

🔲 空所補充は品詞の特定を優先する

例題　夏休みにカナダ(Canada)のバンクーバー(Vancouver)でホームステイ(homestay)をすることになった健二(Kenji)さんが，バンクーバー出身の ALT のブラウン(Brown)先生に相談をしています。次の対話文を読んで，あとの問いに答えなさい。　〈富山県・改〉

Kenji:　I'm going to stay with a family in Vancouver, Canada during the summer vacation.

Brown:　That's good.　Vancouver is a nice city.　When will you leave Toyama?

Kenji:　On July 31.　I've never been abroad before.　I'm *worried.

Brown:　If you have questions about Vancouver, please ask me.

Kenji:　In summer, it's very hot here.　How about Vancouver?

Brown:　Well, ⓐ it's a little *cooler than Toyama.

Kenji:　There is a *time difference between Toyama and Vancouver, right?

Brown:　Yes.　Toyama is 16 hours *ahead in summer, and 17 hours ahead in winter.

Kenji:　Wow, time is different in summer and winter.

Brown:　What are you going to do during your homestay?

Kenji:　I'm going to study English.　I hear English and *French are *official languages there.

Brown:　That's right.　You will hear English, French, and some other languages.

Kenji:　Some other languages?　I can speak only English.　Is that OK?

Brown:　It's OK.　In Vancouver, you can see a lot of people from around the world. About 47% of the people are *Asian.　But don't worry.　The people there can understand English.　If you talk to them in English, you can ⓑ make friends with them and know more about their lives.

Kenji:　I want to use English to make friends.

Brown:　You can do it.

Kenji:　I'm going to stay there for three weeks.　During my homestay, what else can I do there?

Brown:　How about going to *Whistler Village?　It's near Vancouver and famous for *skiing.　In summer, you can enjoy fishing there.

Kenji:　That sounds exciting.　I like fishing. I'll do that.　How can I get there?

Brown:　You can take a bus.　It takes about three hours.

Kenji: (c)I'll ask my *host family to go fishing with me. I want to enjoy my homestay.

Brown: Have a nice trip! I hope you will study English and enjoy Vancouver.

Kenji: Thank you, Mr. Brown. When I come back to Japan, I will talk to you about my trip.

（注）worried　心配して　　cool　涼しい　　time difference　時差
ahead　進んでいて　　French　フランス語　　official language　公用語
Asian　アジア人の
Whistler Village　ウィスラー村（バンクーバーの北にあるリゾート地）
ski　スキーをする　　host family　ホストファミリー

問　健二さんは，バンクーバーにあるホストファミリーに電子メールを送ることにしました。以下はその一部です。対話の内容を踏まえて，（　A　），（　B　），（　C　）に入る最も適切な1語を本文中からそれぞれ抜き出し，解答欄に書きなさい。

I heard Vancouver is a nice city. ⓐ It's not as (　A　) as Toyama in summer. People from different countries live in Vancouver. I'll ⓑ make (　B　) in English there. I want to know more about their lives. And I ⓒ want to go (　C　) with you in Whistler Village. I'm excited.

解説
① 電子メールのⓐ〜ⓑに近い部分を本文中に探す。
② 本文ⓐ「（バンクーバーは）富山より少し涼しい」＝「（バンクーバーは）富山ほど暑くはない」　ⓑ「友達を作る」　ⓒ「私はホストファミリーに私と一緒に釣りに行ってもらうよう頼むつもり」＝「私はあなたたち（＝ホストファミリー）と一緒に釣りに行きたい」

解答　A　hot　　B　friends　　C　fishing

問題演習

1 次の英文を読み，問いに答えなさい。 〈沖縄県・改〉

+ 差がつく

On a late Sunday afternoon, my two little children are making a video like YouTubers. While watching them, I am thinking about their future.

There was surprising news on the Internet. It said "YouTuber" was one of the most popular jobs among boys in junior high schools in Japan. A YouTuber is a person who can make money by making original videos and putting them on the Internet. Why do many young Japanese people want to become YouTubers? One student says, "It sounds fun because they can do their favorite things every day." Another student says, "I can become both famous and rich." But I think there are some *risks to become YouTubers. First, it may be difficult to keep YouTubers' *privacy because their faces and everyday lives are shown on their programs. Also, some *viewers may try to find where their favorite YouTuber lives. Second, if you can become famous as a YouTuber, you may have bad *rumors that are not true. There are the risks to become YouTubers; however, I think they have gotten much attention from many young people in Japan.

Many people now know the word YouTuber, but I think people around the world did not know much about it more than ten years ago. Technology is changing the world. In the future, it will make new jobs like *earthquake forecasters, *space tour guides, *trash engineers, and so on. However, we must remember that it cannot make the world a better place all the time. That means we have the risk of losing many jobs. For example, because of technology, taxi and *truck drivers may lose their jobs, and many companies may stop *hiring clerks at many places.

It is said that so many jobs will be lost and new jobs will be born by 2030. That means it will be difficult for many *adults to give advice to children about what jobs are good for them. Can we use our experiences to think about jobs in the future? No, I don't think so. Our life is becoming more *convenient than before because of technology, and it may be true that we cannot live without it. So, I

am sure that children will need to learn about technology and get
*skills that will be useful in the changing world. Also, adults will
need to do so for children and for themselves.

Now, my children have stopped making their video and are taking
a rest on the sofa. I am worried about their future, but I am looking
forward to seeing it, too.

（注）risks　危険性　　privacy　プライバシー　　viewers　視聴者
　　　rumors　うわさ　　earthquake forecasters　地震予報士
　　　space tour guides　宇宙観光ガイド　　trash engineers　ごみエンジニア（技師）
　　　truck　トラック　　hiring 〜　〜を雇用すること　　adults　大人
　　　convenient　便利な　　skills　技術

問　次の英文は本文の要約です。（　1　）〜（　3　）に入る最も適切な語
　　を本文からそれぞれ1語抜き出し，その単語を書きなさい。ただし，本
　　文の単語の形を変えないといけないものもあります。

　　The writer was （　1　） to hear the news that YouTuber became
a popular job among the boys in junior high schools in Japan.
People say many kinds of jobs will be born and （　2　） in the
near future. To live in the changing world, the writer thinks that
people have to know much about （　3　） that will be important
in the future.

1 ＿＿＿＿＿＿　　2 ＿＿＿＿＿＿　　3 ＿＿＿＿＿＿

11 長い文を読む問題

栄光の視点

 覚えておくべきポイント

🔲 **500 語以上にもなるような長い英文を読むときは，①英文を区切りながら意味を取る，②知らない単語があっても止まらないで読み進める，がコツ。ふだんから英文を区切って意味を取る練習をしよう**

> ◉ 解き方としては，次のことに気を付ける
> ①設問と語注は先読みする
> ②文章を読みながら下線・空所にぶつかったら解く（読み切ってから設問に取り組まない）
> →解けなければ保留にしておく（後ろの方に根拠がある可能性）
> ③段落をひとつ読み終わったら，簡単に内容を振り返る

 先輩たちのドボン

🔲 **1 つの文の中で，語句のかたまりを見つけて前から読むべきだが，読み飛ばしてしまう**

1 つの文の中にいくつか意味の句切れ目 (/) がある文もある。

> 例 One evening, / Masayuki was writing / about the day / in English / in his diary.
> （ある夕方，マサユキはその日についての日記を英語で書いていた）

という文ならば，「ある夕方」「マサユキは書いていた」「その日について」「英語で」「日記に」というように，意味のかたまりごとに前から訳しながら読み進める。

🔲 **接続詞や関係代名詞，間接疑問を用いた長い語句のかたまりに注意できない**

> 例 There were also some people / who were much older than Ellen.
> （エレンよりずっと年上の人もいました）

という文ならば，関係代名詞のかたまり who were much older than Ellen が直前の some people を修飾するかたまりと理解し，「〜する〔である〕人々」とつなげる。

問題演習

1 次の英文を読んで，あとの問いに答えなさい。 〈長崎県〉

"I forgot Mother's Day again." Aya thought so when she finished the basketball practice at her high school and took the bus home. It was already 7 p.m. She thought flower shops around her house would already be closed. On Mother's Day, she always gave her mother some flowers. But last year, she forgot the day. Her mother didn't say anything, but Aya remembered her mother's sad face. "Sorry, Mom. I (a)did it again," she said to herself. She thought she could not give her mother flowers that night. She was sad and looking outside through the window. Then, she saw a small sign of a flower shop near the station. (b)"I will get off!" she shouted. She got off the bus and ran to the shop. It was a small flower shop. Aya saw a girl there. The girl had short hair and big eyes. Aya asked her, "Is it closed?" The girl looked at Aya and said, "Well, we are closing now, but may I help you?" "Yes, please. I need some flowers for my mother," Aya answered. "Mother's Day? No problem. I can show you beautiful flowers," the girl said and smiled.

A week after Mother's Day, a new student came to Aya's class. When Aya saw her, she was surprised. She had short hair and big eyes. It was the girl in the flower shop. Her name was Mima. Her teacher said, "Mima lived in America for five years and came back to Japan two months ago." Then the teacher told her to sit next to Aya. When Mima sat, she saw Aya and asked, "Did your mother like the flowers?" Aya was excited because Mima remembered her. Aya answered, "Yes. The flowers made her so happy." Mima looked at her again with a big smile.

Mima and Aya became good friends. One day, Mima told Aya about her family and life in America. Mima's father was American and her mother was Japanese. They had a flower shop in New York, too. Mima said, "Many people came to our small shop. We often talked with them and heard why they came to buy flowers. The flowers were for their families or friends. Our flowers made people happy. I thought it was wonderful." Mima's parents loved New York but her grandfather living in Japan died. So they came back to

Japan because they didn't want to leave her grandmother alone.

Going to Mima's flower shop became one of Aya's favorite things to do on weekends. It was fun to talk with Mima's parents and learn many things about flowers. Aya learned the names of the flowers and how to take care of them. One day, Aya was talking to Mima's father about Mother's Day. Aya said, "I'm worried that I may forget Mother's Day again." Mima's father said, "Don't worry," and gave a white rose to Aya. Aya was surprised. "Today is not a special day," she said. He smiled and said, "Remember (c)this, Aya. Flowers are not only for special days. We started our shop two months ago. A man living in this town comes to our shop to buy flowers every week." "Every week? He buys so many flowers!" Aya was surprised. "No. He just buys a single flower every time," Mima's father said. "A single flower? Why does he do that?" Aya asked. Mima's father said, "Well, he said it was sometimes for his wife, son or other family members. I think the man is just using the flower to say something. Flowers are only tools. He once said that showing his appreciation to them was very important. He may think that giving flowers is a nice way to do that." Mima's father continued, "(d)You (to / flowers / have / don't / buy) to say 'thank you.' But flowers are sometimes useful. So maybe you can use this flower, too." Mima's father looked at the flower in Aya's hand and smiled.

On her way home, she remembered Mima's father's words. "He said, ' A ' Mima's father was right. Flowers are nice tools, but we should show our appreciation to people around us with or without them. The important thing is to try to do it. I learned it from Mima's father," Aya thought and looked at the rose in her hand. "Who should I give it to?" she thought for a while, but it was difficult for her to choose one person. She wanted to give it to all of her family members.

(注)　practice　練習　　herself　彼女自身　　sign　看板　　shout　叫ぶ
　　　smile　ほほえみ　　American　アメリカ人
　　　New York　ニューヨーク（都市名）　　parents　両親
　　　leave ～ alone　～を一人にする　　rose　バラ　　a single flower　一輪の花
　　　wife　妻　　tool(s)　道具　　appreciation　感謝
　　　on her way home　家へ帰る途中で　　for a while　しばらくの間

(1) 下線部(a)の具体的な内容として最も適当なものを次のア～エの中から一つ選んで，その記号を書け。

ア　母の日を忘れていた。　　　イ　いつも母に花をあげていた。
ウ　母の悲しい顔を思い出した。　エ　花を学校に忘れた。

〔　　　　〕

(2) 次は，下線部(b)のように亜矢(Aya)が行動した理由をまとめたものである。文中の（　①　），（　②　）にそれぞれあてはまる日本語を書け。

> 亜矢はその夜には（　①　）できないと思ったので落ち込んでいたが，駅の近くで（　②　）ため，バスを降りて花を買いに行こうと思ったから。

①　＿＿＿＿＿＿＿＿＿＿＿＿＿＿＿

②　＿＿＿＿＿＿＿＿＿＿＿＿＿＿＿＿＿＿＿＿＿＿＿

(3) 次は，ニューヨークの花屋でミマ（Mima）が感じていたことをまとめたものである。文中の（　①　），（　②　）にそれぞれあてはまる日本語を書け。

> 多くの人が花屋に来て，（　①　）を話した。彼らが買った花は家族や友人たちのためのものであり，ミマは自分たちの店の花が（　②　）をすばらしいと思っていた。

①　＿＿＿＿＿＿＿＿＿＿＿　②　＿＿＿＿＿＿＿＿＿＿＿

(4) 下線部(c)が指すものとして最も適当なものを次のア～エの中から一つ選んで，その記号を書け。

ア　花は特別な日のための大切な贈り物だということ。
イ　特別な日には父親が花を贈る習慣があること。
ウ　今日は花を贈る特別な日ではないということ。
エ　花を贈るのは特別な日だけではないということ。

〔　　　　〕

(5) 下線部(d)の（　　　　）内の語を意味が通るように並べかえよ。

＿＿＿＿＿＿＿＿＿＿＿＿＿＿＿＿＿＿＿＿＿＿＿＿＿＿＿

(6) 本文中の　　　A　　　に入る英語として最も適当なものを次のア～エ
の中から一つ選んで，その記号を書け。

　ア　Today is not a special day.

　イ　Flowers are only tools.

　ウ　Only flowers make people happy.

　エ　Give this white rose to your father.　　　　　　　　　〔　　　〕

(7) 本文の内容と一致するものを次のア～カの中から二つ選んで，その記
号を書け。

　ア　Aya gave her mother some flowers last year but her mother
　　　didn't like them.

　イ　Aya was surprised when Mima first came into Aya's class.

　ウ　Mima's family didn't like staying in America, so they came
　　　back to Japan.

　エ　Aya heard a story about a man who bought a lot of flowers
　　　every week.

　オ　Mima's father gave a white rose to Aya because she wanted it.

　カ　Aya wanted to show her appreciation to her family members
　　　with the white rose.

　　　　　　　　　　　　　　　　　　　　　〔　　　〕〔　　　〕

(8) 次は，亜矢がミマの父に後日書いた手紙である。本文の内容に合うよ
うに，　　　　　　　にあてはまる最も適当なものを下のア～エの中から一
つ選んで，その記号を書け。

Thank you for giving me the white rose. I gave it to my father
yesterday.

I said "thank you" to him, too. He was so surprised but looked
happy.

I've learned that 　　　　　　　　　　. I should try to do it.

Thank you so much!　　　　　　　　　　　　　　　　　　　Aya

　ア　flower shops always have wonderful flowers for events

　イ　flowers are necessary to show our appreciation

　ウ　it's important to say "thank you" to people around us

　エ　we should not forget an important day like Mother's Day

　　　　　　　　　　　　　　　　　　　　　　　　　　〔　　　〕

PART 3

英作文

1 語順整序

栄光の視点

 覚えておくべきポイント

🔲 **語順整序のアプローチは次のように進める**

①頭から作る→×　セットを作る→○

②動詞の語形・動詞の語法に注目する（なぜ原形なのか？なぜ ing なのか？など）

③語順の前後をチェックする（特に後ろ）

例題　次の(1)～(3)の〔　〕内の英語を正しく並べかえて，それぞれの対話文を完成させなさい。〈岩手県〉

(1)　A : I was born in Canada.

　　B : What language do you speak in your country?

　　A : French and〔 are / English / spoken 〕there.

(2)　A : Can you help me with my homework?

　　B : Sure.

　　A : The last question is〔can't / so difficult / I / that〕answer it.

　　B : OK. Please show it to me.

(3)　A : Have you ever seen cherry blossom in Iwate?

　　B : No, I haven't.

　　A : Iwate Park is one of the〔 by / enjoy / many people / places / loved / who 〕seeing them.

　　B : I want to go there this spring.

💣 先輩たちのドボン

🔲 **(1)・(2)のように受け身〈be 動詞＋過去分詞〉や〈so ～ that ＋主語＋動詞〉「とても～で…する〔しない〕」のように決まった形が用いられていることに気づけない**

🔲 **(3)のように who が疑問詞なのか関係代名詞なのか，loved が過去形なのか過去分詞なのかを自分で判断する必要がある場合，まずは語群の直前・直後につながる語句を考えるべきだが，考えられない**

解説　本問の(3)の場合，one of the に続く表現として〈one ＋ of ＋複数名詞(places)〉を用いる。さらに，文末の動名詞 seeing them が続く動詞として enjoy をその前に置くと考えられる。by many people というかたまりを作ると，who は many people を修飾する関係代名詞と予想でき，by many people who enjoy (seeing them)「(それらを見ること)を楽しむ多くの人々によって」という語句ができる。残った loved を過去分詞として places と by many people の間に置くと，「(岩手公園は，それらを見ること)を楽しむ多くの人々によって愛されている場所(の1つです。)」という意味の文になる。

解答　(1)　English are spoken　　(2)　so difficult that I can't

　　　(3)　places loved by many people who enjoy

問題演習

1 次の対話文の下線部について，（　　　）内の語句を並べかえ，正しい英文を完成させなさい。　　　　　　　　　　　　　　　　　　　　　〈山形県〉

よくでる

(1) Eriko: (newspaper / uncle / reads / written in / a / my) English every day.

　　Roger: Oh, really? Where does he buy one?

_____

(2) Mika: What (when / was / were / dream / you / your) a child?

　　Sam: Well, I wanted to be a scientist. What about you?

_____

2 次の各問いの会話文について，（　　　）内の語を正しく並べ替えて意味が通る文を完成させ，その並べ替えた順に記号をすべて書きなさい。　〈沖縄県〉

(1) A: I think I've seen that man before.

　　B: Who are you talking about?

　　A: The (ア　care　　イ　man　　ウ　is　　エ　who　　オ　taking) of the dog over there.

　　B: Oh, he is Mr. Higa. He is my science teacher.

　　　　　　　　　　　　〔　　　→　　　→　　　→　　　→　　　〕

(2) A: Who runs the fastest in your soccer club?

　　B: Keisuke does.

　　A: What about Yuto?

　　B: He runs fast, too. But he (ア　run　　イ　fast　　ウ　not　エ　can　　オ　as) as Keisuke.

　　　　　　　　　　　　〔　　　→　　　→　　　→　　　→　　　〕

(3) A: How was school today?

　　B: P.E. class was so fun. But it was too cold outside. I still feel cold now.

　　A: Do you (ア　hot　　イ　drink　　ウ　something　　エ　want　オ　to)?

　　B: Yes! Thank you.

　　　　　　　　　　　　〔　　　→　　　→　　　→　　　→　　　〕

次の(1)〜(3)の対話が成り立つように，それぞれ（　　　）の中の単語や語句を並べ替えて英文を完成させなさい。また，文のはじめは大文字で書きなさい。　　　　　　　　　　　　　　　　　　　　　　　〈富山県〉

(1)　A:（ in / weather / how / the / is ）Tokyo today?
　　　B: It's rainy and cold. How about in Toyama?
　　　A: Today it's cloudy but warm here.

_____

(2)　A: I walk with my dogs every morning.
　　　B: How many dogs do you have?
　　　A: Three.（ them / care / easy / of / isn't / taking ）, but I enjoy
　　　　living with them.

_____

(3)　A: Are you looking for something?
　　　B: Yes. I（ my father / for / lost / bought / have / the watch ）me.
　　　A: Where did you put it?
　　　B: On this table two days ago.

_____

✚差がつく
次の(1)〜(3)の対話が完成するように，（　　　）内の六つの語の中から五つを選んで正しい順番に並べたとき，その（　　　）内で3番目と5番目に来る語の番号をそれぞれ答えなさい。（それぞれ一つずつ不要な語があるので，その語は使用しないこと。）　　　　　　　　　　　〈神奈川県・改〉

(1)　A: Sayaka,（1 eat　　2 what　　3 you　　4 food　　5 like　　6 do ）
　　　　the best?
　　　B: I like sushi the best.
　　　　　　　　　　　　　　　3番目〔　　　〕　　5番目〔　　　〕

(2)　A: How was your weekend ?
　　　B: I went to the zoo with my family. My sister（ 1 the　　2 see
　　　　3 at　　4 looked　　5 happy　　6 to ）animals there.
　　　　　　　　　　　　　　　3番目〔　　　〕　　5番目〔　　　〕

(3)　A: Happy birthday, Ayako! This is a present for you.
　　　B: Thank you, Mom. It's wonderful. I've wanted（ 1 something
　　　　2 watch　　3 a　　4 like　　5 have　　6 to ）this.
　　　　　　　　　　　　　　　3番目〔　　　〕　　5番目〔　　　〕

2 和文英訳問題

栄光の視点

 ## 覚えておくべきポイント

⤵ まず，設問の意図を考え，用いるべき表現と〈主語・述語〉を決める

例題　次の文章は，香川の中学生の陸が，英語の授業で行ったスピーチである。これを読んで，下線部①，②の日本文を英語で書き表せ。　〈香川県・改〉

A few days ago my grandmother said, "I had to take a *ferry to go to Okayama. I often *felt sick in the ferry. ①そこに行くのは簡単ではありませんでした。" Now I use trains to go to Okayama during vacations. I usually don't think about the view of the sea. But on the train some people say, "What a view!" When I hear that, I *am proud of my hometown.

The Seto Ohashi Bridge is also famous for its beautiful lights at night. Sometimes it *is decorated with lights. We can see another beautiful view of the bridge. How about seeing the beautiful lights of the Seto Ohashi Bridge? ②私は，あなたたちがそれを楽しむことを望みます。

(注)　ferry　フェリー　　felt sick　気分が悪かった
　　　　am proud of ～　～を誇りに思う　　is decorated with ～　～で飾られる

先輩たちのドボン

⤵ 日本文を「単語単位で」「頭から」英訳してしまう

解説

① 「～することは…である」は，〈It is … to ～ .〉を用いて表す。

② hope that ～で表す。未来の意味を含むため，will enjoy という形にする。日本語だけでは動詞の形を判断できないこともあるので注意。

解答　①　例 It wasn't 〔was not〕 easy to go there.
　　　　　　〔Going〔To go〕 there wasn't 〔was not〕 easy.〕

　　　　②　例 I hope (that) you will 〔can〕 enjoy it.

問題演習

1 下線部(1), (2)をそれぞれ一つの英文で書きなさい。　〈青森県・改〉

+ 差がつく

I didn't know that there are so many World Heritage Sites in the world. (1) あなたは日本について考える機会をもち, そして何をするべきかを理解しました。 You went to the library to read a book about World Heritage Sites in Japan. (2) その本に書かれていることは, あなたが日本について話す時に役立つと思います。

(1) _____

_____

(2) _____

_____

2 下線部(1), (2)をそれぞれ一つの英文で書きなさい。　〈青森県・改〉

+ 差がつく

I went to the school library last month. (1) 私は外国を旅するための本を見つけ, それを2時間読み続けました。 Now I often go there and read a lot of books. (2) あなたが今までに読んだ最もすばらしい本は何ですか。 I want to read it, too.

(1) _____

_____

(2) _____

_____

3

次の文章は，拓也が，英語の授業でおこなったスピーチである。これを読んで，下線部①，②の日本文を英語で書き表せ。　〈香川県〉

+ 差がつく

Have you ever been abroad? I've never visited *foreign countries, but I am interested in them. Last month, I had an *interview in English to go to America. In the interview, the *interviewers asked me some questions. "Why are you interested in America?" "What is your goal of studying in America?" I answered these questions. However, the next question was difficult for me. They asked, "What do you want to do in the future?" I didn't know what to say, but I said, "I want to work in America..., well, in *the United Nations." Then they said, "Please tell us something you know about the United Nations." I couldn't answer this question because I didn't know what the United Nations did. So I didn't get a chance to go to America.

After the interview, I talked about it with my English teacher, Ms. Green. She said to me, "The United Nations tries to *solve problems in the world. ① あなたはそれらを理解する必要があります。"

After that, I looked for some books about the problems. I found there were so many problems. For example, a lot of people can't get clean water. A lot of people can't get *enough food. In some places, children can't go to school because they work for their families. ② そのような人々は私たちの努力によって救われるかもしれません。　So I wanted to know what to do.

Then I listened to the speeches by two high school students. They went to developing countries as volunteers. One of them took care of children. The other student visited a small village and *dug a *well for the people living there. Now I think starting to do something is the most important to me. So next year, if I have a chance, I want to work as a volunteer in developing countries. In the future, I will be a person who can solve the problems in the world.

(注) foreign 外国の　　interview 面接試験　　interviewer(s) 面接官
the United Nations 国際連合　　solve 解決する　　enough 十分な
dug　dig（掘る）の過去形　　well 井戸

① _____

② _____

3 場面・条件に合う英文を書く問題

栄光の視点

 覚えておくべきポイント

- 与えられた絵や条件を確認し，書き終えた英文は必ず通して読み，ミスがないか
チェックする
- 「3単現のs」「名詞の単数・複数の扱い」「冠詞落ち」「複数形のs落ち」など，
ミスをしやすいポイント，減点しやすいポイントに注意

> 例題　次は，京子(Kyoko)と友人のデイビッド(David)の会話である。会話の流れに合う
> ように A ， B に入る英語を書け。　　　　　　　　　〈長崎県〉
>
> Kyoko: Hi, David. ⟨ A ⟩ next Sunday?
> David: I'll go to the library in the morning.
> Kyoko: Only in the morning?
> David: Yes.
> Kyoko: Good. Next Sunday, in the afternoon, I'll go and watch an international
> 　　　　*tennis match in Sasebo. I have two *tickets. ⟨ B ⟩
> David: Sure. That'll be nice.
> Kyoko: I'm glad. See you on Sunday.
> （注）tennis match　テニスの試合　　ticket(s)　チケット

> 解説
> A　空欄の直後には next Sunday という未来を表す語句がある。また，直後でデイビッド
> は will を使って予定を伝えているので，空欄には予定を will を用いてたずねる。
> B　チケットが2枚あるという状況と，直後でデイビッドが快諾していることから，京子
> はテニスの試合を見に行かないか誘っていると考える。
>
> 　　　　　解答　A　例 What will you do (next Sunday?)
> 　　　　　　　　B　例 Can you go with me? / Let's go to watch it.

先輩たちのドボン

- 与えられた資料や条件を整理しながら進めていくべきだが，整理が甘い
- 試験の残り時間が気になってしまい，集中して取り組めず，基礎的なミスを重ね
て減点される

英作文のように，よく考えて解答を書かなければいけない問題は，解答作成に時
間がかかる場合がある。試験時間の配分について，戦略をたてておこう。
受験を予定している都道府県・学校の過去問を研究して，「どのように解き進め
るか」の戦略を練っておこう。

問題演習

1 中学生のなおみさんが，Brown 先生と話をしています。 ① に
なおみさんになったつもりで， ② に Brown 先生になったつもり
で，それぞれ主語と動詞を含む4語以上の英語を書きなさい。 〈大分県〉

🔔 思考力

Mr. Brown: The new *term has started. What do you want to learn?

Naomi: I want to learn more about foreign cultures.

Learning about them is very important for us because
① .

Mr. Brown: That's a very good point.

Naomi: I also want to improve my English. But I don't know
how to do it. Do you have any ideas?

Mr. Brown: For example, ② .

Naomi: Great. I will do that.

（注） term 学期

① _____

② _____

2 中学生の久美(Kumi)は，友人のエマ(Emma)に，メールを送ることに
した。伝えたいことは，私の誕生日に父親がカメラを買ってくれたので，
冬休み中に一緒に写真を撮りに行かないかということである。あなたが
久美なら，このことを伝えるために，どのようなメールを書くか。次の
_____の中に英文を補い，メールを完成させなさい。 〈静岡県〉

🔔 思考力

あなたの答え

Hello, Emma.

_____

_____

_____

_____

Bye,
Kumi

3 あとの各問いに答えなさい。

🔔 思考力

(1) 次のような状況において，あとの①〜③のとき，あなたならどのように英語で表しますか。それぞれ5語以上の英文を書きなさい。
　　ただし，I'm などの短縮形は1語として数え，コンマ(,)，ピリオド(.)などは語数に入れません。

【状況】
　オーストラリアから来た留学生の Lucy が，あなたの家でホームステイをしています。あなたは，Lucy と話をしています。
① 昨日作ってくれた夕食はおいしかったと伝えるとき。
② 日本での学校生活はどうかと尋ねるとき。
③ 日本にいる間にしたいことを尋ねるとき。

① _____

② _____

③ _____

(2) Masato は，英語の授業で，大切な人について紹介することになり，祖父についてスピーチをすることにしました。
　　あなたが Masato なら，①〜③の内容をどのように英語で表しますか。それぞれ4語以上の英文を書き，下の原稿を完成させなさい。
　　ただし，I'm などの短縮形は1語として数え，コンマ (,)，ピリオド (.)などは語数に入れません。

【原稿】
　Hello, everyone. Today I'm going to tell you about my grandfather.
① 祖父の家は学校の近くにあること。
② 祖父と私は一緒に彼の犬をしばしば散歩させること。
③ 祖父の家には彼の犬の写真がたくさんあること。
　Thank you.

① _____

② _____

③ _____

4 英文に返事などを書く問題

栄光の視点

 覚えておくべきポイント

▷ **英文の内容をメールや手紙などでまとめ直す。メールなどの中の手がかりとなる語句を探し，英文を書く**

例題　次の対話は，蓮(Ren)の家にホームステイをしている，留学生のジョン(John)への電話を，蓮が受けたときのものです。下の(1)，(2)の問いに答えなさい。　〈宮崎県〉

Ren: *Moshi moshi.*

Mike: Hello. This is Mike, John's brother. May I speak to John, please?

Ren: Oh, hello Mike. I'm Ren. How are you?

Mike: Hi, Ren. I'm good. How are you?

Ren: I'm fine. Sorry, but John (　　　　　　　).

Mike: All right. Ren, I'm going to go to Japan next month and will be able to see you and John.

Ren: Really?

Mike: Yes. I want to tell him about it. Please tell him to call me back later.

Ren: OK. I'm sure he'll be happy to hear about it from you.

Mike: Thank you, Ren. See you soon.

Ren: See you soon, Mike.

(1) 下線部について，対話が成り立つように英文を完成させなさい。

(2) 対話の内容に合うように，英文を書いて，次の伝言メモを完成させなさい。英文はいくつでもかまいません。

> John,
> ....
> ....
> Ren

 先輩たちのドボン

▷ **会話から，それぞれの人物の伝えたいことを読み取れない**

解説 (1) マイクがジョンと話すために電話をかけてきたことに対し，蓮は「ごめんなさい」と謝っていることから，「外出しています」など，電話をかわることができないことを伝えればよいとわかる。

(2) Please tell him to call me back later. (彼に，ぼくにあとで折り返し電話するように言ってください) から，「彼(＝マイク)はあなた(＝ジョン)にあとで電話をかけなおしてもらいたいと思っています」と伝える英文を書く。

解答 (1) 例 is not at home now

(2) 例 Mike called you. He wanted you to call him back later.

別解 Mike called. He hopes (that) you will call him back later.

1 次は，日曜日の朝にデイビッド(David)が京子(Kyoko)に送った【メール】である。読んで，【返信】の中の ▢ に適当な英語を書け。ただし，5語以上の英語で表現すること。英語は2文以上になってもかまわない。コンマ(,)やピリオド(.)などは語数に含めない。　〈長崎県〉

思考力

【メール】
Hi, Kyoko.
I'm really sorry, but I can't go to the tennis match with you this afternoon. I have been sick since last night.
Bye, David

【返信】
Dear David
Are you OK?

```

```

See you soon.
Kyoko

_____

_____

2 シンガポール(Singapore)に住む友人のチャーリー(Charlie)さんからあなたに，次のような電子メールが届きました。チャーリーさんに電子メールで返事を書くとしたら，どのようなことを書きますか。あとの「あなたの返事」の ▢ に入る英文を，まとまりのある内容になるように，4文以上で書きなさい。　〈山形県〉

思考力

Hi, ○○○ ! How are you?
I would like to travel to Japan in the future. I'm interested in Japanese culture. So, where should I go in Japan? And why?
I'm glad if you can give me an idea!

Your friend,
Charlie

あなたの返事
Hi, Charlie!

Thanks for your e-mail.

Best wishes,
○○○

（注）　電子メールの中の，○○○のところにはあなたの名前が入る。

_____

_____

_____

_____

3

🗣 思考力

中学生の香織の家に，香織の学校を訪れることになっているケイティが
ホームステイをすることになっています。来日後，すぐに実施される職場
体験に，ケイティも参加する予定です。香織は，担任の先生から，ケイティ
に職場を1つ推薦するように頼まれました。次の電子メール①はケイティ
から香織に送られてきたものです。また，あとの資料は，先生から渡され
た参加できる職場のリストです。香織は，資料の中から職場を1つ選び，
あとの電子メール②によってケイティに返信しようとしています。あなた
が香織なら，どのような返事を書きますか。電子メール①と資料に基づ
いて，電子メール②中の _____ に，推薦する職場とその理由について25
語程度の英文を書いて，電子メール②を完成させなさい。なお，2文以上
になっても構いません。　　　　　　　　　　　　　　　　　　〈広島県〉

電子メール①

件名：About the things I do in my free time

Hi, Kaori.

Thank you for your message.

I am glad to know that you will recommend a place for my
internship.

I will write about the things I do in my free time, and I hope this
information will be useful.

I have a little brother, and I play with him when I am free. He enjoys it so much.

I have two dogs. I walk them every morning and brush their hair every evening.

I cook dinner for my family on weekends, and they really like it.

I read more than three books every month and talk about the stories with my friends.

I am waiting for your email!

（注）　recommend　推薦する　　internship　職場体験　　brush　ブラシをかける

資料

（注）　nursery school　保育所

電子メール②

件名：Internship

Hello, Katy.

I recommend this place for your internship,

I think you will have a good experience there.

What do you think?

Ask me if you have any questions.

Kaori

_____

_____

_____

5 自分の考えを書く問題

栄光の視点

📖 覚えておくべきポイント

🔖 **英作文ではミスをしない答案作成のために，以下のポイントをおさえる**

① 問われていることを正確に捉える（問題に正対する）

→語数など，問題条件を順守すること。たとえば40語【以上】の場合，39語では採点対象にならないことも。

② 「書きたいコト」より「書けるコト」を書く（基本を疎かにしない）

③ ○語×○文 のイメージをする（40語以上＝10語×4文）

④ 本文中の表現をヒントやネタにする

🔖 **テーマに対する意見作文では，次の「型」をおさえる**

I agree/disagree to this opinion.　　I have two reasons for this.

First, 〜 .　　　　　Second, 〜 .　　　　　So, I think 〜 .

これらの型を覚え，さまざまな問いかけをされても対応できるようにしておく。

例題1　次の英文は，日本に来たばかりの英語のホワイト先生が授業で生徒に問いかけた内容です。これを読んで，あなた自身の考えとその理由を，15語以上の英語で書きなさい。2文以上になってもかまいません。　　〈滋賀県〉

【ホワイト先生の問いかけ】

　My friend in America, Mike, will come to Japan next year and he wants to know when to visit. I want him to enjoy his stay. Which season is the best to come to Japan?

解説

① 1文目は，「私は○ (季節) が最も良いと思います。」という自分の意見を書く。

② さらに, because を続けて, その理由を書く。その季節にできることなどを書くとよい。その際，主語や目的語，補語に注意。自分は書き手なので I，ホワイト先生は読み手なので you，マイクは第三者なので，Mike，he などと表す。

解答　例 I think spring is the best because he can enjoy cherry blossoms. There are many places which are famous for them.

例題2　次の【質問】に対して，【条件】に従い，まとまった内容の文章を5文以上の英文で書きなさい。　　〈埼玉県〉

【質問】　What is the best way to learn English for you?

【条件】　① 1文目は【質問】に対する答えを，解答欄の①に書きなさい。

　　　　② 2文目以降は，その理由が伝わるように，4文以上で解答欄の②に書きなさい。

解説

① 1文目には【質問】に対する意見として，「私にとっての英語を学ぶもっともよい方法は〜です。」という文を書く。【質問】の英文を参考にして書くとよい。

② 2文目以降は，1文目の意見の理由を書くが，「4文以上」という条件を忘れないこと。理由を3つ以上書くのは難しいので，理由を1つか2つ挙げ，残りの文はそれぞれの理由を自分の経験などを述べた具体的な英文で書くとよい。

解答 ① 例 The best way to learn English for me is to use English a lot in classes.
② 例 I think it is important to talk with my teachers and classmates in English every day. When we talk in English, we can learn many new words. We can read and write in English in classes, too. We can also ask our teachers if there is something we don't understand.

先輩たちのドボン

⤵ because の使い方を誤る

次の例文にある Because I love cherry blossoms. は，When I was young. や If it rains tomorrow. などと書いているに等しい（文になっていない）。because 節単独で機能するのは，原則として why 疑問文に対しての返答のときのみと考えておく。

× I like spring the best.　Because I love cherry blossoms.
○ I like spring the best because I love cherry blossoms.
○ Why do you like spring the best?　Because I love cherry blossoms.

問題演習

1 あなたがこれからやりたいことを一つ挙げ，理由を含めて25語以上のまとまりのある英文で書きなさい。英文は2文以上になってもかまいません。ただし，短縮形(I'm や don't など)は1語と考え，符号(ピリオドなど)は語数に含めません。　　　　　〈高知県〉

🔔思考力

_____

_____

2 次の【考え】に対して，あなたの意見とその理由を30語以上の英語で書きなさい。2文以上になってもかまいません。ただし，コンマ(,)やピリオド(.)などは語数に含みません。　　　　　〈佐賀県〉

🔔思考力

【考え】日本では，必ずしも英語を勉強する必要はない。

_____

_____

3 次の質問に対するあなたの答えを，25 語以上 35 語以内の英語で書きなさい。ただし，ピリオド（.），コンマ（,）などの符号は語数に含めないものとする。　　　　　　　　　　　　　　　　　　　　〈熊本県〉

思考力

What can you do to make your English communication abilities better?

（注）　ability　能力

_____

_____

4 英語の授業で行っている話し合いの中で，セイヤ（Seiya）さんとカナコ（Kanako）さんが自分の意見を述べています。最後の先生の質問に対して，あなた自身の答えを英語で書きなさい。ただし，次の〈条件〉①〜④のすべてを満たすこと。　　　　　　　　　　　　　　　　　〈島根県〉

思考力

先生：Some schools have some animals in their classrooms. They think that animals are good for students. Do you think that we should keep animals in our classroom?

セイヤさん：I think we should keep animals in our classroom. It gives us a good chance to know about animals. We can learn things which may not be written on books.

カナコさん：I don't think that we should keep animals. Some students don't want to keep animals. They may be afraid of animals or have an *allergy to them.

先生：I understand what Seiya and Kanako mean. How about your opinion?

（注）　allergy　アレルギー

〈条件〉

①　1文目にはセイヤさんとカナコさんのどちらの立場に賛成かを書くこと。

②　賛成する理由を一つ挙げて，その理由を補足する事柄や具体例とともに書くこと。

③　セイヤさんとカナコさんが述べていない内容を書くこと。

④　語数は 20 語以上とする。

_____

_____

6 絵や図を読み取る問題

栄光の視点

📖 覚えておくべきポイント

🔲 **絵や図の内容を読み取る問題や，英語で示された状況を英語で説明する問題に慣れておくこと**

絵や図の中に答えのヒントがある。与えられた情報のすみずみまで目を光らせる。

例題　下の英文は，晴子 (Haruko) とアイリーン (Aileen) の会話です。また，下の図は二人がいる周辺の地図です。あとの 1，2 の問いに答えなさい。なお，★印の位置に晴子たちがいます。　〈宮城県〉

Aileen came back from the restroom.

Aileen:　Haruko, what happened?

Haruko:　I saw this crying boy in front of Penguin Park.

Aileen:　Why is this boy crying?

Haruko:　He told me he was in Flower Garden with his father, but he saw penguins walking on the street and followed them. So he got separated from his father.

Aileen:　Oh, that's too bad. ［　①　］

Haruko:　His name is Andy.

Aileen:　OK.　Let's think about a good way to help Andy.　Haruko, please show me your map of this zoo.　Well, we are here.　How about going to Flower Garden?

Haruko:　［　②　］

Aileen:　OK.　I like your idea.　Let's do that.

（注）　penguin(s) ペンギン　　follow(ed) ～　～の後について行く
　　　　got separated from ～ ← get separated from ～　～からはぐれる

1　二人の会話が成立するように，本文中の ［　①　］ に入る英語を 1 文書きなさい。
2　二人の会話が成立するように，晴子になったつもりで，本文中の ［　②　］ に 3 文以上の英語を書きなさい。ただし，アイリーンの提案に対する考えとそのように考える理由を含めて書きなさい。

解説　1　［　①　］ の直後で，晴子は His name is Andy.（彼の名前は Andy です）と答えているので，名前をたずねる文が入る。

　　　2　［　②　］ の直前にあるアイリーンの「Flower Garden に行くのはどうですか」に対して，まずは賛成か反対か意見を述べる。さらにすべきことを付け加えるとよい。

解答　1　例 What is his name?

　　　2　例 I agree with you.　His father may still be there.　But if his father is not there, let's take him to the information desk.

　　　　別解 I don't think it is a good idea.　I think his father will go to the information desk to find him.　We should go there.

問題演習

1 Hiro と留学生の Amy が，黒板を見て話をしている。板書の内容に合うように，書き出しに続けて， ☐ にそれぞれ 3 語以上の英語を書き，英文を完成させなさい。なお，会話は①，②の順に行われています。　〈岡山県〉

① _____

② _____

2 下の絵は，ある日曜日の公園の様子です。絵の中から 2 人を選び，何をしているところか英語で説明しなさい。ただし，下の条件 1 ～ 3 をすべて満たすこと。　〈沖縄県〉

🔔 思考力

〈条件 1 〉 現在進行形（〜している
　　　　　ところ）で表すこと
〈条件 2 〉 誰を説明しているのか
　　　　　分かるよう，それぞれ
　　　　　名前を使用すること
〈条件 3 〉 2 つの文が同じ内容に
　　　　　ならないこと

_____

_____

3 留学生のエイミー(Amy)さんとクラスメイトの恵子(Keiko)さんは，休日に美術館を訪れました。次の場面に合う対話になるように( )に3語以上の英語を書きなさい。なお，対話は①から⑨の順に行われています。

〈富山県〉

（注） notice 掲示　thirsty のどがかわいた

④ _____

⑥ _____

⑧ _____

PART 4 リスニング

1 英語の質問に答える問題

栄光の視点

覚えておくべきポイント

📖 **リスニングに取り組む際は，①ディレクションの時間（問題の説明をしている間）に設問に目を通すこと，②1回目で正確に質問を聞き取り，2回目で該当箇所を探すことを心がける**

例題 これから，No.1 と No.2 の対話を放送します。それぞれの対話のあとで，その対話について一つずつ質問します。それぞれの質問に対して，最も適切な答えを，ア，イ，ウ，エの中から一つ選んで，その記号を書きなさい。 [TRACK 02] 〈茨城県〉

No.1 ア Twice.　イ Three times.　ウ Four times.　エ Five times.

No.2 ア Pizza, salad, and cake.　イ Pizza, soup, and cake.
　　　ウ Soup, salad, and cake.　エ Soup, salad, and pizza.

解説

No.1 カナダに行った回数をたずねる疑問文であることを聞き取る。「中国に2回行ったことがある」という部分に注意。

No.2 Kumi（女性）の I think I'll have soup and salad.（スープとサラダを食べると思う）を聞き取る。さらに，ケーキを食べるという男性に，I'll have cake, too.（私もケーキを食べるわ）と言っている最後の文にも注意。

解答 No.1 イ　No.2 ウ

問題演習

1 対話と内容に関する質問を聞いて，それぞれの質問の答えとして適切なものを，ア～エから1つ選び，記号で答えなさい。 [TRACK 03] 〈山口県・改〉

✔必ず得点

(1) ア Badminton.　イ Baseball.　ウ Soccer.　エ Skiing.

[　]

(2) ア On Thursday.　　　イ On Friday.
　　ウ On Saturday.　　　エ On Sunday.

[　]

(3) ア Mike's brother.　　　イ Mike's sister.
　　ウ Ryoko's brother.　　　エ Ryoko's sister.

[　]

(4) ア Because she wanted her family to live in Japan with her grandmother.

イ Because she often heard about Japan from her grandmother.

ウ Because her grandmother was born in Canada.

エ Because her Japanese friend visited her in Canada.

〔　　　〕

2 ヒロシとグリーン先生の対話と内容に関する質問を聞いて，それぞれの質問の答えとして適切なものを，ア～エから1つ選び，記号で答えなさい。

[TRACK 04]　〈茨城県・改〉

(1) ア Because she has seen snow in her country.

イ Because she will be able to see snow tonight.

ウ Because she will leave Japan tonight.

エ Because she can enjoy two seasons in her country.

〔　　　〕

(2) ア Summer and fall.　　イ Spring and winter.

ウ Spring and fall.　　エ Summer and winter.

〔　　　〕

3 対話を聞いて，内容に関するそれぞれの質問に英語で答えなさい。

[TRACK 05]　〈埼玉県・改〉

(1) When did Mr. Wilson start learning Japanese?

He started learning Japanese when he was a (　　　　　　　).

(2) What does Mr. Wilson like to do in Japan?

He likes to (　　　　　　) old towns in Japan.

(3) Why does Takako want to learn Chinese?

Because she wants to be able (　　　　　) with more people.

4 明が外国人に話しかけられた時のことについて書いた英文と内容に関する質問を聞いて，それぞれの質問の答えとして適切なものを，ア～エから1つ選び，記号で答えなさい。　　　　　　　　　　　　　　[TRACK 06] 〈北海道・改〉

(1) ア　What to do in the park.　　イ　How to talk in English.
　　ウ　What to use next time.　　エ　How to get to the hotel.
　　　　　　　　　　　　　　　　　　　　　　　　　〔　　　〕

(2) ア　By talking about the park on Sunday.
　　イ　By using easy words and some gestures.
　　ウ　By going to a foreign country with the man.
　　エ　By speaking slowly in Japanese at the hotel.　〔　　　〕

(3) ア　He learned the man he met there wasn't from Canada.
　　イ　He learned how he could get to the park with the man.
　　ウ　He learned he shouldn't be afraid of making mistakes when
　　　　he speaks English.
　　エ　He learned he should know about the country the man lives
　　　　in.　　　　　　　　　　　　　　　　　　　　〔　　　〕

5 ある日のＡＢＣデパートでの館内放送と内容に関する質問を聞きなさい。
(1) は質問の答えとして適切なものを，ア～エから1つ選び，記号で答え
なさい。(2) は質問に英語で答えなさい。　　　　　[TRACK 07] 〈東京都・改〉

(1) ア　For three hours.　　イ　For four hours.
　　ウ　For five hours.　　エ　For eleven hours.　　〔　　　〕

(2) _____

2 イラスト・図表を選ぶ問題

栄光の視点

📖 覚えておくべきポイント

☞ 絵や図表の違いを見つけて，注意して聞くべきポイントをしぼる

例題1　場面A・Bにおける対話を聞いて，それぞれの質問に対する答えとして最も適するものを，ア〜エから1つずつ選びなさい。　　　　[TRACK 08]〈徳島県〉

（場面A）　ア　　　　　　イ　　　　　　ウ　　　　　　エ

（場面B）　ア　　　　　　イ　　　　　　ウ　　　　　　エ

解説

　場面Aの絵はすべて食べ物，場面Bの絵はすべて動物。放送文の内容と合わない選択肢は消していく。

解答　場面A　ウ　　　場面B　イ

例題2　次のグラフは，世界の旅行客の訪問先別人数を表したものである。かなさんの英語の授業での発表を聞いて，グラフのA〜Cにあてはまる国として適するものを，それぞれア〜オの中から1つずつ選びなさい。　　　　[TRACK 09]〈徳島県〉

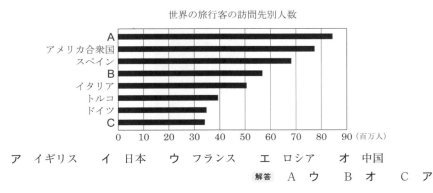

世界の旅行客の訪問先別人数

ア　イギリス　　イ　日本　　ウ　フランス　　エ　ロシア　　オ　中国

解答　A　ウ　　B　オ　　C　ア

💣 先輩たちのドボン

☞ グラフを用いた問題では，比較表現（比較級，最上級，同等比較）や順位などを表す序数，数量を表す語などに特に注目するべきだが，できない

123

問題演習

1 英文を聞いて，それぞれの内容を表すものを，ア～エから1つ選び，記号で答えなさい。

[TRACK 10] 〈滋賀県・改〉

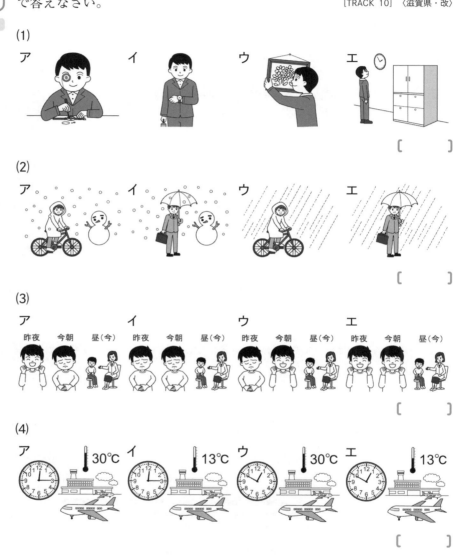

(1)

ア　　　　イ　　　　ウ　　　　エ

[　　　]

(2)

ア　　　　イ　　　　ウ　　　　エ

[　　　]

(3)

ア　　　　　　イ　　　　　　ウ　　　　　　エ

昨夜　今朝　昼(今)　　昨夜　今朝　昼(今)　　昨夜　今朝　昼(今)　　昨夜　今朝　昼(今)

[　　　]

(4)

ア　30℃　イ　13℃　ウ　30℃　エ　13℃

[　　　]

2 対話と内容に関する質問を聞いて，それぞれの質問の答えとして適切なものを，ア～エから1つ選び，記号で答えなさい。

[TRACK 11] 〈福島県・改〉

(1)　ア　　　　イ　　　　ウ　　　　エ

[　　　]

(2) ア　　　　　　イ　　　　　　ウ　　　　　　エ

[　　　]

(3) ア　　　　　　イ　　　　　　ウ　　　　　　エ

[　　　]

(4) ア　　　　　　イ　　　　　　ウ　　　　　　エ

[　　　]

(5) ア　　　　　　イ　　　　　　ウ　　　　　　エ

[　　　]

3　次のグラフは，「英語の授業で最も楽しかったことは何ですか。」という質問に対する生徒たちの回答結果を示したものです。鈴木先生の話を聞いて，その話の内容として適切なものを，ア～エから1つ選び，記号で答えなさい。

[TRACK 12]　〈大阪府・改〉

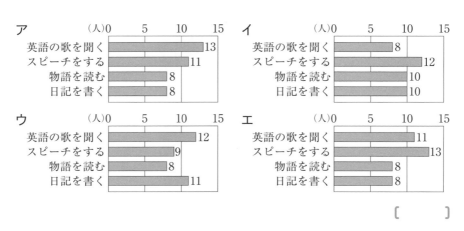

[　　　]

3 対話の応答を答える問題

栄光の視点

📘 覚えておくべきポイント

🗐 **英語の対話の，最後の発言に応答する問題では，放送される最後の1文がふつうの疑問文なのか疑問詞で始まる疑問文なのかを聞き落とさないこと**

> **例題** 会話を聞いて答える問題です。最後の発言に対する受け答えとして最も適当なものを，ア〜エの中から一つ選び，記号を書きなさい。 　　　　　　　　[TRACK 13] 〈佐賀県〉
>
> (1) ア I want you to help me. 　　　イ It's time to go to bed.
> 　　ウ I'm sorry. I'm busy now. 　　エ I don't know what time it is.
> (2) ア Yes, let's. 　　　　　　　　イ You're welcome.
> 　　ウ The color is too bright. 　　エ You should try this one.
> (3) ア OK. I will. 　　　　　　　　イ No, thank you.
> 　　ウ I can use your dictionary. 　　エ No problem. Here you are.

💣 先輩たちのドボン

🗐 **対話の最後の1文はもちろん，それまでの対話の内容から，状況をしっかり把握することが重要だが，できない**

電話やお店での対話，道案内など，独特の言い回しのある場面では，話の展開などを予想しながら聞くのもよい。

> **解説**
> (1) 1人目が今日の午後はひまかをたずねてきたことに対して，Why?「なぜ？」とたずねているという状況を把握する。
> (2) お店での店員とお客さんの対話だと判断し，赤いTシャツを探しているお客さんの返答として適切なものを選ぶ。
> (3) 辞書を持ってきていない1人目の2回目の発言が，最後の文で「きみのを使ってもいい？」とたずねている状況を把握し，返答として適切なものを選ぶ。
>
> **解答** (1) ア 　(2) ウ 　(3) エ

1 対話を聞いて，最後の発言に対する受け答えとして適切なものを，それぞれア〜エから1つ選び，記号で答えなさい。 [TRACK 14] 〈京都府・改〉

(1)　ア　Yes. I'd like to eat here.
　　　イ　Thank you, but I can't eat salad.
　　　ウ　No. Thank you for asking.
　　　エ　Sorry, but I don't like tea.　　　〔　　　〕

(2)　ア　Yes. I want to read it.
　　　イ　Yes. It was very interesting.
　　　ウ　No. I enjoyed reading it.
　　　エ　No. It's not mine.　　　〔　　　〕

2 対話を聞いて，最後の発言に対する受け答えとして適切なものを，それぞれア〜エから1つ選び，記号で答えなさい。 [TRACK 15] 〈山口県・改〉

(1)　ア　You're welcome.　　イ　Yes, that's right.
　　　ウ　No, thank you.　　エ　I'm sorry.　　　〔　　　〕

(2)　ア　Jane Smith. Your name, please.
　　　イ　Jane Smith. You've met her once.
　　　ウ　Masafumi Fujioka. Call me Masa.
　　　エ　Masafumi Fujioka. I'm fine, too, thank you.　　　〔　　　〕

(3)　ア　It's the movie I saw yesterday.
　　　イ　I'm glad you've found it.
　　　ウ　Who are you talking about?
　　　エ　Did you look around the TV?　　　〔　　　〕

(4)　ア　All right, let's do that.　　イ　No, I left home at nine.
　　　ウ　You won't go to the airport.　　エ　We'll stay home that day.
　　　　　　　　　　　　　　　　　　　　　　〔　　　〕

3 対話を聞いて，最後の発言に対する受け答えとして適切なものを，それぞれア〜エから1つ選び，記号で答えなさい。 [TRACK 16] 〈和歌山県・改〉

(1)　母親との対話
　　　ア　Yes. I think I can put many books in a new bag.
　　　イ　Yes. I hope his birthday cake will be big.
　　　ウ　Yes. I'll go shopping to buy a bag with my friend.
　　　エ　Yes. I have to stay at home tomorrow.　　　〔　　　〕

(2) 担任の先生との対話
　　ア　Sure. You should use this bed and sleep now.
　　イ　Sure. If you feel well, you should go home.
　　ウ　Yes. If you feel sick during class, you should tell me.
　　エ　Yes. You should do your homework at home now.

〔　　　　〕

(3) 教室での対話
　　ア　Then, let's watch movies in my house!
　　イ　Then, let's go to the library together!
　　ウ　Then, let's go to a park together!
　　エ　Then, let's play tennis outside!　　　　　　　〔　　　　〕

4　対話を聞いて，最後の発言に対する受け答えとして適切なものを，それぞれの対話のあとに読まれる**ア～ウ**から１つ選び，記号で答えなさい。

[TRACK 17] 〈兵庫県・改〉

(1) 〔　　　　〕　　(2) 〔　　　　〕

5　対話を聞いて，最後の発言に対する受け答えとして適切なものを，それぞれの対話のあとに読まれる**ア～エ**から１つ選び，記号で答えなさい。

＋差がつく

[TRACK 18] 〈奈良県・改〉

(1)　　　　　　　　　　　　　　　　(2)

〔　　　　〕　　　　　　　　　〔　　　　〕

4 まとめや表を完成させる問題

栄光の視点

📖 覚えておくべきポイント

🗐 **まとめの英文や表は聞き取るポイントを示しているので，必ず目を通しておく**

例題1　これから，アメリカでホームステイしている拓也(Takuya)さんと，ホストファミリーのエイミー(Amy)さんの対話文を読みます。これを聞いて，「拓也さんのメモ」の，ア，イ，ウに，それぞれあてはまる数字や日本語を書きなさい。

[TRACK 19] 〈山形県〉

〈拓也さんのメモ〉　・ケーキ屋に（　ア　）時に取りに行く

　　　　　　　　　　・途中，スーパーで（　イ　）を買う

　　　　　　　　　　・正午までに（　ウ　）

解説

① 　メモが日本語の場合，放送が始まる前に（　　）の前後の日本語に注目。

② 　時刻は at eleven と before noon の2つがあるので注意。

解答　ア　11　イ　飲み物　ウ　戻る

例題2　放送される，健が英語の授業で話したことをまとめた「美香のメモ」の　①　～　③　に入れるのに最も適当なものを，それぞれ下のア～エから一つ選び，記号で答えなさい。また，「質問に対する答え」の　④　に適当な英語を1語で書き，答えになる文を完成させなさい。

[TRACK 20] 〈熊本県〉

「美香のメモ」　・In the picture, everyone looks　①　.

・He can get a lot of　②　from the picture when he is sad or tired.

・He feels he is　③　by his family when he sees the picture.

　　① ア　angry　　イ　happy　　ウ　sad　　　　エ　tired

　　② ア　energy　イ　ideas　　ウ　information　エ　messages

　　③ ア　chosen　イ　drawn　　ウ　loved　　　エ　received

「質問に対する答え」　It was taken when he was　④　.

解説

1 　自分で単語を書く場合は，（　　）の前後の語句から空欄に入る品詞を予想する。

2 　放送文とメモの内容は，同じ意味の異なる表現が使われている場合がある。

解答　① イ　② ア　③ ウ　④ born

問題演習

1 英語の授業で，高校生のMasashiがスピーチをしているときの英文を聞いて，話の内容に合うように，下の表の（　①　）～（　⑤　）に入る最も適当な日本語または数字を書きなさい。 [TRACK 21]〈三重県〉

Masashiが家族と大阪に行った日	8月（　①　）日
Masashiと家族が大阪に着いた時刻	午前（　②　）時
Masashiと家族が博物館に行った目的	日本の（　③　）を学ぶため
Masashiが博物館の中の店で買ったもの	（　④　）
Masashiと家族が午後に訪れた場所	（　⑤　）

①＿＿＿＿＿　　②＿＿＿＿＿　　③＿＿＿＿＿

④＿＿＿＿＿　　　⑤＿＿＿＿＿

2 ミカのニュージーランド留学についてのスピーチを聞いて，表を完成させる問題です。話の内容に合うように，下の表の（　　）に入る最も適当な日本語または数字を書きなさい。 [TRACK 22]〈沖縄県・改〉

(1)	学校が始まる時間	午前（　　　　）
(2)	毎朝，生徒が授業前にしなければならないこと	（　　を　　）しなければならない
(3)	フィッシュ＆チップスの値段	（　　　）ドル
(4)	アフタヌーンティータイムのある曜日	（　　　）曜日

(1)＿＿＿＿＿　(2)＿＿＿を＿＿＿　(3)＿＿＿＿＿　(4)＿＿＿

3 アメリカで買い物中の和美(Kazumi)さんは，店員と話をしています。その対話を聞き，和美さんが，帰宅後友人のケイト(Kate)さんに書いた電子メールを完成させなさい。ただし，下線部(1)には英語1語を，下線部(2)には数字を入れなさい。 [TRACK 23]〈富山県〉

Dear Kate,

　Hi.　Today I went shopping for my brother.　His birthday is coming soon.　I bought a (1)＿＿＿＿＿ bag because it's his favorite color.　I bought a cup too.　I bought two presents.　They were (2)＿＿＿＿＿ dollars.　I hope he'll like them.

(1)＿＿＿＿＿＿＿＿　(2)＿＿＿＿＿＿＿＿

4 日本の高校を訪問している Alice が，図書委員会の活動について，委員の生徒から英語で説明を受けています。Alice は説明を聞きながら，必要な内容をメモにまとめています。(**あ**)，(**い**)にそれぞれ英語 1 語を入れなさい。

[TRACK 24] 〈岡山県〉

[Alice のメモ]

The Next Reading Activity

・What to use : the same (**あ**) for each person
・Where　　　: in the library
・When　　　: on (**い**)

あ＿＿＿＿＿＿＿＿　　　い＿＿＿＿＿＿＿＿

5 あなたは，留学先の学校でテニス部の入部説明会に参加しており，説明を聞きながら，メモを取っています。メモ用紙の (1) から (5) のそれぞれに適切なものを，ア～エから 1 つ選び，記号で答えなさい。

＋差がつく

[TRACK 25] 〈高知県・改〉

```
　　　　　メモ
　　テニス部について

○部員数　　[ (1) ]

○練習時間
　月・水・金　午後4時から午後6時まで
　土（時々）　[ (2) ]
　日・火・木　休み

○夏休み合宿（8月）
　最大のイベントは　[ (3) ]

○大会
　年間3回（昨年6月の大会で優勝！）

○顧問の先生
　メアリー・ローズ先生　担当教科　[ (4) ]
　※職員室にいる

○入部届について
　記入事項　[ (5) ]
　提出先　　顧問の先生に提出
```

(1)　ア　男子 20 人，女子 13 人
　　　イ　男子 12 人，女子 13 人
　　　ウ　男子 25 人，女子 30 人
　　　エ　男子 12 人，女子 30 人　　　〔　　　〕
(2)　ア　午前 9 時から正午まで
　　　イ　午前 9 時から午後 1 時まで
　　　ウ　午後 1 時から午後 4 時まで
　　　エ　午後 1 時から午後 5 時まで　〔　　　〕
(3)　ア　有名テニス選手とバーベキューをする
　　　イ　有名テニス選手とテニスをする
　　　ウ　有名テニス選手と映画鑑賞をする
　　　エ　有名テニス選手とカードゲームをする
　　　　　　　　　　　　　　　　　　〔　　　〕
(4)　ア　数学　　イ　英語
　　　ウ　体育　　エ　理科　　　　　〔　　　〕
(5)　ア　名前，住所，電話番号
　　　イ　名前，住所，誕生日
　　　ウ　名前，誕生日，電話番号
　　　エ　名前，クラス，誕生日　　　〔　　　〕

5 正しい場所を答える問題

栄光の視点

📖 覚えておくべきポイント

🗒 **放送文の情報を，地図などに書き込みながら聞くようにする。位置を表す前置詞に注意する**

例題　今から，Junko と Tom の電話での対話を英語で2回くりかえします。その対話の中で Junko は Junko が今いる博物館の場所を説明します。よく聞いて，①から④の場所のうち，Junko がいる博物館の場所として最も適当なものを一つ選んで，その番号を書きなさい。

[TRACK 26] 〈香川県〉

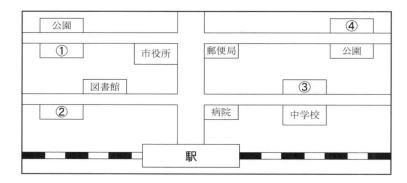

解説

1　放送が始まる前に，選択肢の位置を確認しておくこと。
2　建物や店の名前と，場所を表す語句，道案内によく使われる表現に注意して聞く。
　　go down（進む），in front of ～（～の前〔正面〕に），turn right〔left〕at ～（～で右〔左〕に曲がる），go straight（まっすぐ行く），on your right〔left〕（右〔左〕手側に）

解答　④

💣 先輩たちのドボン

🗒 **登場人物（他者）の視線・立場で考えない**

入試頻出の道案内問題では，与えられた地図上のままではなく，登場人物の視線・立場で方向・方角を考えることが必要。「どっちを向いて進んでいるか，言っているのか」「左だったか，右だったか」など，注意深く聞くようにしよう。
また，試験によっては複数回放送されることもあるので，「何を聞き逃したか」「何があいまいな状態か」を把握できるようにしよう。

問題演習

1 対話と内容に関する質問を聞いて，質問の答えとして適切なものを，ア〜エから1つ選び，記号で答えなさい。

[TRACK 27] 〈北海道・改〉

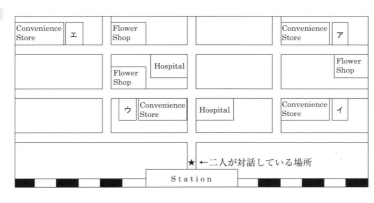

〔　　　〕

2 対話と内容に関する質問を聞いて，質問の答えとして適切なものを，A〜Dから1つ選び，記号で答えなさい。

[TRACK 28] 〈埼玉県・改〉

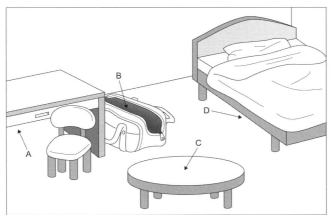

〔　　　〕

3 対話と内容に関する質問を聞いて，質問の答えとして適切なものを，ア〜エから1つ選び，記号で答えなさい。

[TRACK 29] 〈兵庫県・改〉

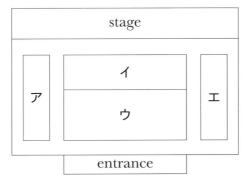

〔　　　〕

4 リンダとヒロトの対話と内容に関する質問を聞いて，質問の答えとして適切なものを，それぞれア～エから1つ選び，記号で答えなさい。

[TRACK 30] 〈静岡県・改〉

(1)

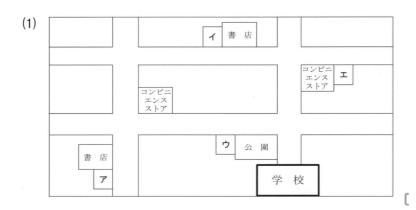

[　　]

(2)

7月						
日	月	火	水	木	金	土
				1	2	3
4	5	6	7	8	9	10
11	12 ア	13	14	15	16 イ	17
18	19	20 ウ	21	22	23 エ	24
25	26	27	28	29	30	31

[　　]

5 あるハンバーガーショップのラジオコマーシャルを聞いて，その内容についての質問の答えとして適切なものを，ア～エから1つ選び，記号で答えなさい。

[TRACK 31] 〈宮崎県・改〉

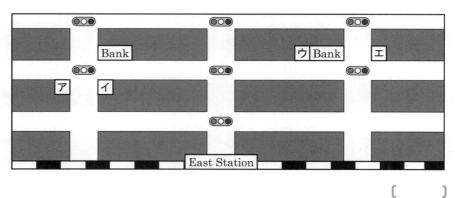

[　　]

実戦模試

1 思考力問題演習①

＊①は音声を聞いて答える問題です。対話と質問は，それぞれ2回放送されます。

1 対話と内容に関する質問を聞いて，下の英文がそれぞれの質問の答えとなるように，（　　）に入る適切な3語を書きなさい。 [TRACK 32]

(1) Because her mother and father was going to (　　　　　　) in Japan.

(2) They (　　　　　　) language school.

(3) He has played it (　　　　　　).

(4) He hopes that Jane will enjoy (　　　　　　) next Sunday morning.

(5) They are (　　　　　　) in the school library.

(1) _____ (2) _____

(3) _____ (4) _____

(5) _____

2 次の文の（　　）に入る適切なものを，下のア～エからそれぞれ1つずつ選び，記号で答えなさい。

(1) A: Would you like some tea?

B: (　　　　　　) I'm not thirsty.

ア　Yes, please. 　　　イ　No, thank you.

ウ　You're welcome. 　エ　Help yourself. 　〔　　　〕

(2) A: I have had a headache since this morning.

B: (　　　　　　) You should go to bed early today.

ア　You're right. 　　　イ　Not so much.

ウ　I don't think so. 　エ　That's too bad. 　〔　　　〕

(3) A: I like this T-shirt, but it's too large for me. (　　　　　　)

B: Of course. Just a minute.

ア　Do you have a smaller one? 　イ　Do you like this color?

ウ　How much is it? 　　　　　　エ　Can I try it? 　〔　　　〕

(4) A: I have something to ask you about our report.

B: Sorry. I have to leave now. (　　　　　　)

A: Oh, OK.

ア　May I answer it now?

イ　Shall I read it for you?

ウ　Could you call me this evening?

エ　What's the matter? 　〔　　　〕

3 次の文の（　　）内の語を並べかえて，文を完成させなさい。

(1) Our (has / arrived / yet / train / not).

Our _____ .

(2) Is (get / difficult / you / it / up / for / to) early?

Is _____ early?

(3) I (who / this / during / remember / picture / took) the trip.

I _____ the trip.

(4) I'll (about / yesterday / book / read / talk / I / the) in the English class.

I'll _____ in the English class.

4 次の対話の下線部の日本語を〈　　〉内の語数の英語に直して書きなさい。

Aya:　Oh, you are reading a book about Japanese food.

Peter:　Yes. I'm interested in it now. I like miso soup, and I eat it every morning.

Aya:　Really?

Peter:　Yes. (1)私の日本人の友達がそれの作りかたを私に教えてくれました。〈9語〉 Now I want to try some other recipes.

Aya:　I see. (2)私は日本料理がたくさんの国で食べられていると聞いています。〈9語〉

Peter:　That's right. In Australia, my country, there are a lot of Japanese restaurants.

(1) _____

(2) _____

5 次の英文を読んであとの各問いに答えなさい。

　Akira is thirteen years old. In June this year, he learned about *volunteer activities from his teacher, and he became interested in them. So he joined two activities during his summer vacation.

In July, Akira cleaned the river with the members of the volunteer club of his city. He was very surprised to see a lot of *garbage in the river. He *picked up cans, bottles, and so on. He also found a desk and some bikes! After they worked hard for two hours, the river became clean. He thought, "The volunteer activity that is difficult to do by myself becomes easier if many people work together." The volunteer work made him tired, but he enjoyed working with other people and talking with them during the work. 　ア

In August, Akira went to a *nursing home near his school with some friends who were also interested in doing volunteer activities. When they got there, the people ⓐ (work) there showed them around the home and explained their work.

First Akira and his friends *folded the laundry in the morning. After the work, Akira and his friends sang some old songs with the old people and talked with them. Akira talked about his school, his family, and his dream. He enjoyed doing that and listening to old people's stories. When he said to an old woman, "I like studying science very much. I want to be a scientist. I want to make a lot of useful robots for people," she looked very happy. She said, "I'm very happy to hear that because I was a science teacher before. I want more students to like science. I think you will be a good scientist."
　イ

During the volunteer activities, Akira worked with other people and saw other people's happy faces. Through the activities, he found that ⓑ those things are very important for our lives. He also thought, "Do many students at my school do some volunteer activities?" and he *conducted a questionnaire. 　ウ

At Akira's school, 35% of students answered, "I'm interested in volunteer activities, but I have never joined any volunteer activities." And there are more students who answered, "I'm not interested in volunteer activities, and I have never joined any volunteer activities." Only 15% of students have joined volunteer activities. 　エ

When Akira saw the *results, he decided to tell students at his school about his experience. In the English class next week, he is going to make a speech about it and tell what he has got through the volunteer activities. He wants a lot of students to join volunteer activities.

（注）　volunteer activities　ボランティア活動　　garbage　ごみ
　　　　pick up ～　～を拾う　　nursing home　福祉施設
　　　　fold the laundry　洗たく物をたたむ
　　　　conduct a questionnaire　アンケートをとる　　result　結果

(1)　次の英文を本文中に入れる場所として適切なものを　ア　～　エ　から１つ選び，記号で答えなさい。

　　　He was glad to hear her words.　　　　　　　　　　　〔　　　　〕

(2)　下線部ⓐの（　　）内の語を適切な形に直しなさい。　＿＿＿＿＿＿

(3)　下線部ⓑの指すものを日本語で２つ書きなさい。（両方できて得点）

　　　＿＿＿＿＿＿＿＿＿＿＿と＿＿＿＿＿＿＿＿＿＿＿

(4)　明(Akira)がとったアンケートの結果として適切なものを次のア～エから１つ選び，記号で答えなさい。

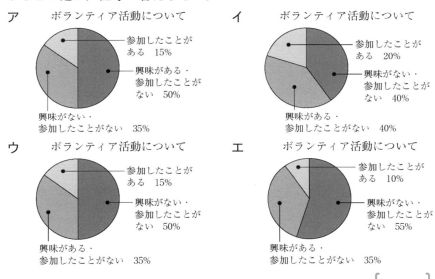

　　ア　ボランティア活動について
　　　　参加したことがある　15%
　　　　興味がある・参加したことがない　50%
　　　　興味がない・参加したことがない　35%

　　イ　ボランティア活動について
　　　　参加したことがある　20%
　　　　興味がない・参加したことがない　40%
　　　　興味がある・参加したことがない　40%

　　ウ　ボランティア活動について
　　　　参加したことがある　15%
　　　　興味がない・参加したことがない　50%
　　　　興味がある・参加したことがない　35%

　　エ　ボランティア活動について
　　　　参加したことがある　10%
　　　　興味がない・参加したことがない　55%
　　　　興味がある・参加したことがない　35%

　　　　　　　　　　　　　　　　　　　　　　　　　　　　〔　　　　〕

(5)　本文の内容に合うものを，次のア～オから２つ選び，記号で答えなさい。

　　ア　It took two hours to make the river clean when Akira joined the activity.

　　イ　Akira and his friends folded the laundry after singing with old people.

　　ウ　Akira's dream is to become a teacher and teach science to students.

　　エ　The old woman asked Akira about useful robots, so he talked about them.

　　オ　Akira is going to make a speech about his experience next week.

　　　　　　　　　　　　　　　　　　　　　　〔　　　　〕〔　　　　〕

思考力問題演習②

＊①は音声を聞いて答える問題です。対話と質問は，それぞれ2回放送されます。

1 あるＡＬＴの自己紹介の英文と内容に関する質問を聞いて，下の英文がそれぞれの質問の答えとなるように，（　　）に入る適切な3語を書きなさい。

[TRACK 33]

(1) She has lived there (　　　　　　　).

(2) Because (　　　　　　　) year in her town in Australia.

(3) She started playing it when she was (　　　　　　　).

(4) She showed Alice (　　　　　　　).

(5) She wants to try (　　　　　　　).

(1) _____ (2) _____

(3) _____ (4) _____

(5) _____

2 次の文の ［　　　　　　　　］ に入る適切なものを，下のア～オからそれぞれ1つずつ選び，記号で答えなさい。

Ann: Yesterday my sister in London sent me some pictures by e-mail.

Ryo: Wow! ［　(1)　］

Ann: Sure. Here you are. Look! This is my house in London.

Ryo: I see two girls in front of your house. ［　(2)　］

Ann: Yes. This is Jane, and this is Sarah.

Ryo: How old are they?

Ann: Jane is seventeen, and Sarah is eleven. You have a sister, too.

Ryo: ［　(3)　］ Well, Sarah is holding a dog in her arms.

Ann: He's our dog. His name is Taro. He is a Japanese dog!

Ryo: Really? ［　(4)　］

Ann: Yes, we do. I sometimes see people walking with their Japanese dogs in the park near here. Then, I ask them, "［　(5)　］"

Ryo: I see.

ア　Are they your sisters?

イ　Do you and your sisters like Japanese dogs?

ウ　Can I take a picture of your dog?

エ　Can you show them to me?

オ　Yes, she is as old as Jane.

(1)〔　　　〕 (2)〔　　　〕 (3)〔　　　〕 (4)〔　　　〕 (5)〔　　　〕

3 次の案内の内容に合うように，英文の（　　）に入る１語を書きなさい。ただし，それぞれ（　　）内に示された文字で書き始めるものとする。

> もみじ図書館について
> ・貸し出し冊数　10 冊　　・貸し出し期間　２週間
> ・パソコンで本の検索ができます（２階にパソコン３台あり）。
> ・館内での飲食は禁止です。

　You can (1)(b　　) ten books from the library. You can keep them for two weeks. On the (2)(s　　) floor, there are three computers. You can use them to look for books. You (3)(m　　) not eat or drink in the library.

(1)　_____　(2)　_____　(3)　_____

実戦
模試

2

思考力問題演習②

4 次の文の（　　）内の語を並べかえて，文を完成させなさい。

(1) I (a / began / cake / brother / my / making / for) at noon.

I _____ at noon.

(2) How (been / city / have / the / often / to / you)?

How _____ ?

(3) He (next / what / do / forgot / to).

He _____ .

(4) What (so / made / girl / news / happy / the)?

What _____ ?

5 次の対話の下線部の日本語を〈　　〉内の語数の英語に直して書きなさい。

Nick: We will have a party at Susan's house tomorrow.

Kumi: Yes. (1) あなたは誰がそのパーティーに来るか知っていますか。
　　　　〈９語〉

Nick: Yes. Judy, Tom, Sally, Jim, and Mike.

Kumi: Mike?

Nick: Yes. (2) 彼は私たちが今朝，学校に行く途中で見かけた男の子です。
　　　　〈13 語〉 He moved to this town last week.

Kumi: Oh, I see.

(1) _____

(2) _____

6 次の英文を読んであとの各問いに答えなさい。

Shun: Hello, Ms. Gray. Our school's *marathon race will come soon.

Ms. Gray: Oh, I've heard about it. It will be held next week. Is that right?

Shun: Yes. On October 15. Are you interested in it?

Ms. Gray: Yes, I am. When I was in America, I ran many marathon races. Running is one of the things I like to do. I run for about two kilometers every morning. Every weekend, I run ten kilometers.

Shun: Ten kilometers? That's great!

Ms. Gray: Do you like running, too, Shun?

Shun: Yes. I'm on the baseball team, and I run to school with my teammate Jun every morning. It's our *training. But I'm not a fast runner.

Ms. Gray: Oh, you don't have to care about it. I'll tell you the thing that is more important for you. It is to finish running.

Shun: Oh, yes. ⓐ You are right.

Ms. Gray: And you will become a fast runner by practicing running.

Shun: Thank you, Ms. Gray. I'll try hard. Last year, I couldn't finish in two hours, so this year I want to ⓑ do that.

Ms. Gray: Good. How many kilometers will you run?

Shun: Fifteen kilometers. First, we will run from our school to Minami Park. After that, we will run along the river.

Ms. Gray: I see. I have run around Minami Park before, but I have never run along the river.

Shun: There are a lot of trees along the river, and we can enjoy seeing *colored leaves in this season.

Ms. Gray: I see. Will you come back to school after that?

Shun: No. We will run around Minami Stadium before coming back to school. It's a famous stadium, and a lot of sports events and music events are held there.

Ms. Gray: I have been there to see a concert. It's a nice stadium. Well, I'd like to run the marathon race, too.

Shun: Really? Many students will be glad to know they can run with you. We will start at nine o'clock in the morning.

Ms. Gray: OK. I hear it will be sunny or cloudy next week. What will happen if it rains?

Shun: The marathon race will be held next month.

Ms. Gray: All right. Let's enjoy running!

（注） marathon race　マラソン大会　　training　トレーニング
colored leaves　紅葉

(1)　下線部ⓐが表す内容を次のア〜エから１つ選び，記号で答えなさい。

ア　Running fast is more important than finishing running.

イ　It's important to practice running with friends.

ウ　Finishing running is more important than running fast.

エ　If people run fast, they don't have to finish running.

〔　　　〕

(2)　下線部ⓑの指す内容を日本語で書きなさい。

_____

(3)　次の英文は，マラソン大会のあとに俊(Shun)が書いた英語の日記である。本文の内容に合うように，（　　）に入る１語を書きなさい。

Today I ran fifteen kilometers. It took one hour and forty-five minutes. I ran （　①　） than last year, so I was very happy. It was hard for me, but I remembered Ms. Gray's （　②　） and said to myself, "Enjoy running!" Then, I felt better and enjoyed seeing beautiful colored leaves and nice buildings. She said that she runs ten kilometers every （　③　）. I want to become a fast runner, so I'd like to do that, too.

---

①　_____　②　_____　③　_____

監修：栄光ゼミナール（えいこうゼミナール）

首都圏を中心に、北海道・宮城県・京都府など約300校を展開する大手進学塾。

「受験は戦略だ。」をコンセプトに、少人数クラスで生徒の学ぶ意欲を引き出し、生徒が自ら学ぶ姿勢を育てる。また、豊富なデータや経験を活かした効果的な指導で、志望校合格へ導く。

高校入試対策では、地域の出題傾向に沿った指導に定評がある。2020年の高校入試合格総数は 12,000名超。各都道府県のトップ校の合格者を多数輩出し、高い合格率をほこる。

志望校合格のため、部活動や習い事との両立、家庭学習の取り組み姿勢、併願校の選定など入試当日までの学習計画立案、定期テストや内申対策など、高校受験を勝ち抜くために必要なサポートをトータルで行っている。

編集協力：株式会社カルチャー・プロ
校正　　：株式会社鷗来堂
組版　　：株式会社ニッタプリントサービス
図版　　：株式会社アート工房、全国盲導犬施設連合会
音声　　：一般財団法人英語教育協議会、Chris Koprowski、Jennifer Okano、
　　　　　桑島 三幸

※本書の解説は、都道府県教育委員会から提供等を受けた問題・解答などをもとに作成した、本書独自のものです。

※本書に掲載されている解答は、都道府県教育委員会から提供等を受けた問題・解答に記載されたものではなく、本書独自のものである場合があります。

※リスニング問題における放送音声は、都道府県教育委員会から提供等を受けた原稿をもとに、KADOKAWAにて収録・編集したものです。

※一部の問題の図版や写真は、元の問題から差し替えている場合がありますが、問題の主旨を変更するものではありません。

※埼玉県の入試問題は、平成31年度、30年度、29年度のものを掲載しています。

おんせい　　　　　　つき　　こうこうにゅうし たいさくもんだいしゅう
音声ダウンロード付　高校入試対策問題集

ごうかく　　　　さいたんかんせい　　えいご
合格への最短完成　英語

2020年7月31日　初版発行
2024年9月5日　5版発行

えいこう
監修／栄光ゼミナール

発行者／山下 直久

発行／株式会社KADOKAWA
〒102-8177　東京都千代田区富士見2-13-3
電話 0570-002-301(ナビダイヤル)

印刷所／TOPPANクロレ株式会社

音声ダウンロード付

☑ 高校入試

対策

問題集

英語
ENGLISH

合格への最短完成

解答・解説

この別冊を取り外すときは,
本体からていねいに引き抜いてください。
なお, この別冊抜き取りの際に損傷が生じた場合の
お取り替えはお控えください。

1 未来・進行形

問題→P7

1 (1) ア (2) エ (3) ウ

解説

(1) 文末の now から，現在進行形を選び，**A** が探しているトムが外でサッカーをしていることを表す文にする。

> **訳** A：今，トムの助けが必要だ。トムはここかい？
> B：いや，彼はいないよ。
> A：わかった。彼を見かけたら教えてね。
> B：待って！ 外を見て。今，トムと友人らがサッカーをしているよ。

(2) 直後の文「見つからないんだよ」から，**何かを探しているという状況**と，**見つけられないのは代名詞 it で表せる「もの」**であると考える。look for 〜で「〜を探す」という意味。

> **訳** 母：どうしたの？
> トム：うーん，ぼくの辞書を探しているんだ。見つからないんだよ。見た？
> 母：いいえ。見ていないわ。いつそれを使ったの？
> トム：この部屋で英語を勉強したときに使ったんだ。

(3) **B** は will を使ってテレビでチェックした内容を伝えているので，**A** は未来のことをたずねたと考える。「校外学習がある」という発言から，アの「あなたは何になりたいの？」は文の流れに合わない。

> **訳** 〔放課後〕
> A：今週の金曜日には校外学習があるね。天気はどうだろう？
> B：テレビでチェックしたよ。会津は晴れみたいだよ。

2 (1) will be held next
(2) take my sister to the library before

解説

(1) 文末の Sunday には next がつながる。助動詞 will には動詞の原形 be が続く。また，held は過去分詞と考え，受け身の形〈be + 過去分詞〉を作ると考える。

> **訳** 彼の誕生日パーティーは来週の日曜日に開かれます。

(2) I'll（I will）の直後に続けるのは動詞の原形

take である。また，文末の dinner とつながるのは，時を表す前置詞 before「〜の前に」である。動詞 take と，残った語句 my sister（人）と the library（場所）から，〈take +（人）+ to 〜〉「（人）を〜に連れていく」の文にすると考えることができる。

> **訳** サリー：ダイスケ，今日の放課後は何か予定があるの？
> ダイスケ：うん。夕食前に妹を図書館に連れていくつもりなんだ。

3 riding

解説

A が「男の子は今，何をしているのですか」と現在の動作についてたずねているので，**B** は現在進行形〈am / is / are + 〜 ing〉を使って「彼は自転車に乗っています」と答えるべきだと考える。

> **訳** A：男の子は今，何をしているのですか。
> B：彼は自転車に乗っています。

4 A What are you going to do in Canada (?) /
What will you do in Canada (?)
B Why are you interested in science (?) /
Why do you want to be a scientist (?)

解説

A 質問の直後，ブラウン先生は am going to 〜を使って，未来にすることを伝えているので，**A** には will または〈am / is / are + going to 〜〉を使って「あなたは何をするつもりですか」とたずねる文を入れるべきだとわかる。また，カナダに帰国するという状況から，日本ではなく，帰国後のカナダでのことなので，文末に in Canada を入れるとよりよい。

B ブラウン先生が，空欄の直前で科学の勉強をすることや科学者になりたいという気持ちを伝え，空欄の直後で Because 〜 . と理由を答えていることから，**疑問詞 Why を使って，科学に興味を持っている理由や将来科学者になりたい理由をたずねる**と考える。疑問詞 Why のあと

には疑問文を続ける。

PART 1 文法 2 助動詞

問題→P10

1
(1) ア　　(2) ア

解説

(1) **助動詞 must には動詞の原形が続く。**〈must
＋動詞の原形〉で「～しなければならない」と
いう義務を表す。

訳 私は今日，たくさんの宿題をしなければなりませ
　ん。

(2) **助動詞 may には動詞の原形が続く。**〈may
＋動詞の原形〉で「～するかもしれない」とい
う推量を表す。

訳 彼は今日，ここを出発するかもしれない。

2
① オ　　② ア

解説

　主語 You に続く動詞として考えられるものは，
don't know， または don't have to know だが，
don't know の目的語として difficult words を置
くと，have to が残ってしまう。よって，動詞と
して don't have to know「知っている必要はない」
を作り，そのあとに目的語 difficult words を続け

ると考える。

訳 A:私にこの英語の本が読めると思う？
　B:うん，読めると思うよ。難しい単語を知ってい
　　る必要はないんだ。物語の概要を理解しようと
　　してみて。

3
(1) イ　　(2) ウ　　(3) エ　　(4) イ

解説

(1)　**A** が筆箱を忘れてしまったことを伝えたあ
と，**B** は「僕の鉛筆を使っていいよ」と言って
いるので，**イ**「心配しなくていいよ」を選ぶの
が適切。don't have to ～「～する必要がない」，
must not ～「～してはいけない」，must〔have
to〕～「～しなければならない」という助動詞
の意味をおさえておこう。

訳 A:筆箱を持ってくるのを忘れちゃったよ。
　B:心配しなくていいよ。僕の鉛筆を使っていいよ。

(2)　空欄のボブの発言のあと，アキラは「ありが
とう。それを聞いてうれしいよ」と言っている
ので，アキラを手伝わない**イ・エ**を入れるのは
不自然。**ア**も**ウ**も Can を使った会話表現だが，
**Can you ～ ? は「～してくれませんか」，Can
I ～ ? は「～してもいいですか」という申し出・
許可を求める表現である。ア**を選ぶと，「あな
た（＝アキラ）は僕（＝ボブ）を手伝ってくれます
か」とたずねることになるので，不自然である。

訳 ボブ：　アキラ，何をしているの？
　アキラ:アメリカに住んでいる友達にメールを書
　　　　　いているんだけど，英語でそうするのは
　　　　　難しいんだ。
　ボブ：　手伝おうか？
　アキラ:ありがとう。それを聞いてうれしいよ。

(3)　**A** の Would you like to come?「（一緒に）来
ない？」という誘いに対して答えていることと，
空欄後に **A** が「次には一緒に来てくれたらい
いな」と伝えていることから，**B** は誘いを断っ
たと考え，**エ**を選ぶ。

訳 A:来週の日曜日，家族と野球の試合を見る予定な
　　んだ。でも僕の姉〔妹〕はいそがしくて行けな
　　いんだ。君は来ない？
　B:野球観戦は好きだけど，その日は家族を手伝わ
　　なきゃいけないんだ。
　A:わかった。次は一緒に来てくれたらいいな。

(4)　**最初のやりとりから，アキオがトムと話すた
めにかけた電話でのやりとりだととらえる。ト**

3

ムの母親にトムが不在だと告げられたアキオの発言として正しいのは，**イ**「また彼に電話してもいいですか」である。**ア**は Shall I ～?「～しましょうか」，**イ**と**エ**は Can〔May〕I ～?「～してもいいですか」，**ウ**は Will you ～?「～してくれますか」を用いた表現。**ア**と**ウ**は混同しやすいが，take a message は伝言を受ける側，give（人）a message は伝言を残す側の表現である。

> **訳** アキオ：もしもし，アキオです。トムとお話しさせてもらえますか。
> トムの母：ごめんなさい，彼は今外出中なの。
> アキオ：わかりました。また彼に電話してもいいですか？
> トムの母：もちろんよ。

4   1 エ 2 イ 3 ア 4 ウ

解説

　発言が予想できるところから考える。**3**の直後で帰る時間を告げているので，**3**には帰ってくる時をたずねている**ア**が入る。帰りについての話が続く**4**には，「遅くなるならば～」と言っている**ウ**が入る。よって，**1**・**2**には誰と映画を見に行くかをたずねる文**エ**と，それに対する答え**イ**を入れるのが適切。

> **訳** A：明日，映画を見に行ってもいい？
> B：誰があなたと一緒に行くの？
> A：友達だよ。エリカとハリー。
> B：そうなのね。いつ帰ってくるの？
> A：わからない。多分，6時くらい。
> B：わかったわ。でも遅くなるなら，私に電話するべきよ。

5   エ→イ→ア→カ→オ→ウ

解説

　語群直後の of life は，a new way と組み合わせて a new way of life「新しい生活の方法」という意味になる。残った have to find ～「～を見つけなければならない」を動詞にする。

> **訳** 日本は多くの食べ物を無駄にしています。その主な理由の1つは，家庭からの食品の無駄です。僕たちは買いすぎたり，以前に買った食品のことを忘れたりして，しばしば買った食品をすべて食べきることができないときがあります。僕たちは新しい生活の方法を見つけなければなりません。僕

としては，本当に必要とする食品だけを買うつもりです。あなたの国でも同じ問題がありますか。

3 不定詞・動名詞

問題→P13

1   (1) ウ   (2) ア

解説

(1) is の前までが文の主語となる文であることに注意する。動名詞 Learning「学ぶこと」を選び，動名詞を含む語句を主語にした文にする。

> **訳** 外国の文化について学ぶことはおもしろいです。

(2) by は前置詞で，名詞，代名詞，動名詞の前につく語である。動名詞 talking「話すこと」を選ぶ。by ～ ing「～することによって」をおさえておこう。

> **訳** 私たちはたくさんの人々と話すことによって新しい考えを得ることができます。

2

(1) What country do you want to visit
(2) difficult for me to talk in front
(3) asked me to go shopping
(4) may be too big to go

解説

(1) Bの答えの文から，**次はどこに行きたいかたずねる疑問文が入る**と考えることができる。want to ～「～したい」は目的語の働きをする不定詞の名詞的用法を使った表現である。

> **訳** A：君はたくさんの国々を訪れたことがあるんだね。次はどの国を訪れたいの？
> B：イタリアに行きたいんだ。

(2) 主語と動詞が it's であることと，語群に形容詞 difficult や for, to があることから，〈It is …（for ＋人）＋ to ～.〉「（人が）～することは…だ」の文にすると考えることができる。ここでの It は仮の主語なので「それは」と日本語に訳さない。**不定詞や動名詞を主語にした文でも同じ内容を表すことができるが，英語では主語が長くなりすぎるのをさける傾向があり，〈It is …（for ＋人）＋ to ～.〉の文を使うのが好まれる**。また，in front of ～は「～の前で」という意味の語句である。

訳 ジャック：あなたは今日の午後に英語の授業でスピーチをすることになっていますね。準備はできていますか？
ミワ：はい、でもたくさんの人々の前で話すことは私には大変なことなので、不安です。
ジャック：心配しないで。あなたならできますよ。

(3) 動詞の過去形 asked と代名詞の目的格 me, to があることに注目する。go は動詞の原形であるため、これが to と結びつく。〈ask ＋ 人 ＋ to 〜〉「(人)に〜してくれるように頼む」という不定詞をふくむ表現を使った文を完成させる。

訳 A：明日のあなたの予定は？
B：姉〔妹〕に一緒に買い物に行ってくれるよう頼まれてるんだ。
A：楽しそうだね！　どこに行くつもりなの？

(4) to と too があることに注目する。また、A の質問と B の発言中の but から、too … to 〜「〜するには…すぎる」という不定詞をふくむ表現を使った文を完成させる。

訳 A：私と一緒にこの机をとなりの部屋に運んでくれますか？
B：いいですが、それはドアを通り抜けるには大きすぎるかもしれません。

3
(1) to meet　　**(2)** イ
(3) Because she wants to make people's lives in developing countries better.

解説
(1) 直前に感情を表す形容詞 glad「うれしい」があるので、不定詞を使って感情の原因を表せる。be glad to 〜「〜してうれしい」。副詞的用法の不定詞である。
(2) 直前の、「冬の間に客が減ってしまい、店を閉じなければならなくなった」ということから消去法で考える。エは適切なように見えるが、直後の but とつながらない。
(3) 質問文は、「ニナはなぜ適正な価格で発展途上国からのたくさんの種類の食べ物を売りたいと思っているのですか」である。want to 〜「〜したい」は不定詞の名詞的用法を使った表現。3 段落目のニナの発言参照。

訳 私にはニナというおばがいます。私はこの前の夏に彼女から手紙を受け取りました。手紙にはおばがコーヒー店を開くと書いてありました。私はそこを訪れるのを楽しみに待ちました。
空港で、おばに会えてとてもうれしく思いました。私たちがおばの家に行く前に、ニナは私を自分の店へ連れて行きましたが、お店は閉まっていました。おばは私に微笑んで、「夏にたくさんのお客さんがコーヒーを飲むのを楽しみに来てくれたけれど、お客さんの数は冬の間に減ったの。それで今、店を閉めなければならないのよ。現実がこたえるけど、次の夏にまた自分の店を開くわ」と言いました。
滞在の最終日、おばは私に自分の夢について話しました。彼女はチョコレートやコーヒー豆といったたくさんの種類の食べ物を発展途上国から買いたいと思っています。彼女はまたそれらを適正な価格で売りたいとも思っています。おばは私に、「発展途上国の人々の生活をよりよくすることが私の夢なのよ」と言いました。次の夏、私はニナの仕事を手伝いたいと思います。

PART 1 文法　**4 受け身（受動態）**

問題→P16

1　3

解説
主語が That house with large windows「大きな窓がついているあの家」（単数）で、ten years ago（過去のこと）なので、be動詞として was を選ぶのが適切。windows につられて主語を複数と考えないように注意する。

訳 大きな窓がついているあの家は 10 年前に建てられました。

2　エ→ア→ウ→オ→イ

解説
文末の country に注目し、in your country「あなたの国で」という語句を作る。さらに、be動詞 is と過去分詞 spoken を組み合わせ、「話される」という受け身の動詞を作る。残った language は疑問詞 what に続け、「どんな言語」という意味の疑問詞にする。

訳 A：あなたの国ではどんな言語が話されていますか？
B：英語とフランス語です。

B:大阪城です。豊臣秀吉によって建てられました。

3 　is loved by many

解説

　動詞部分の「愛されています」は受け身の表現〈be 動詞＋過去分詞〉で表すので，is loved（love の過去分詞）になる。「多くの人に（よって）」は，前置詞 by を使って by many people と表す。

4 　(1)　are made from oil
　　(2)　students are not allowed to

解説

(1)　know のあとに〈（that ＋）主語＋動詞〉を置いた，「あなたは〜が…する〔である〕ことを知っていましたか」という文なので，省略された that に続く主語が these plastic bottles，続く動詞が複数主語を受けた be 動詞 are ＋ made だと考える。〈be made from 〜〉「〜（原料）から作られる」をおさえておこう。

> 訳　A:あなたはこれらのペットボトルが石油から作られると知っていたの？
> 　　B:うん，僕たちは理科の授業でそれを勉強したんだ。

(2)　〈say that ＋主語＋動詞〉「〜が…する〔である〕と言う」という表現を使っていて，that に続く主語にすることができるのは，students である。それに続く動詞として，受け身の否定文〈be 動詞＋ not ＋過去分詞〉を使って are not allowed を作る。残った to は語群の直後にある動詞の原形 enter とつながり，to 不定詞を作る。

> 訳　A:そのドアにはなんて書いてあるの？
> 　　B:生徒はここから入ってはいけませんって書いてあるよ。

5 　built

解説

　by Toyotomi Hideyoshi「豊臣秀吉によって」と，空欄の直前の was から，受け身〈be 動詞＋過去分詞〉を使って「それは豊臣秀吉によって建てられた」という意味の文にすると予想する。build「建てる」の過去分詞は built である。

> 訳　A:この城はとても美しいね。

6 　①　is, favorite　　②　made of

解説

①　下線部の直前で，ジャックが「日本食が好きだ」と言っていることと，下線部で美穂が what「何」と Japanese food「日本食」，f で始まる単語を使ってたずねていることから，favorite を使って「あなたのお気に入りの日本食は何ですか」という意味の文にすると考える。

②　下線部の直前で美穂はそれ（＝ジャックのお気に入りの日本食）の作り方をたずねているので，下線部では作り方を答えていると考える。主語が It「それは」で，be 動詞 is が使われているので，動詞は「作られる」という受け身〈be 動詞＋過去分詞〉を用いて表すとわかる。〈be 動詞＋ made of 〜〉「〜（材料）で作られる」という表現を覚えておこう。

> 訳　美穂：　こんにちは，ジャック。日本での生活はどう？
> 　　ジャック:こんにちは，美穂，問題ないよ。日本の人々はとても親切だし，日本食も気に入ってる。
> 　　美穂：　何があなたのお気に入りの日本食なの？
> 　　ジャック:ええとね，実は，大好きなものがあるんだ。
> 　　美穂：　あら，そうなの？　それについて教えて。
> 　　ジャック:それが何か当ててみてくれる？　それは日本と韓国でとても人気があると思う。
> 　　美穂：　日本と韓国で？　わかった，当ててみるわ。どうやってそれを作るの？
> 　　ジャック:ごはんと海苔で作られるんだ。ごはんの中にいろんな種類の食べ物を入れて，海苔で巻くんだ。
> 　　美穂：　あっ，答えがわかったわ！　海苔巻きでしょう？
> 　　ジャック:そのとおり！

5 現在完了

問題→P19

1 been

解説

　直前に has があることと，文末に for a long time「長い間」という期間を表す語句があることから，現在完了〈have〔has〕＋過去分詞〉を用いた継続を表す文だとわかる。be の過去分詞 been に形を変える。

> **訳** **A**：この歌は日本で長い間有名です。
> **B**：はい，おじいちゃんがときどきそれを聴きます。

2 (1) have been friends since
　　(2) members have not come

解説

(1) 語群のあとの we were children は接続詞 since と組み合わせ，「私たちが子どもだったときから」と表す。残った have been が現在完了〈have〔has〕＋過去分詞〉を用いた動詞，friends が補語になる。

> **訳** 私たちは子どものときから友達同士です。

(2) 主語は〈Some of ＋名詞〉「～のいくつか」を用いて，Some of the members となる。否定を表す not と語群のあとの yet から，現在完了〈have〔has〕＋過去分詞〉の否定文を使って「まだ～していない」と表すと考え，have not come という動詞のかたまりをつくる。**ここでの come は原形ではなく，過去分詞。**

> **訳** もう会議が始まる時間なのに，メンバーの何人かはまだ来ていません。

3 イ

解説

　辞書が見つけられないという会話の状況から，イ「それ（＝辞書）をなくしてしまったの？」が適切。他の選択肢は文脈に合わない。

> **訳** **A**：僕の辞書を見た？
> **B**：いいえ，見なかったわ。なくしちゃったの？
> **A**：そう。部屋では見つからなかった。

4 How long have

解説

　リサは for five hours を使って，その場所にいる時間の長さを答えているので，ハナエは How long を使ってたずねていると考える。さらに，been here と過去分詞を使った語句が続いていることから，現在完了〈have〔has〕＋過去分詞〉を使った疑問文を How long に続ければよいとわかる。

> **訳** **リサ**：あら，ハナエ。今朝，あなたの妹をここで見たわ。
> **ハナエ**：本当？　あなたはどのくらいの間ここにいるの？
> **リサ**：5時間ここにいるわ。私はたいてい自由な時間を図書館で過ごすのよ。

5 seen

解説

　直前に haven't があることと，文末に for a few days「数日間」と期間を表す語句があることから，現在完了〈have〔has〕＋過去分詞〉を用いた継続を表す疑問文だとわかる。see の過去分詞 seen に形を変える。

> **訳** **ボブ**：おはよう，サキ。数日間君を見かけなかったよ。
> **サキ**：おはよう，ボブ。セミナーに参加していたのよ。

6 名詞・代名詞／形容詞・副詞

問題→P22

1
(1) nose　(2) both　(3) century

解説

(1) においをかぐときの顔の部分は，鼻（nose）。

> 訳　先生：顔のどの部分がにおいをかぐときに使われる？　それを言える？
> 生徒：わかりました！　鼻です。

(2) コーヒーかお茶かを選ぶのが難しいと言っていることから，コーヒーとお茶の両方が好きだと考える。both A and B「AとBの両方」をおさえておこう。

> 訳　男性：コーヒーかお茶のどちらを飲みたい？
> 女性：あぁ，コーヒーもお茶もどちらも好きだから，選ぶのは難しいわ。

(3) 序数を使った20thに注目し，centuryを当てはめると「20世紀（1901～2000年）に」という意味になり，ヒロシの答え「1964年に」とも合う。

> 訳　ベティ：20世紀には，いつ東京オリンピックが開催されたの？
> ヒロシ：1964年に開催されたよ。

2
(1) イ　(2) エ

解説

(1) 「彼に」を表す目的格himを当てはめる。

> 訳　A：お父さんの誕生日に何をしたらいいかな？
> B：うーん，彼に何冊か本を買ってあげるのはどう？

(2) 「私のものを使ってください」という意味になるように，所有代名詞mineを当てはめる。my～は「私の～」という意味で，直後に名詞を置く必要がある。

> 訳　A：何を探しているの？
> B：ペンを探しているんだ。
> A：もし君のペンが見つからなかったら，僕のものを使ってね。
> B：どうもありがとう。

3
again

解説

今日エミとテニスをして，来週も彼女とテニスをするので，「再び」という意味のagainが当てはまる。

> 訳　今日，私は学校で日本人の女の子とテニスをして私たちはいい友達同士になりました。彼女の名前はエミです。午後はデパートに買い物に行きました。とてもよい時間を過ごしました。来週，学校でまたテニスをする予定で，エミの友達も参加します。

4
hers

解説

「赤いほうが彼女のものです」という1文になるよう，所有代名詞hersに形を変える。

> 訳　A：どちらがナオミの新しい自転車ですか。
> B：赤いほうが彼女のものです。

5
A April　B breakfast　C red
D family

解説

A メモに日付は「4月15日」とあるので，4月を表すAprilを当てはめる。**月の名前は大文字で始める**。

B at home「家で」をもとに，メモから「家で朝食を食べてきてください」を見つけ，「朝食」を意味するbreakfastを当てはめる。

C uniforms「ユニフォーム」をもとに，メモから「赤色のユニフォーム」を見つけ，「赤色の」を意味するredを当てはめる。

D send the pictures「写真を送る」をもとに，メモから**「君の家族に送ってあげてください」**を見つけ，「家族」を意味するfamilyを当てはめる。

> 訳　差出人：ハルキ
> 宛先：　ピーター
> 日時：　2018年3月20日　18時15分
> タイトル：バスケットボールの試合
> やぁ，ピーター。調子はどう？　来月，バスケットボールの試合があるんだ。
> 日付：4月15日（日）
> 時間：午前8時～11時
> 場所：みどり体育館
> ＊家で朝食を食べてきてください。
> ＊試合中は赤色のユニフォームを着ます。
> 試合後，写真を撮るつもりです。君の家族に送ってあげてね。

7 比較

問題→P25

1
(1) イ　(2) エ

解説

(1) of the three「3 人の中で」から,「最も〜」を表す最上級を選ぶとわかる。

> **訳** ヨシオには 2 人の兄弟がいて,彼が 3 人の中で最も若いです。

(2) of all seasons「すべての季節の中で」から,最上級 best を選ぶべきだとわかる。like 〜 the best「〜が一番好き」という表現をおさえておこう。

> **訳** A:あなたは何の季節が好き?
> B:夏が好き。海で泳ぐのが大好きなんだ。君はどう?
> A:すべての季節の中で春が一番好きよ。花々が美しいもの。
> B:なるほどね。

2
(1) dogs are more popular than
(2) which do you like better

解説

(1) 比較対象を表す than 〜「〜より」と,比較級 more popular「(〜より)人気」を使って,「犬はネコよりも人気がある」という比較級の文を作る。

> **訳** A:ペットとしてネコが欲しいわ。ネコってとってもかわいいでしょう?
> B:そうだね,でも日本ではネコより犬のほうが人気だよ。
> A:それは知っているけれど,私の友達の多くは家でネコを飼っているわ。

(2) 疑問詞 which と比較級 better,一般動詞を使って,「〜と…ではどちらのほうが好きですか」という意味の文を作る。have が不要。B の返答で like が使われていることからも,have が不要だとわかる。

> **訳** A:アツシ,あなたは春と秋のどちらのほうが好き?
> B:秋のほうが好きだよ。

3
2番目:イ　　4番目:ア

解説

語群の like と文末の best から,「一番好き」という表現を使った疑問文だと考える。B の返答から,一番好きな教科をたずねていると考え,What subject「何の教科」を文頭に置き,do you like the best「一番好きですか」を続ける。

> **訳** A:あなたは何の教科が一番好きなの?
> B:理科が好きだよ。

4
Ⓐ ア　　Ⓑ ウ

解説

Ⓐ 直後の because it was safe「それ(=沸騰させたお湯)が安全だったから」より,皇帝は沸騰させたお湯を飲むことがよりよい(better)と考えていたとわかる。

Ⓑ 沸騰させたお湯に葉が落ち,飲んでみるとおいしかったというエピソードを受けた in this way「このように」に続く内容として,「最初のお茶が生まれた(was born)」が適切。

> **訳** 昔々,中国の皇帝は水には悪いものがたくさん入っていると考えていました。彼は,沸騰させたお湯は安全なので,それを飲んだほうがよいと思いました。ある日,彼は全国を旅していたときに,疲れを感じました。彼は木の下に座り,飲むための沸騰させたお湯を作りました。そのとき強い風が吹いて,いくつかの葉がその中に落ちました。葉の入った沸騰したお湯がとても良く見えたので,彼はそれを飲みました。それがおいしかったので,彼は驚きました。彼はそれをとても気に入り,そして,このようにして最初の「お茶」が生まれたのです。

8 前置詞・接続詞

問題→P28

1
(1) ア　(2) ウ

解説

(1) Repeat after me.「私の言ったことを繰り返しなさい」は，授業で先生が生徒に指示するときの表現の1つとしておさえておこう。

(2) under ～「～の下に」。

2
(1) I went to bed at one
(2) am sure your dream will come true

解説

(1) 文末の o'clock と，時刻を表す前置詞 at を使って，at one o'clock「1時ちょうどに」を作る。went to bed は go to bed「寝る」の過去形。

> 訳 A：昨夜，サッカーの試合を見た？
> B：うん。わくわくするものだったよ。1時ちょうどに寝たんだ。
> A：なるほどね。今日は眠そうに見えるわ。

(2) I am sure（that）～ .「～と確信している，きっと～する〔である〕」の～には，〈主語＋動詞～〉が入る。**動詞が助動詞 will と原形 come true「叶う」の組み合わせだと考えると，主語は your dream になると考えられる。**

> 訳 A：私の夢はお医者さんになることなの。小さな子どものときからその夢を持っているのよ。
> B：素敵だね。君は一生懸命取り組んでいるから，君の夢はきっと叶うと思うよ。

3
ア

解説

people「人々」と helping dogs「助けている犬（＝補助犬）」をつなぐ前置詞として当てはまるのは，「伴って」という意味の前置詞 with である。with helping dogs が直前の名詞 people を修飾して「補助犬を伴った人々」という意味になるように，〈前置詞＋名詞〉がその直前の名詞を修飾することもある。

> 訳 この標識を見てください。スーパーマーケットやレストランといったいくつかの場所にこれらのう

ちの1つがあります。この犬はペットではありません。これは困っている人を助ける犬です。この標識は，これらの場所が補助犬を連れた人々を歓迎することを示しています。このような考えを持つことは大切だと思います。それはみんなのために生活をよりよくする助けになります。ご静聴ありがとうございます。

4
A spring　B Tuesday　C bring
D If

解説

A メモにある「春休みに」という意味になるよう，spring を入れる。**during は「～（特定の期間）の間に」という意味の前置詞。**

B メモから日付は「4月4日 火曜日」だとわかるので，火曜日を表す Tuesday を入れる。曜日の名前は大文字で始める。

C lunch をもとに，メモから「昼食は自分で持って来てください」を見つけ，「持ってくる」を表す bring を当てはめる。

D 「もし～だったら」と条件を表す接続詞 if を当てはめる。

> 訳 お花見に参加しましょう。
> 春休みの間に，桜の花の下で一緒に昼食を食べましょう！
> 日付：4月4日（火）
> 時間：午前11時～午後2時
> 場所：みなみ公園
> ＊自身のお昼ご飯を持ってきてください。
> ＊もし雨が降ったら，昼食は公園の近くの公民館で食べます。

9 いろいろな文

問題→P31

1
(1) ウ　(2) ア　(3) エ　(4) イ

解説

(1) B は How long と take を使って，かかった時間をたずねているので，それに対する答えとして適切なウを選ぶ。〈take ＋時間〉で「～（分〔時間〕）かかる」という意味を表す。

> 訳 A：昨日，ピアノの先生の家に行ったよ。
> B：君の家からどのくらいかかったの？
> A：20分かかったわ。

(2) 直前でBは間接疑問〈疑問詞(which one(＝train))＋主語(we)＋動詞(should take)〉「私たちがどの電車に乗るべきか」がわかっているかをたずねている。それに対して，Aはどの電車かを具体的に答えていると考える。

> 訳 A：急ごう。僕たちの乗る電車はもうすぐ出発するよ。
> B：わかったわ，でも私たちがどの電車に乗るべきかわかるの？
> A：うん，それは7番線に来ているよ。
> B：なるほどね。あっ，あそこに見えるわ！

(3) Bの「どこで待ち合わせ？」に対して，Aは「駅で」と具体的に待ち合わせの場所を提案していると考える。

> 訳 A：明日僕と一緒に動物園に行かない？
> B：いいわよ。どこで待ち合わせ？
> A：駅で待ち合わせしよう。

(4) Aが「2階にありますよ」と答えていることから，Bは場所がわからないと言っていると考える。I don't know に間接疑問〈疑問詞(where)＋主語(they)＋動詞(are)〉を続けて，「それらがどこにあるのか」がわからないと言っている。

> 訳 A：いらっしゃいませ。
> B：はい。動物についての本を何冊か読みたいのですが，それらがどこにあるのかわかりません。
> A：2階にありますよ。そこまでご案内します。

---

2 イ

解説

1 直前で旅行はどうだったかをたずねられているので，感想を答える⑤が適当である。

2 ⑤の「たくさん写真を撮ったの」を受けて，⑥の「それら(＝旅行中に撮ったたくさんの写真)のうちの何枚かを見せてくれる？」が適当である。

3 ⑥の「それら(＝旅行中に撮ったたくさんの写真)の何枚かを見せて」というお願いに対して答えた⑤「それら(＝旅行中に撮ったたくさんの写真の何枚か)を一緒に見ましょう」が適当。

> 訳 A：久しぶりだね。オーストラリア旅行はどうだった？
> B：すごかったわ。訪れた市内を歩き回って，そこでたくさん写真を撮ったの。
> A：それらのうちの何枚かを見せてくれる？ そこに行ったことがないんだ。

> B：わかったわ，それらを一緒に見ましょう。あなたが私の写真を気に入ってくれるといいな。

3
(1) which train I should
(2) know what time it is
(3) is a flower shop in front
(4) how the weather will be

解説

(1) Please tell me「私に教えてください」の目的語として，間接疑問〈疑問詞＋主語＋動詞〉を使った文。疑問詞を which train と組み合わせたものにすること，そのあとに should I take という疑問文ではなく I should take と肯定文を続けることに注意しよう。

> 訳 どの電車に乗るべきなのか私に教えてください。

(2) Bが時刻を答えていることから，Do you know に続ける語句として，「今何時なのか(を)」が適切だと考える。間接疑問〈疑問詞＋主語＋動詞〉を使って，what time(疑問詞) it(主語) is(動詞)という語順で表す。

> 訳 〔公園で〕
> A：暗くなってきたね。今何時かわかる？
> B：うん。もうすぐ6時よ。

(3) 文頭の There と語群にある be 動詞 is から，〈There is〔are〕＋主語(＋場所)〉「(…に)〜がある」を使った文だと考える。主語が a flower shop，場所が in front of the station である。in front of 〜「〜の前に」をおさえておこう。

> 訳 A：お母さんの誕生日のために何か買いたいわ。
> B：駅前に花屋さんがあるよ。そこで美しい花を買えるよ。
> A：それはいい考えね。

(4) Bが天気を答えていることから，Do you know に続ける語句として，「明日の天気がどうなのか(を)」が適切だと考える。間接疑問〈疑問詞＋主語＋動詞〉を使って，how(疑問詞) the weather(主語) will be(動詞)という語順で表す。tomorrow という未来を表す語があるので，現在形の is が不要。

> 訳 A：明日の天気はどうなるか知ってる？
> B：知ってるよ。晴れて暖かくなるよ。

問題→P34

1

(1) teaches us music
(2) Watching it made me very excited
(3) bought me a cat the
(4) told us her memories

解説

(1) 〈teach + O（人）+ O（もの）〉「〜に…を教える」を使った文。O（人）が代名詞の場合は，目的格を用いる。

> 訳 A：私たちは新しい先生が好き。彼女の授業はおもしろいのよ。
> B：彼女は何の教科を教えているの？
> A：彼女は私たちに音楽を教えているの。

(2) 動詞 made と，形容詞 excited があることから，〈make + O + C〉「O を C にする」を使った文だと考え，made me very excited をつくる。それに対する主語は，残った watching it「それ（＝学校についての動画）を見ること」である。

> 訳 私の新しい学校生活が始まりました。今日，生徒会が私たちに学校についての動画を見せてくれました。それは私をとてもわくわくさせました。

(3) **語群直後の other day は the を組み合わせて，the other day「この前」という語句をつくる。** 残った語句から，〈buy + O（人）+ O（もの）〉「〜に…を買ってあげる」を使った文だと考える。bought は buy の過去形。

> 訳 A：この前，父が私にネコを買ってくれたの。
> B：いいね。

(4) who は直前の名詞 an old woman を修飾するための主格の関係代名詞だと考える。her は目的格ではなく，memories と組み合わせて使う所有格である。told（tell の過去形）と目的格 us，名詞のかたまり her memories から，〈tell + O（人）+ O（もの）〉を使った文だとわかる。

> 訳 A：修学旅行中，平和について何を学んだの？
> B：たくさんのことだよ。僕は特に，僕たちに思い出を話してくれたおばあさんを覚えているよ。

2

(1) trying
(2) always got very tired when he had to meet other people
(3) エ，カ

解説

(1) 直後に to find が続いていることから，try to 〜「〜しようとする」を使った文だと考える。さらに，前後の意味を考えても try が適切だと考える。直前の be 動詞 are を使った現在進行形〈am〔is, are〕+ 〜 ing〉と考え，try を trying に変える。

(2) **very tired when に注目すると，形容詞 very tired の前に always got を組み合わせ，接続詞 when のあとには he had と主語・動詞が続くと考えられる。** always got very tired は語群の直前にある主語 He につながる。when he had に to meet other people を続け，had to 〜「〜しなければならなかった」という表現にする。

(3) エ 第 5 段落 2 文目参照。本文中の to become stronger mentally「精神的により強くなるために」が，選択肢エでは for people who want to become stronger mentally「精神的により強くなりたい人々のために」に言いかえられている。

カ 最終段落 3 文目参照。本文中の have solved their own problems「自身の問題を解決してきた」が，選択肢カでは have made better relationships with other people「他の人々と良い関係を築いてきた」と言いかえられている。

> 訳 私たちは 1 人で生きることはできません。だから，私たちは毎日他の人々と良い関係を持つようにしています。私たちは成功するときもあれば，失敗するときもあります。これらの経験を通して，私たちは自分自身のコミュニケーションスタイルをつくるのです。
> しかし，見知らぬ人と話すことは難しいです。そして他の人々とうまくやっていくことはもっと難しいです。多くの人々が緊張し，他の人との関係について心配します。人々は「笑うべき？　何について話せばいい？　どうやって人とうまくやっていけるようになればいい？」と考えるかもしれません。
> 実は，多くの人が自分のコミュニケーション能力を心配しているようです。彼らはより良いコミュニケーション能力を身につけるための良い方法を

見つけようとしています。人と話すときにあまりに恥ずかしがってしまう人もいます。会話を楽しむのに考えすぎてしまう人もいます。だから，コミュニケーション能力についての本やテレビ番組がたくさんあります。彼らはまた，インターネットで，問題を解決する方法を教えてくれるたくさんのウェブサイトにアクセスします。

あるカナダの作家はかつて，自身の問題を抱えていました。彼は他の人と会うのが好きではなかったのです。彼は他の人々に会わなければならないときはいつも非常に疲れてしまいました。彼は自分を変えたいと思いました。

彼は賢い人だったので，おもしろいアイディアを思いつきました。彼は精神的により強くなるために，あるカードゲームをつくりました。このゲームでは，あなたは毎日カードを1枚選び，実際の生活の中でその指示に従います。たとえば，あるカードがあなたに見知らぬ人に話しかけるように指示します。またある別のカードは，あなたが人と話すときにその人の目を10秒間見るように指示します。これを30日間続けます。あなたが頻繁にゲームをすればするほど，あなたは精神的に強くなっていきます。最終的には，あなたは他の人々とより良い関係を築く用意ができるのです。あなたは自分のコミュニケーション能力と他の人々との関係について心配するかもしれませんが，それらについて心配する必要はありません。その作家はそのゲームをプレイして，自分を変えました。今，世界中の多くの人々がそのゲームを試し，自身の問題を解決してきています。あなたは過去と他の人々を変えることはできませんが，未来と自分を変えることはできます。

問題→P37

PART 1 文法 11 分詞

1

(1) イ (2) エ (3) ウ

解説

(1) 直前の名詞 mountain を「雪で覆われた」と修飾するので，「～された」を意味する過去分詞 covered を用いる。

> 訳 先週，私は雪に覆われた山に登りました。

(2) 直前の名詞 shirt を「インドでつくられた」と修飾するので，「～された」を意味する過去分詞 made を用いる。

> 訳 祖父はインドで作られたシャツを僕に送ってくれました。

(3) 直前の名詞 sister を「中国で働いている」と修飾するので，「～している」を意味する現在分詞 working を用いる。

> 訳 A：この写真の女性は誰ですか。
> B：この人が，中国で働いている私の姉です。

2

(1) sitting under the tree is
(2) the number of languages used in the world

解説

(1) the girl を sitting under the tree が後ろから修飾し，「木の下に座っている女の子」という主語をつくり，is my sister「(～は)私の妹です」を続ける。be動詞 is と現在分詞 sitting を組み合わせて The girl is sitting under the tree「その女の子は木の下に座っている」という現在進行形の文にすると，文末の my sister はつながらない。

> 訳 A：この写真を見て。木の下に座っている女の子が妹よ。
> B：わぁ，彼女はあなたに似ているね。

(2) the number of ～「～の数」を find の目的語として置く。「～」に，languages を used in the world で後ろから修飾した「世界で使われている言語」を入れると自然な文になる。**used は use の過去形・過去分詞だが，過去形だと，「誰が」使ったのかを意味する主語がないので，過去分詞だと考える。**

> 訳 A：インターネットで何を見つけようとしているの？
> B：世界で使われている言語の数を見つけようとしているの。

3

2番目：オ   4番目：ア

解説

文末 was good「～は良かったです」につながるよう，「～は」にあたる主語をつくる。by your sister「あなたのお姉さんによって」に注目し，「あなたのお姉さんによってつくられた夕食」という主語を作ると考える。dinner の後ろに修飾語句 cooked by your sister を続ける。

> 訳 A：あなたのお姉さんが作ってくれた夕食はおいしかったよ。
> B：それを聞いて彼女は喜ぶよ。

4 written

解説

直前の名詞 books を「英語で書かれた」と修飾するので,「〜された」を意味する過去分詞 written に形を変える。

> 訳 私たちの先生は,「若いとき,私は英語で書かれた本をたくさん読みました」と言いました。

5

(1) painted by

(2) （例）If you take it to the museum, you can get a special poster.
（13 語）

解説

(1) パンフレット内の「ゴッホ作の有名絵画がやって来る！」から,「あなたはゴッホによって描かれた有名な絵を見るつもりなんですね」という意味の英文にすればよいとわかる。pictures「絵画」を「ゴッホによって描かれた」と修飾するには,「〜された」を意味する過去分詞 painted と by 〜「〜によって」を組み合わせ, pictures の後ろに続ける。

(2) ②の直前で「パンフレットを持っておく必要があります」とあるので,パンフレット内の「このパンフレットを美術館に持参すると,特別なポスターがもらえます」という内容を男性に伝えるべきだとわかる。男性の発言 I want it の it は,もらえる特別なポスターを指している。

> 訳 ユイ：すみません。どうかされましたか？
> 男性：あぁ,ありがとうございます。このパンフレットを見てください。
> ユイ：あぁ,あなたはヴィンセント・ヴァン・ゴッホによって描かれた有名な絵を見るつもりなんですね！
> 男性：はい！ でも,私は日本語がわかりません。このパンフレットの中で,知っておくべきことはありますか？
> ユイ：パンフレットを持っておく必要があります。それを持って美術館に行くと,特別なポスターをもらうことができます。
> 男性：あぁ,本当ですか？ 家族へのプレゼントに欲しいです！ どうもありがとう。

問題→P40

1

(1) Is there anything I should bring

(2) which she wrote last year is

(3) the pictures I took there

(4) is the bus that goes to

(5) I haven't met the student who came

解説

(1) 助動詞 should は必ず主語と動詞の原形を伴うので,I should bring「私が持っていくべき」という語句をつくる。残った語句で Is there anything「何かありますか」をつくり,anything のあとに修飾語句として I should bring を置くと,「私が持っていくべき何か」と表すことができる。

> 訳 A：来週の土曜日に野球の試合を観戦する予定だけど,スタジアムでは見たことがないんだ。持参するべきものはある？
> B：そこはとても暑いので,水がたくさんいるよ。

(2) 動詞の過去形 wrote の主語として,語群直前の the book は不自然なので,she wrote を組み合わせる。さらに,which が the book を説明する関係代名詞だとすると,the book which she wrote last year「彼女が昨年書いた本」という主語ができ,is very popular「とても人気があります」と自然につながる。

> 訳 A：その作家はかしこいと思う。
> B：どうしてそう思うの？
> A：彼女が昨年書いた本はすべての年齢の人々に大人気だもの。

(3) These are に the pictures を続けると,「これらはその写真です」という意味になる。残った I took there を修飾語句として the pictures の後ろに置くと,「私がそこで撮った写真」と表せる。

> 訳 A：休暇を楽しんだ？
> B：うん！ 北海道に行ったんだ。これらはそこで撮った写真だよ。
> A：まぁ,きれいね！

(4) 文末の Kanazawa に注目すると, goes to Kanazawa「金沢へ行く」という語句をつくる

ことができる。**さらに，that を関係代名詞だ
と予想し，疑問詞 which から「どちらが金沢
へ行くバスですか」という文にすればよいと考
え**，Which is the bus を，関係代名詞を使った
that goes to Kanazawa で修飾する形にする。
Which bus goes to Kanazawa?「どちらのバス
が金沢に行きますか？」という文をつくると，
that と is，the が余ってしまう。

> 訳 A：何かお探しですか？
> B：はい。どれが金沢行きのバスですか？
> A：緑色のバスをご利用いただけます。
> B：ありがとうございます。

(5) 文が疑問文ではないことから，who は関係
代名詞だと予想し，先行詞を人である the
student とすると，the student who came（from
Japan）「（日本から）来た生徒」というかたまり
をつくることができる。さらに，残った I
haven't met 〜 の目的語とすると自然な文にな
る。

> 訳 フレッド：日本から来た生徒にまだ会っていない
> んだ。きみは会った？
> スーザン：うん。私は昨日廊下で彼女に会ったわ。
> 彼女はとても上手に英語を話していた
> の。

2

(1)ⓐ **February** ⓑ **hundred**
(2) **ウ→エ→イ→ア** (3) **イ**

解説

(1)ⓐ メモの開催日時をもとに，「2月23日」と
いう意味になるよう，February を入れる。
ⓑ 本文の 〜 can join this English seminar
「〜はイングリッシュ・セミナーに参加するこ
とができます」から，メモの「募集人数（参加
できる人数）」に注目し，「約100名」という意
味になるよう，hundred を入れる。
(2) 語群直前の a は man と，語群直後の a
volunteer は as とつながる。残った has
worked の主語は a man で，主格の関係代名詞
who を使って who has worked as a volunteer
で後ろから修飾し，「ボランティアとして働い
てきた男性」という意味の語句をつくる。
(3) 本文2文目の「今日は1月11日です」と，
最後から2文目の「締切日まで2週間あります」
から，締切日は1月11日から2週間後の1月

25日だとわかる。

> 訳 みなさん，こんにちは。今日は1月11日です。「ス
> チューデンツ・イングリッシュ・ニュース」の時
> 間です。
> みどり市のイングリッシュ・セミナーが2月23
> 日に開催されます。中学生を対象としています。
> 私たちはいくつかの英語のゲームや活動を，何人
> かの ALT と一緒に楽しむことができます。海外で
> ボランティアをしてきた男性のスピーチを聞くこ
> ともできます。みどり市を紹介する英語の動画を
> 作成します。友達と英語を使うのを楽しむことが
> できます。
> このイングリッシュ・セミナーには約100人の中
> 学生が参加できます。
> もしもっと詳しく知りたい場合は，生徒玄関の入
> リ口にあるポスターを見て，英語のハラ先生に聞
> いてください。締切日まで2週間あります。セミ
> ナーに参加しませんか？

13 熟語

問題→P43

1 cup

解説

〈a cup of ＋飲み物〉「1 杯の飲み物」をおさえておこう。

> **訳** A：コーヒーを 1 杯いかがですか？
> B：いただきます。

2 best

解説

do one's best「全力を尽くす」を使う。one's の部分が代名詞の場合は，所有格を用いる。

> **訳** A：あなたは明日ピアノコンテストで演奏するんだね。がんばって。
> B：ありがとう。全力を尽くすわ。

3 get up at

解説

get up で「起きる」という意味で，時刻を表す前置詞 at は six thirty と組み合わせる。

4 (1)　ウ→オ→エ→イ→ア
　　(2)　ウ→イ→ア→オ→エ

解説

(1) 助動詞 can は必ず主語と動詞の原形を伴うので，We can help というかたまりをつくる。さらに，help の目的語として each other「お互い」を続ける。残った when は，接続詞として語群直後の we have trouble とつながる。

> **訳** A：新しい学校生活のことが心配なの。
> B：心配しないで。困ったことがあったときはお互いに助け合うことができるよ。

(2) between A and B「A と B の間」から，語群の直後の語と組み合わせ，between red and yellow とする。

> **訳** A：赤色と黄色の間の色は何かな？
> B：オレンジだと思うわ。

5 イ

解説

旅行に連れて行かない犬の世話を祖父に頼んであるという文脈から，take care of ～「～の世話をする」が当てはまる。take off は「離陸する」，look for ～は「～を探す」，look forward to ～は「～を楽しみにする」という意味である。

> **訳** A：家族とアメリカを訪れる予定なんだ。
> B：すばらしいわね。あなたの犬とも一緒に行くの？
> A：ううん，行かないよ。でも，僕たちの犬を世話してくれるようにもうおじいちゃんに頼んだんだ。
> B：それはいいわね。

6 1　we　　2　at　　3　be

解説

1 直後でBが Yes, let's! と答えていることから，A は Shall we ～?「（私たちは）～しましょうか」と誘っていると考える。

2 be good at ～「～が得意である」を使った疑問文である。前置詞 at の直後に置くので，動名詞 skiing が続いている。

3 be able to ～「～することができる」を使った文である。**助動詞 will のあとなので，原形 be を続ける。**

> **訳** A：今週末，スキーしに行こうよ。
> B：そうしよう！ 1 回もスキーをしたことがないんだ……。大丈夫かな？
> A：あぁ，大丈夫だよ。お父さんが来てくれて，僕たちを手伝ってくれる予定だよ。
> B：彼はスキーが得意なの？
> A：そうだよ。君にスキーのやり方を見せてくれるよ。上手にスキーができるようになるだろうね。
> B：わくわくするね。待ちきれない！

7 (ア)　born　　(イ)　example
　　(ウ)　continue

解説

(ア) (was) born「生まれた」と書き入れると，「僕は中国で生まれて，10 歳までそこに住んでいたよ」という意味になり，直前のショウヘイの質問「中国に住んでいたの？」に対する答えに合う。

（**イ**）　具体例をあげるときに用いる(For) example「たとえば」を書き入れる。

（**ウ**）　still「今でも」に注目し、「（今でも）メールを送り続けている」という意味になるよう、continue を書き入れる。

> 訳　**ショウヘイ**：君は中国語を上手に話せるって聞いているよ。中国に住んでいたの？
> **ボブ**：　うん、僕は中国で生まれて、10歳までそこに住んでいたよ。
> **ショウヘイ**：中国での生活のことで、何を覚えているの？
> **ボブ**：　友達とたくさんのことを楽しんだよ。たとえば、サッカー、野球、そしてゲームをしたんだ。とても楽しかったよ。
> **ショウヘイ**：そこにはいい友達がたくさんいたんだね。
> **ボブ**：　その通りだ。僕たちは今もお互いに中国語でメールを送り続けているんだ。
> **ショウヘイ**：あぁ、君たちは長い間仲の良い友達同士なんだね。いいね！

問題→P46

PART 1 文法 14 会話表現

1　can I get to

解説

　道案内の対話でよく用いられる、目的地までの行き方をたずねる表現 How can I get to ～?「～へはどのようにいけばいいですか？」をおさえておこう。

> 訳　**A**：すみません。ワカバ駅へはどのように行ったらいいですか？
> **B**：5分くらい真っ直ぐ進んでください。それはあなたの左手側にあります。
> **A**：ありがとう。

2　(1) エ　(2) ア　(3) ① ウ　② イ

解説

(1)　**A** の最初の発言から、お店での注文の場面だと理解する。Anything else?「他に何か？」と追加で注文がないかをたずねていると考えると、その答えとして**エ**が合うとわかる。

> 訳　**A**：すみません。ハンバーガーとオレンジジュースをいただきたいのですが。
> **B**：はい。他に何か？
> **A**：いいえ、以上です。

(2)　兄への誕生日プレゼントとしてシャツを買うために来たお店での店員（**A**）との対話だと理解する。**A** は兄が好きな色をたずねているので、具体的に色を答えている**ア**を選ぶ。

> 訳　**A**：何かお手伝いできますか。
> **B**：はい、お願いします。私は兄の誕生日プレゼントにシャツを探しています。
> **A**：はい。彼は何色がお好きですか？
> **B**：うーん、青が好きだと思います。

(3)　①　直後の That's a good idea.「それはいい考えです」の That「それ」にあたる **A** の提案として正しいものを選ぶ。直後で **B** は「1つの国についてしか話せないと思う」と考えを述べていることから、**A** は複数の国について話すことを提案したとわかる。

　②　直後の **B** の発言「もちろん。そうできるのはうれしいよ」に合う、助動詞を使った会話表現を選ぶ。授業前に発表を聞いてもらうようにお願いしている**イ**が正しい。**ア**は「発表を始めましょうか？」、**ウ**は「あなたの発表を見てもよいですか？」、**エ**は「私の発表を理解してくれますか？」という意味。

> 訳　**A**：こんにちは、グリーン先生。あなたの授業での発表で、日本のリサイクルについて話したいと思っています。どう思いますか？
> **B**：それは悪くはないけど、ほとんど全員がすでにそれについて知っていると思うよ。他の国々でのリサイクルの例についても話すのはどうかな？
> **A**：それはいい考えです。でも、僕には発表に5分間しかないので、1つの国についてしか話せないと思います。それを日本と比較します。
> **B**：なるほど。良い発表になると思うよ。
> **A**：何回か練習する必要があります。授業前に僕の発表を聞いてくれますか？
> **B**：もちろん。そうできるのはうれしいよ。

3　(a) イ　(b) ク　(c) キ　(d) オ

解説

(a)　旅行者が道をたずねるために話しかけていると考え、**イ**を選ぶ。

(b)　直前でマサオが乗るべきバスを伝え、直後で「そのとおりです」と返しているので、旅行者は**ク**を使ってバスに乗ることを確認したと考える。

(c)　直後でマサオは「長い時間はかからないと

17

思います。おそらく20分くらいです」とかかる時間を答えているので，**旅行者はキを使って所要時間をたずねたと考えられる。** It takes ～（時間）.「～時間〔分〕かかる」や，How long does〔will, did〕it take?「どのくらい時間がかかりますか〔かかるでしょうか，かかりましたか〕？」という所要時間についての表現をおさえておこう。

(d) 旅行者への別れ際のあいさつとしてオを選ぶ。Have a nice trip.「良いご旅行を」や，Take care.「気をつけて」といった表現もある。

> **訳** **旅行者**：すみません。栗林公園への行き方を教えてくださいませんか。
> **マサオ**：いいですよ。あの53番のバスに乗ってください。
> **旅行者**：あのバスに乗るんですか？
> **マサオ**：その通りです。それから，栗林公園前で降りてください。目の前に公園が見えますよ。
> **旅行者**：どのくらいかかりますか？
> **マサオ**：長い時間はかからないと思います。おそらく20分くらいです。
> **旅行者**：私は日本旅行中にそこを訪れると決めていました。栗林公園はとても静かで美しいと聞きました。
> **マサオ**：はい，本当にすばらしいですよ。庭を散策したり，写真を撮ったり，水上のボートから美しい花や木々を見たりすることもできますよ。
> **旅行者**：本当に？ ボートから！ それはおもしろいですね！ 栗林公園への道を教えてくれたことと，新しい情報をくれたこと，ありがとう。
> **マサオ**：どういたしまして。香川での滞在を楽しんでくださいね。
> **旅行者**：ありがとう。さようなら。
> **マサオ**：さようなら。

1

> (1) ① up ② How
> (2) ① February ② fruits

解説

(1) ① stand up「立つ」
　　② 天気をたずねるときには，状態をたずねる疑問詞 how を用いる。

(2) ① 1年の中で2つ目の月である February「2月」が当てはまる。

> **訳** 2月は1年の中で2つ目の月です。

(2) ② kind(s) of ～は「～の種類」という意味で，「果物の種類」という意味になるように fruits を当てはめる。

> **訳** りんご，オレンジ，バナナは，果物の種類である。

2

> (1) both (2) inviting

解説

(1) どちらが良いかたずねられたのに対して，I can't decide「決められません」と答えていることから，「だから，両方いただきます」という意味になるよう both「両方」が入る。**買い物の場面でよく使われる表現 I'll take ～.「～をいただきます（買います）」をおさえておこう。**

> **訳** A：緑色のTシャツと白いTシャツでは，どちらのほうがお好みですか？
> B：決められないので，両方いただきます。

(2) A が妹の誕生日パーティーに誘ってくれたのに対して，B が Thank you for ～「～をありがとう」を使って「誘ってくれてありがとう」と言っていると考える。**前置詞 for のあとなので，動詞 invite は動名詞にする。**

> **訳** A：次の日曜日，妹の誕生日パーティーを開くんだ。来られるかい？
> B：もちろん。パーティーに招待してくれてありがとう。

3
① popular ② took
③ tired

解説
① 直前の「若い人々をたくさん見かけた」という部分や，①の直後の among them「彼ら（＝若い人々の間で）」から，「ワカバ山に登るのは，彼らの間でとても人気なのです」という意味になるよう，popular を入れるべきだとわかる。
② ②の直前に it，直後に時間の長さを表す語句 three hours があることから，It takes ～（時間）．「～時間〔分〕かかる」という表現を使うべきだと考える。**過去の文なので，take の過去形 took を書き入れる。**
③ 〈so ～ that ＋主語＋動詞〉で，「とても～なので，…は―する」という表現を使う。直前の 1 文から山に登るのは大変だったことを踏まえ，「とても疲れたので，早く寝ました」という意味になるよう，tired を書き入れる。

訳　昨日，ホストファーザーと僕はワカバ山に行きました。そこで若い人々をたくさん見かけました。ワカバ山に登るのは，彼らの間でとても人気なのです。私にとってその山に登るのはとても難しいことで，3 時間かかりました。とても疲れたので，早く寝ました。

4
① イ ② イ ③ ア ④ イ

解説
① 先月のホームステイに対するお礼の手紙なので，過去形 took を選んで，「あなたがたくさんの有名な場所へ連れて行ってくれて，うれしかったです」という意味の文にする。
② 主語 all of them「それら（＝スミスさんが連れて行ってくれた有名な場所）すべて」が主語なので，それに対する動詞は受け身の形 were visited「訪れられた」を選ぶ。
③ 直後の than before「以前よりも」から，比較級 better を選ぶべきだとわかる。
④ you gave を入れると，the picture you gave me「あなた（＝スミスさん）が私（＝智子）にくれた写真」という自然な意味になる。

訳　スミスさんへ
先月の滞在中，助けてくれてありがとうございました。あなたがたくさんの有名な場所へ連れて行ってくれて，うれしかったです。それらすべてがとても多くの人々に訪れられていて，驚きました。滞在中，私の英語は以前より良くなりました！一番の思い出は，あなたの家での私の誕生日パーティーです。私はあなたがプレゼントとしてくれた写真が大好きです。将来，またあなたに会えることを望んでいます。
智子

5
(1) ウ (2) イ (3) エ

解説
(1) Can I help you? と声をかけてきた店員に対して，「見ているだけです」と言っているので，No, thank you.「いいえ，結構です」と答えていると考える。

訳　A：お手伝いしましょうか？
B：いいえ，結構です。見ているだけです。
A：かしこまりました。お手伝いできることがあれば，私にお申し付けください。

(2) 直前の「ラケットを持っている女の子が妹だよ」に対して，A は「（ラケットを持っているということは）テニスをするのが好きなの？」とたずねていると考える。また，直後の B の「彼女は毎日コートで練習するんだ」からも，コートで行うことがない他の選択肢を選ぶべきではないとわかる。

訳　A：この写真の中のどの女の子があなたの妹なの？
B：ええと，ラケットを持っている女の子が妹だよ。
A：あら，彼女はテニスをするのが好きなの？
B：うん。彼女は毎日コートで練習するんだ。

(3) 直前の発言から，A は一緒にケーキをつくる約束を忘れてしまっていたと考える。直後に B がお礼を言っていることから，エ「すぐに手伝うわ」を選ぶ。

訳　A：お父さん，何してるの？
B：ケーキをつくっているんだよ。今日はお母さんの誕生日だ。先週，私と一緒にそうするように頼んだよ。
A：ごめん，忘れちゃったの。すぐに手伝うわ。
B：ありがとう。

6
(1) ア (2) イ

解説

(1) 突然雨が降り始めたという状況と，（　　）を含む2文「彼女は（　　）を持っていました。私たちはそれを共有して（一緒に使って），一緒に歩いて帰りました」から，（　　）に当てはまるのは an umbrella「傘」だとわかる。

> 訳　昨日，帰宅中に突然雨が降り始めました。雨がとても激しかったので，雨が止むまでコンビニで待つことにしました。それから，私は私の家の近くに住む友達に会いました。彼女は傘を持っていました。私たちはそれを共有して，一緒に歩いて帰りました。

(2) （　　）を含む because 以下は，（　　）を含む文「病気で苦しんでいる人の多くは，長くは生きられない」理由を表している。よって，「医者や病院があまり多くないから」という意味になるよう，**イ**を選ぶ。

> 訳　世界には多くの発展途上国があります。その一例がシエラレオネ共和国です。それはアフリカにあるとても暑い国です。医者や病院があまりないため，病気で苦しんでいる人の多くは，長くは生きられません。私たちは彼らを助けるために何ができるでしょうか？

7　①　ア　②　オ　③　ウ　④　イ

解説

① サトシは直前で長い間バスを待つ必要がなく時間を節約できるという自転車での通学の利点をあげている。①には，それが利点だと示す根拠である**ア**「高校生は忙しい」が入る。

② **オ**「バスに乗っているときは，勉強したり本を読んだりすることができます」を入れると，直後の You can save more time by doing so. 「そうする（バスで勉強したり本を読んだりする）ことで，時間を節約できます」とうまくつながる。

③ バスで通学する利点を述べたエリカが「どう思いますか」と意見を求めているので，**ウ**「おそらくあなたの言う通りですが，あなたに言うべきことはまだあります」を入れる。「（自転車で通学する利点として）言うべきことはまだある」は，直後の健康に良いという利点のことである。

④ 直前で自転車での通学は危険だと述べていることから，通学の安全性について述べた**イ**を当てはめるのが自然。

> 訳　先生：今日はこちらについて話します。「高校に通学するとき，自転車に乗っていくのとバスに乗っていくのとでは，どちらがより良いですか？」サトシ，エリカ，あなたたちの意見を聞かせてくれませんか。
>
> サトシ：自転車に乗っていくほうがいいと思います。
>
> 先生：なぜそう思うのですか？
>
> サトシ：長い間バスを待つ必要がないので，時間を節約するのに良い方法です。全員，高校生はとても忙しいと言います。
>
> エリカ：それが本当であれば，自転車ではなくバスに乗るべきです。バスに乗っているときは，勉強したり本を読んだりすることができます。そうすることで，時間を節約できます。サトシ，どう思いますか？
>
> サトシ：おそらくあなたの言う通りですが，あなたに言うべきことはまだあります。学校に自転車に乗っていくと，健康に本当に良いです。環境にもいいです。
>
> エリカ：わかります。しかし，雨が降ったり，あなたの学校が自宅からとても離れていたりするときはどうしますか？　自転車に乗るのはとても危険です。安全に通学することが重要だと思います。
>
> 先生：ありがとうございました。自転車に乗っていくことにも，バスに乗っていくことにも良い点があります。さて，他の生徒に聞きたいです。別の意見はありますか？

PART 2
読解

2　内容正誤問題

問題→P56

1　エ

解説

　本文第1段落6～10文目参照。10文目の I will send one of them. の them は，ケビンが買った好きなコメディアンのサインつきの本2冊を指す。

one of them「それらのうちの1冊」。

> 訳　こんにちは，ヒロト
> 元気かい？　昨日，サクラホールに喜劇を見に行ったんだ。僕はたいていテレビで喜劇を見るから，それが初めてだった。僕はとてもうれしかった。たくさん笑った。ショーのあと，僕は会場の外で僕たちのお気に入りのお笑い芸人を見かけた。彼は自身の本を売っていたよ。僕は2冊買ったんだ。僕がそれらを買ったあと，彼は本にサインを書いてくれたんだ。そのうちの1つをきみに送るよ。僕は彼に一緒に写真を撮るようにもお願いした。彼は「もちろん」と言ってくれた。彼は僕にとても親切だったよ。君はこのメールでこれらの写真を見られるよ。
> 君が写真と本を気に入るといいな。
> あなたの友達，ケビンより

2 **ウ**

解説

　ウ「ビリーは8月3日にホストファミリーと出かけるつもりだ」が本文の内容に合っている。あかねとビリーの4番目の発言により，今週末が8月3日（土）と8月4日（日）であるとわかる。ビリーの5つ目の発言「土曜日（8月3日）にホストファミリーと空手大会を見る予定なんだ」と**ウ**が合う。**本文での on Saturday が，選択肢では on August 3 と書きかえられていることに注意。**

訳　あかね：もしもし，ビリー。あかねよ。
　　ビリー：やぁ，あかね。どうしたの？
　　あかね：あなたは科学に興味があるわよね？
　　ビリー：うん。ちょうど再生可能エネルギーに関する本を読んだところだよ。でも，どうして？
　　あかね：お父さんが，私たちの学校の近くにある大学での科学フェスティバルについて教えてくれたの。一緒に来てくれる？
　　ビリー：科学フェスティバル？　ぜひ行きたいな！　いつ開催されるの？
　　あかね：8月3日と4日よ。それぞれの日にいくつか興味深いイベントがあるの。
　　ビリー：今週末に開催されるということ？
　　あかね：うん，じゃあ何か計画があるの？
　　ビリー：うーん，土曜日にホストファミリーと空手大会を見る予定なんだ。でも，日曜日は時間があるよ。今週の日曜日はどう？
　　あかね：いいわよ。その日は風を利用して電気をつくるイベントに参加できるわ。一種の再生可能エネルギーね。それは10時に始まるわ。
　　ビリー：すごい！　再生可能エネルギーについてもっと知りたいな。9時半に大学の門の前で会おう。ありがとう，あかね。
　　あかね：どういたしまして。じゃあね。

3 **エ**

解説

　第4段落の2文目の because 以下の内容と合う**エ**を選ぶ。**イ**は，大樹の夢は果物ではなくお米で人々を幸せにすること（第2段落3文目参照）なので，本文の内容と合わない。

訳　僕の父は友達と一緒にお米と果物を栽培しています。ときどき，僕は家で父を手伝います。僕は高校で農業を学んでいます。僕は学校でお米と花を栽培しています。将来は父と一緒に働くつもりです。しかし，仕事を始める前にやるべきことが3つあります。

まず，お米の栽培についてもっと学ぶ必要があります。僕は大学で農業についてもっと勉強したいです。僕の夢は僕のお米で多くの人を幸せにすることなので，そこでお米についてもっと知り，それを育てるための方法をたくさん学びたいと思っています。
第2に，僕は農業を勉強するためにオーストラリアに行きたいです。オーストラリアにはあまり米農家はいませんが，彼らはたくさんのお米をつくります。彼らは大きな機械を使っているので，多くの人を必要としません。日本では，ほとんどの農家は高齢者で，農家は年を重ねていっています。オーストラリアで，農家が機械でどのように作業しているかを知りたいのです。
第3に，インターネットを農業にどう利用するかを学びたいです。世界中の多くの人々は日本の食べ物に興味があるので，たとえば，僕たちは自分たちのつくったお米や果物を，インターネットを通じて世界中の人々に販売することができます。
食べることは生きることです。食べ物は僕たちの体にとって重要です。僕は人々のために良い食べ物をつくりたいです。農業は僕の将来への扉です。

4 **ウ**

解説

　本文に，this year，last year，next year とあるので，それぞれの内容がいつの話のことかをとらえながら読む。**ウ**「ユキコが昨年，トマトの栽培に問題を抱えた」が，本文第2段落4～6文目の内容と合う。**エ**「ユキコは2年間（ずっと）トマトをうまく育てている」は，昨年はうまく育てることができず（本文第2段落4～6文目参照），今年はうまく育てることができた（本文第4段落1文目参照）とあるので，合わない。

訳　みなさん，こんにちは。生活の中で私たちを助けてくれる重要なものについてお話しします。
これを見てください。これは今年私が育てたトマトの1つです。兄は高校で農業を勉強していて，野菜の栽培を楽しんでいます。おもしろいと思ったので，昨年，自分の庭でトマトを育て始めました。私は毎日トマトに水を与えました。しかし，1か月後，それらの多くは病気になってしまいました。そのとき，兄は私に何の解決策も教えてくれませんでしたが，「それらが病気である理由がわかる？　その理由を見つけようとした？」と言いました。
私は市立図書館に行って，トマトの栽培についての本を読みました。ついに，私はその理由に気づきました。トマトは毎日たくさんの水を必要としないのです。その後，私はトマトに水を与えすぎるのをやめました。
今年もまたやってみましたが，私はトマトを上手に育ててきています！　失敗は成功のもとです。今は何をすべきかわかっています。来年はより多くのトマトを栽培するつもりです。

1 (1) ① ア ② イ
(2) イ

解説

(1) ① 直前のマイクの「それ（＝そば）をどこで買うことができますか？」に対して答えるので，食品を扱っている Building A で買うことができると答える。それに加えて or at some Japanese restaurants と書かれているので，レストランが並ぶ Building C は選ばない。

② ②をふくむ文 Let's go and look for one の one は，2つ目の発言で健が買うように提案している「写真付きの本」である。続くマイクの発言でも one に置きかえられていて，②をふくむ文でも同じものを表している。よって，健は「写真付きの本」を Building B で探すよう誘っていると考える。

(2) イ「必要な場合は，車いすをお願いすることができる」は，パンフレットの「ご利用可能な車いすがあります」という内容に合っている。ア「すべての店とレストランが，午前10時開店である」は，パンフレットに「レストランは11時開店」とあるので，合わない。ウ「信州ショッピングセンターには，ペットを連れていってはいけない」は，パンフレットに「（ペットを店やレストランに連れて行ってはいけないが，）ドッグランをご利用いただけます」とあるので，合わない。エ「信州ショッピングセンターは信州駅からとても遠い」は，パンフレットの「信州駅から徒歩1分です」という内容に合わない。

> 訳 ケン： マイク，何を買いたいの？
> マイク：そばだよ。家族にそばを食べてみてもらいたいんだ。それは僕のお気に入りの日本食なんだ。どこで買える？
> ケン： 建物Aか日本食レストランで買えるよ。でも，写真付きの本はどう？ それらは山や川のような長野にあるものについてたくさん教えてくれるよ。
> マイク：いいね。買いたいな。僕が訪れたことのある場所を家族に見せるのはいいことだと思う。
> ケン： なるほどね。まずは建物Bに行って探して，それから昼食を食べよう。
> マイク：いいよ。

2 (1) エ (2) ア

解説

(1) エを選ぶと，「レイクホテルでは，コンビニエンスストアでいつでも物が買えます」という意味になる。表の 24 hours「24時間（営業）」が，エでは any time「いつでも」と言いかえられている。

(2) アを選ぶと，「3階の施設を使いたい場合は，フロントに伝えなければなりません」という意味になる。「（3階の）会議室や（2階の）カラオケルームをご利用の際は，フロントにお申し付けください」という内容と合う。

> 訳 レイクホテル情報
> ■フロア情報
>
> | 階数 | 客室 | 施設（営業時間） |
> |---|---|---|
> | 5 | 501～540 | |
> | 4 | 401～440 | |
> | 3 | 301～330 | 会議室（9:00～21:00） |
> | 2 | | プール（15:00～21:00）
カラオケ（17:00～23:00） |
> | 1 | | レストラン（6:30～20:30）
コンビニ（24時間） |
>
> ◎滞在中，これらの施設をご利用いただけます。
> ◎会議室やカラオケルームをご利用の際は，フロントにお申し付けください。
> ■客室情報
> ◎部屋を出る際は，部屋のかぎをお持ちください。
> ◎貴重品は金庫に入れてください。

3 (1) ア (2) エ

解説

(1) 質問は，「500円で何を買うことができますか？」という意味。ポスターの Food Menu や Drink Menu を見て計算する。アの「かき氷（200円）とアイスクリーム（300円）」の組み合わせを，500円で買うことができる。

(2) サクラ音楽祭のポスターの内容と合わないものを選ぶ。エ「大学生は，すべての中で最も早くに踊る」が，ポスターにある日程と合わない。大学生によるダンスは最後に行われる。

> 訳 サクラ音楽祭
> 日時：7月31日
> 場所：サクラ川公園

☆コーラスステージ　午後5時～午後6時
　サクラ中央高校より
☆ブラスバンドステージ　午後6時～午後7時
　サクラ東中学校・サクラ西中学校より
☆ダンスステージ　午後7時～午後8時
　サクラ大学より

フードメニュー
かき氷　　　　　200円
綿菓子　　　　　200円
フライドポテト　300円
ポップコーン　　400円
アイスクリーム　300円

ドリンクメニュー
ジュース／お茶　200円
コーヒー　　　　300円

私はパンダが大好きです。また白浜の動物園を訪れたら，パンダと一緒に写真を撮りたいです。
あなたは周りの何かに興味がありますか？　おもしろいものを見つけてください。そして，それについて勉強してください。知りたいことについて勉強することは大切です。

4　　A ウ　B ア　C エ　D オ

　グラフA～Dそれぞれが示す日齢と体重をもとに，読み取るべき内容を見極める。

A　生後50日の様子は，第2段落7文目から**ウ**「目を開ける」が適切。

B　体重が6,000グラムになるころの様子は，第2段落8文目から**ア**「歩く」が適切。

C　生後210日（約7か月）の様子は，第1段落5～6文目から**エ**「上手に木に登る」が適切。

D　生後360日ごろ（約1歳）の様子は，第2段落10文目から**オ**「笹の葉を食べる」が適切。

訳　5月，和歌山県白浜でパンダを見に，動物園に行きました。そこでどのパンダを見るのも楽しみました。ある小さなパンダが木に登りました。そのパンダはメスでした。飼育係の1人が，「彼女は昨日7か月になったのです。彼女は1週間程前に上手に木に登り始めたのです」と言いました。私は「パンダはどうやって育つのだろう？」と思いました。家に帰ってから，パンダについて勉強することにしました。パンダについての情報を得るために，インターネットを使ったり，たくさんの本を読んだりしました。
このグラフを見てください。これは5月に白浜で見たメスのパンダのグラフです。それはパンダの体重，日齢，そして彼女がし始めたことを示しています。生まれたとき，彼女の体重はたった200グラムでした。生後数日間，彼女の体はピンク色でした。彼女が生後8日になると，体の色が変わり始めました。彼女が生まれて約50日のとき，彼女は目を開け始めました。体重が約6,000グラムになると，歩き始めました。生後250日になると，歯が生え始めました。彼女がだいたい1歳になると，笹の葉を食べ始めました。それから，彼女は母親なしで暮らし始めました。パンダは早く成長するのです！

4 英文を日本語で説明する問題

問題→P66

1

(1) ますます多くの日本の食べ物が，海外で食べられていること。

(2) 以下の3つから2つ選ぶ
・和食は場所と結びついているから。
・例年のイベントに結びついているから。
・バランスがとれていて，健康に良いから。

解説

(1) **it はその前までに出てきたもの（単数）や内容を指す**。it が直前のジュリー先生の発言の内容「今，ますます多くの日本食が海外で食べられている」と考えると，下線部をふくむ文は「私はそれ（＝今，ますます多くの日本食が海外で食べられているということ）を本で読みました」という意味になる。

(2) 奈美恵さんの4つ目の発言「和食は私たちにとって大切だと思います」と，その理由をたずねているジュリー先生の5つ目の発言以降で，奈美恵さんがそう思う理由を述べている。

訳 ジュリー先生：先週の土曜日，京都で本当においしい豆腐を食べたの。私は豆腐が大好きよ。

奈美恵：あなたはそれをよく食べるのですか？

ジュリー先生：えぇ。私はほとんど毎日それを食べるわ。今，ますます多くの日本食が海外で食べられているのよ。

奈美恵：私はそれを本で読みました。

ジュリー先生：2013年に，和食はユネスコ無形文化遺産として登録されたの。

奈美恵：ユネスコの無形文化遺産？　それは何ですか？

ジュリー先生：世界には歴史があって重要な文化がたくさんあるの。たとえば，食べ物，祭り，そして音楽。それらのいくつかはユネスコによって登録され，保存されているの。

奈美恵：ええと，和食は私たちにとって大切だと思います。

ジュリー先生：なぜそう思うの？

奈美恵：まず，それは場所と結びつきます。日本には山や川，海がたくさんあるので，それぞれの場所で新鮮な食材を手に入れることができます。それらが和食に使われます。

ジュリー先生：なるほど。日本を旅行すれば，各地で特別な料理を楽しむことができる。食べ物を通して，私は場所

についてもっと学ぶことができるわ。

奈美恵：また，和食は例年のイベントに結びついています。私たちはおおみそかにそばを食べ，元旦におせちを食べます。

ジュリー先生：あぁ，日本人の友達の家で元旦にお雑煮を食べたわ。おいしかった。日本人は食べ物とともにイベントを楽しんでいるのね。

奈美恵：和食はバランスのとれたものなので，私たちの健康に良いです。

ジュリー先生：私もそう思うわ。和食には良い点があるわね。

奈美恵：私は日本人として，このすばらしい文化を守りたいです。

2

医者になって，医者を必要としている国々で人々を助けること。（29字）

解説

I discovered a dream「私は夢を見つけました」が，第3段落最後の文 I decided to be ～「～になることを決めました」と同じ内容だと考える。**in those countries「そのような国々で」は，より具体的にどのような国かまで書くことに注意する。**

訳 中学に入ったとき，私は英語を勉強するのが好きではありませんでした。それは難しかったし，私は多くの単語を理解していませんでした。しかし，去年の夏，私は夢を見つけました。

去年の夏休みに，祖父がいちき串木野市の薩摩藩英国留学生記念館に連れて行ってくれました。薩摩の学生は150年よりも前にイギリスに行きました。当時は海外へ行くのはとても危険でしたが，そこでたくさんの新しいことを学び，日本に影響を与えました。「最年少の生徒は，日本を発ったときにまだ13歳だったんだ」と祖父は言いました。それを聞いて驚き，言いました。「すごい！たった13歳？」記念館を訪れたあと，私は海外に行くことに興味を持つようになりました。

1週間後，私は外国で一生懸命働いていた日本人医師についてのテレビ番組を見ました。その国はより多くの医師を必要としていました。多くの国に十分な医師がいないことを知ってショックを受けました。病気の人のために何かしたいと思いました。私は医者になり，それらの国の人々を助けることに決めました。

英語は外国で働くためにとても重要です。私はその番組を見てから，毎週英語の新聞を読んでいます。それは簡単ではありませんが，私は自分の英語をよくしていくために全力を尽くします。

5 文を並べかえる問題

問題→P70

1

ウ→ア→イ→エ

解説

　**直前の文「日本にいたとき，私はあなたたちと
たくさんのことを経験しました」のあとに文がど
う続いていくか考える。**

- **ウ** First「まず」を置いて，「あなたたちと経験
したたくさんのこと」の具体的な内容を述べて
いる。
- →**ア** For example「たとえば」は，**ウ**の内容であ
る「あなたたちに英語を教えた（英語の授業）」
の具体例を示している。□□□の最初に置い
て，「あなたたちと経験したたくさんのこと」
の具体例にしないように注意する。
- →**イ** Second「2つ目に」を使って，「あなたたち
と経験したたくさんのこと」の具体的な内容を
述べている。
- →**エ** one of them の them は，直前の**イ**の many
school events を指している。

> **訳** ひばり中学校の生徒のみなさんへ
> お元気ですか？　日本を発ってから2週間が経ち
> ました。日本にいたとき，私はあなたたちとたく
> さんのことを経験しました。まず，あなたたちに
> 英語を教えるのを楽しみました。たとえば，いく
> つかの授業で，外国人に挨拶する練習をしました
> ね。また，あなたたちとたくさんの学校行事に参
> 加できてうれしかったです。そのうちの1つは体
> 育祭でした。その日は，生徒たちも先生たちも一
> 生懸命走りました。これは日本での日々の1番の
> 思い出になっています。どうもありがとうござい
> ました。もしオーストラリアに来たら教えてくだ
> さい。
> あなたたちの幸運をお祈りしています。
> 　　　　　　　　　　　　　　あなたの先生
> 　　　　　　　　　　　　サラ・ワトソンより

2

ウ→ア→イ

解説

　**直前の文「あなたはいいえと言うかもしれませ
んが，そうする（＝昆虫に SOS を送る）植物もい
るのです」のあとに文がどう続いていくか考える。**

- **ウ→ア** 直前の文を説明するために例を示すと
述べた**ウ**のあと，具体例を述べている**ア**。
- →**イ** That は，直前に置いた**ア**の a special smell

「（植物が出す）特別なにおいを出す」を指して
いる。

> **訳** 植物は昆虫に SOS を送ることができると思いま
> すか？　あなたはいいえと言うかもしれません
> が，そうする植物もいるのです。1つ例をあげます。
> 昆虫に襲われると，特別なにおいを発する植物が
> います。それが植物からの SOS です。彼らは他
> の昆虫に助けに来てほしいと思っているのです。

3

(1)　イ→ウ→ア　　(2)　ウ→イ→ア
(3)　ウ→ア→イ

解説

(1)　**直前の文「ケン，あなたの誕生日はいつ？」
のあとに文がどう続いていくか考える。イを
使って誕生日（11 月 25 日）を答えたのに対して，
ウを使ってそれがクリスマスの1か月前だと反
応していると考える。さらに，それに対してア
を使って「その通りです」と返している。**
That's right. の That は，**ウ**の「それはクリス
マスのちょうど1か月前である」を指している。

> **訳** ・ケン，あなたの誕生日はいつ？
> ・11 月 25 日だよ。
> ・わぁ，クリスマスのちょうど1か月前ね！
> ・そう。その通り。

(2)　Can I help you?「いらっしゃいませ」から，
お店での店員との会話だと考える。「こんにち
は。何かお手伝いできますか」に対して，お客
さんが**ウ**を使ってお店に来た目的を伝えてい
る。それに対する返答**イ**の ones は，直前の**ウ**
の tennis shoes を指している。**ア**の Sounds
good. は，直前の**イ**の「白いもの（＝テニスシュー
ズ）が3種類ございます」に対する反応であ
る。また，them は，**イ**の three kinds of white
ones を指す。

> **訳** ・こんにちは。何かお手伝いできますか。
> ・はい，お願いします。白いテニスシューズを探
> 　しています。
> ・そうですね，白いものが3種類ございます。
> ・いいですね。試着してもいいですか。

(3)　「マイク，外に出ないで。もうすぐ雨が降る
わよ」に対して，**ウ**を使って，「でも（＝もうす
ぐ雨が降るけれど）今は降っていない」と言い，
外に行ってよいか改めて聞いている。それに対
する答えとして，**ア**が適切。続く**イ**の then「で
は」は，**ア**を受けて，「中にいるべき，外に出

てはいけないのであれば」という意味で言っている。

> 訳　・マイク，外に出ないで。もうすぐ雨が降るわよ。
> ・でも，今は降っていないよ。ママ，出かけてもいい？
> ・だめよ！　中にいるべきよ。外へ出ちゃだめ。
> ・じゃあ，テレビゲームをしてもいい？

4 カ

解説

　直前の文「(SNSを使うことについての良い点の)第3に，情報がより簡単に世界に広がります」のあとには，cの文でSNSを通して被災地の人々が状況を伝えたり助けを求めたりするという具体的な状況を示す。さらに，cを受けて人々がどのように反応するのかをbで述べている。bのtheirは，cのpeople in the disaster areaを指す。aはc・bの内容「被災者がSNSで状況を伝えたり助けを求めたりし，それらを共有する人々がいる」を受けて，Then「そうすれば」と続けている。

> 訳　さて，大きな自然災害が発生したときにSNSを使うことについての良い点をいくつかお話しします。まず，インターネットを使用できる場合は，いつでも助けを求めてメッセージや情報を送ることができます。普段使っているインターネットが使えない場合は被災地で「00000JAPAN」と呼ばれる無料のWi-Fiを利用することができます。第2に，新聞やテレビのニュースが報じない情報を得ることができます。たとえば，SNSを通じて，小さな村でも何が起こっているのかを知ることができます。第3に，情報がより簡単に世界に広がります。被災地の人々は自分たちの状況を伝え，SNSで誰かに助けを求めます。彼らのメッセージを読む人の中には，他の人とそれらを共有する人がいます。そうすれば，多くの人が，被災地の近くに住んでいなくても，必要なものを送ることで彼らを助けることができます。

6 指示語の内容を答える問題

問題→P74

1 messages

解説

　themは複数名詞を指すことからmessagesを指すと予想し，さらに「彼らは電信によってそれら（＝メッセージ）を手紙よりもすばやく送ることができたのです」と文脈にも合うことから，messagesを指していると確定させる。

> 訳　あなたはふつう，どのように友達とコミュニケーションをとりますか？　スマートフォンを使えばメッセージをすばやく届けられるので，今では多くの人がそれを使用しています。私はそれはコミュニケーションにとても便利だと思います。
> 昔から，世界中の人々がメッセージをすばやく届けようとしてきました。1850年ごろ，合衆国の人々は電信でそれらを届け始めました。彼らは電信によってそれらを手紙よりもすばやく送ることができたのです。日本では，1869年に東京と横浜の間で電信サービスが開始されました。1873年に人々は東京と長崎の間でサービスを使用できるようになり，1878年に他の国に電報を送ることができるようになりました。今は，普段は使われません。卒業式のような特別なときにだけそれらを見ます。

2 teach you math again

解説

　I can't do itは，直前の「カナは私にまた数学を教えてもらいたがりました」を受けているので，「私はそうする（＝あなたにまた数学を教える）ことはできません」という返答をしていると考える。ゆみの発言なので，ゆみはI，カナはyouで表す。

> 訳　本を読んだあと，何をしますか？　おいしい食べ物を食べたあと，何をしますか？　すばらしい歌を聞いたあと，何をしますか？
> 私は何かをしたあと，友達とそれについて話します。3か月前，私はこの市に引っ越してきました。その当時，私はとても緊張していたので，新しい学校でクラスメートと話すことすらできませんでした。ある日の放課後，そのうちの1人が私に話しかけました。私たちがお互いに話すのは初めてでした。彼女の名前はカナといいました。彼女は私に「ねぇ，ゆみ。数学の宿題，終わった？　最後の問題に答えることができなかったの。手伝ってくれる？」と言いました。私は彼女に微笑みかけ，彼女の机のそばに座りました。
> 私はその日の前日に問題に答えようとしました。それは私にとってとても難しかったので，兄に助

けてくれるように頼みました。彼は私にそれの解き方を教えてくれました。
私は数学が得意ではありませんが，クラスメートのひとりと話す良い機会だと思ったので，彼女を手伝おうと思いました。私はカナにその問題の解き方を教えました。終わると，彼女は私に「ありがとう，ゆみ！　帰ろう！　あなたともっと話したいわ！」と言いました。
私も彼女と話したかったので，とてもうれしくて，一緒に家に帰りました。帰宅中，私たちは数学の宿題について話しました。カナは私にまた数学を教えてもらいたがりましたが，私は「カナ，ごめん。それはできないわ」と答えました。彼女はそれを聞いて驚き，悲しそうに見えました。私は彼女に言いました。「私は数学が好きだけど，問題が私にとっては難しいことがあるわ。昨日は兄が手伝ってくれたから宿題を終えることができたの。彼は私にその問題の解き方を教えてくれたわ。お互い教えあうことはできるから，一緒に数学を勉強しよう！」彼女は私に対して微笑み，そのときから，私たちは親友です。
何かしたあと，私は友達にそれを話すことによって，彼らがどのように感じているか知りたいです。友達と話すことは私たちの友情をより強くすることができ，また，私たちの生活をより良くすることができると思います。

3

大部分の人が，宇宙に行くのは，とても難しいということ。

解説

　「宇宙エレベーターがそれを変えるかもしれません」の「それ」が指す内容を日本語で答える。直前の「現在，ほとんどの人にとって宇宙に行くのはとても難しいです」という状況を，宇宙エレベーターが変えるかもしれないと可能性を示していると考える。「それ」に当てはまるよう，「〜ということ」，「〜という状況」といった語尾にすることに注意する。

訳　宇宙エレベーターを知っていますか？　地球と宇宙の間で多くの人や物を運ぶシステムです。私の夢は将来宇宙エレベーターについて研究することです。SF小説を読んだときに，宇宙エレベーターについて知りました。私はその考えはとてもわくわくするものだと思いました。現在，ほとんどの人にとって宇宙に行くのはとても難しいです。しかし，宇宙エレベーターがそれを変えるかもしれません。

問題→P79

1

ウ

解説

　入れるべき英文は，But「しかし」に we were very glad「私たちはとてもうれしかったです」と続いているので，よくない状況のあとに置くべき1文だと考える。ウに入れると，「最初は緊張した」と「しかし，とてもうれしかった」と自然につながる。

訳　今年，僕は生徒会の一員です。僕たちの新しい学校新聞について話します。
5月のある日，生徒会活動について話しました。僕たちのリーダーであるケイコは言いました。「私たちの学校生活をより良くしたいわ。生徒たちに，学校にもっと興味を持って，私たちに加わってもらいたいの。そのためにはどうするべきかしら？」
僕たちは自分たちの学校について生徒に伝える方法について話しました。ユイは学校新聞を提案しました。学校に関するたくさんの情報を示すのに良い方法でした。僕たちは彼女の考えに賛成しました。僕たち生徒会は最初の学校新聞を作り始めました。
まず，僕たちは新しい学校新聞の良い名前を考えました。生徒の間で人気が出るもの，そして，覚えやすいものであるべきです。僕たちは生徒たちに記事についてお互いに共有し，コミュニケーションをとってもらい，学校生活を通して彼らに笑顔で居続け，幸せに感じてもらいたいと思いました。僕たちはそれについて一緒に考え，「スマイル」を選びました。僕は学校新聞を持って笑っている生徒を想像しました。
1週間後，僕たちは部活動についての記事，学級レポート，そして勉強へのアドバイスを書くことにしました。僕の担当は，部活動についてでした。僕の妹は剣道部に所属していて，次の試合のために練習しています。妹のように一生懸命取り組んでいる生徒たちについて書きたいと思いました。僕はブラスバンド部やバスケットボール部といった多くの部活動のメンバーにインタビューしました。彼らは僕たちに自分の部活動についての情報をくれました。彼らの練習の写真も撮りました。もう1人のメンバーであるカズヤは，学級レポートについて書きました。彼は昼食の時間に教室を訪れました。彼が写真を撮ると，生徒たちはとても興奮していました。ユイは先生たちに勉強方法をたずねました。先生は役立つ勉強方法を教えてくれました。数学の先生は，「この記事で生徒たちを手助けができることがうれしいよ。先生と生徒の距離が近くなることを望んでいるよ」と言いました。
僕たちにとって新聞を作るのは簡単というわけではありませんでした。僕たちの先生であるヤマノ先生は，「一緒に取り組めばできる！」と言いました。僕たちにはまだやるべきことがたくさんあ

りました。たとえば，記事の内容をチェックすることや，新聞のための絵を描くことです。そのとき，良い絵を描こうとしてくれる美術部のメンバーがいました。僕たちは彼らの手伝いにお礼を言いました。1か月後，ついに僕たちは最初の新聞を完成させました。僕たちはそれをすべての生徒と先生に配りました。最初は緊張しました。しかし，生徒たちがそれを読んで楽しんでいるのに気づいて，とてもうれしかったです。ある生徒が言いました。「いいね。次の新聞を楽しみにしているよ」別の生徒が僕に「タカシ，2つ目の新聞に何を書きたい？」とたずねました。僕は，「僕たちの運動会について書きたい」と答えました。その後，僕たちは2つ目の学校新聞を作りました。3月，3年生が僕たちの学校を去ります。僕たちは，学校生活の思い出として，彼らのために3つ目の新聞を作りたいと思っています。このように，僕たちが自分たちの新聞を長い間つくり続けられることを望んでいます。僕たちはまた，地域の人々にそれを読んでもらい，学校行事について知ってもらいたいです。学校新聞を通して，僕たちの学校生活をより良くしたいです。目標に向かって一緒に取り組むことはとても重要なことです。これからも「スマイル」で全力を尽くします。

8 英語の問いに英語で答える問題

問題→P83

1

(1) Yes, he did.

(2) Because she could not answer the questions well.

(3) She wants to tell people in foreign countries about World Heritage sites in Japan.

解説

(1) 疑問詞がない英文なので，Yes または No を使って答える。質問は，「ロバート先生は生徒たちにカナディアン・ロッキー山脈自然公園群を訪れるように言いましたか」という意味である。第1段落最終文で，ロバート先生は「あなたたち（＝生徒たち）は一度それら（＝カナディアン・ロッキー山脈自然公園群）を訪問すべきです」と言っているので，Yes で答える。

(2) 質問は，「授業後，サオリはなぜ悲しかったのですか」という意味である。第2段落最終文 I was sad. は，その直前の内容を受けた感情なので，直前の内容をまとめればよい。疑問詞 Why に対して理由を答える場合は〈Because ＋主語＋動詞〜．〉で，目的を答える場合は〈To

＋動詞の原形〜．〉である。答える文は1人称・2人称は使わず，質問文中の Saori を指す she を使って，本文中の I could not 〜 を She（＝ Saori）could not 〜 に変えることに注意する。

(3) 質問は，「サオリは将来何をしたいですか」という意味である。第3段落最終文をもとに答えればよい。**本文中での主語は I だが，答える文では質問中の Saori を指す代名詞 She にし，主語が三人称単数になるので，動詞は wants にする。**

> **訳** 私はカナダの中学校で2週間勉強しました。ある授業で，私たちの先生のロバート先生は，私たちに世界遺産の写真を見せてくれました。彼は，「現在，167か国に1,092の世界遺産があります。イタリアには最も多くの世界遺産があります。54あります。2番目の国は中国で，53あります。カナダには19あり，それは14位です。私はカナディアン・ロッキー山脈自然公園群が好きです。それらは過去に海の下にありました。あなたは化石の魚を見つけることができ，そして，美しい山でリラックスすることができます。一度それらを訪問すべきです」と言いました。
> 授業後，友達が「私もカナディアン・ロッキー山脈自然公園群が好きなの。日本には世界遺産がいくつあるの？　どれがおすすめかしら？」と言いました。私は彼女に白神山地について話したかったのですが，その質問にうまく答えられませんでした。悲しかったです。
> その夜，私は日記にその授業について書きました。「今日，友達が日本の世界遺産について質問してくれたけど，うまく答えられなかった。私は日本についてもっと知るべきだと実感したわ。それで，放課後図書館に行って，日本の世界遺産についての本を見つけた。とてもおもしろかったわ。将来，それらについて外国の人に伝えたいな」

2

He wanted to fly to it (in space, like a bird).

解説

質問は，「その男の子は，新しい小惑星を見つけたとき，どう思いましたか」という意味である。第2段落2文目「その時（＝新しい小惑星を見つけたとき），彼は鳥のように宇宙の小惑星に飛びたいと思いました」をもとに答える。**主語は the boy を指す代名詞 He にして，「小惑星」は質問文中にあるので，答える文では代名詞 it に変える。**

> **訳** たとえ理科が得意ではなくても，地球が太陽の周りを動く8つの惑星の1つであることは知っているはずです。また，小惑星と呼ばれるたくさんの小さな天体も太陽の周りを回っています。あなたは小惑星に名前を付けられることを知っています

か？　実は，新しい小惑星を最初に見つけた人は，それに名前を付けることができるのです。次のような話はまだ起こっていませんが，想像してみましょう。

ある日，千葉の少年が望遠鏡で新しい小惑星を見つけました。その時，彼は鳥のように宇宙の小惑星に向かって飛びたいと思いました。数日後，彼は小惑星に鳥の名前を付ける夢を見ました。彼は千葉の鳥であるホオジロから名前を取りました。ついに5年後，彼の夢が現実になりました。千葉の人々はそのニュースを聞いてとてもうれしかったです。そのうちの1人は，「ホオジロはいつまでも宇宙を飛ぶのです」と言いました。

この話のように，将来，あなたが小惑星に名前を付けるチャンスが来るかもしれません。

3　She plays shogi on the Internet.

解説

　質問は，「ルーシーはいい棋士になるために何をしていますか」という意味である。第2段落2文目をもとに答える。何をしているかを具体的にするため，答える文では本文中の it を shogi と明らかにする。**本文中の because she wants to be a good player**「いい棋士になりたいから」が，**質問文中では to be a good *shogi* player**「いい棋士になるために」と表現が変えられていることに注意する。

> **訳**　ルーシーは伝統的な日本文化を経験したがっていたので，ある日，彼女を学校の将棋クラブに連れていきました。私たちは部員が将棋をしているところを見ました。ルーシーは私に，「結衣，それぞれの駒に漢字が入っているわ，将棋ってかっこいい」と言いました。私はルーシーに言いました。「将棋は日本の多くの人々によってプレイされていて，有名なプロの棋士もいるよ。そのうちの1人はまだ高校生で，とても強いの！」「すごいわ！私も将棋をやりたい。将棋のルールは難しいの？」ルーシーが言いました。私は彼女に言いました。「ううん。でも最初に，それぞれの駒がどのように動くかを覚えなくちゃいけないの。」ルーシーは一生懸命やってみると言いました。それから彼女は何度もクラブに行き，ルールを学びました。先月，ルーシーはオーストラリアに帰国しました。彼女は今も将棋に興味を持っていて，いい棋士になりたいからと，インターネットでそれをプレイしているそうです。彼女がそれをプレイし続けることを願っています。

4　Because he can meet a lot of people.

解説

　質問は，「ロンはなぜスーパーマーケットで働くのが好きなのですか」という意味である。第2段落11文目をもとに，〈Because＋主語＋動詞〜.〉を使って答える。**A, so B**「AだからB」は，**Because A, B** に書きかえられるということをおさえておく。

> **訳**　〈リー先生は自分のクラスで見せるためにシンガポールで動画を撮りました。その動画では，彼はそこにいる高齢者について話しています。〉
> みなさん，こんにちは！　私は今，シンガポールの大きなスーパーマーケットにいます。ここにはたくさんの労働者がいます。このスーパーマーケットで働く人々の約半数は，50歳以上です。ここで最も高齢の労働者は82歳です！　すごいね。私はここで，労働者の1人にインタビューしました。彼の名前はロンです。彼は今72歳で，5年間ここで働いていると言います。彼は普段週5日働いています。たくさんの人に会えるので，彼はこのスーパーマーケットで働くのが好きなのです。シンガポールの人々は，現在長生きで，仕事を続けているので，60歳のことを「新しい40歳」であると言います。シンガポールでは，65歳以上の25％の人が今も働いているそうです。私は年を重ねても，ここの労働者のように活発でいられるといいなと思います。

PART 2 読解

9　内容に合う英文を完成させる問題

問題→P87

1　meeting and talking together

解説

　下線部は，「それら（＝閉鎖された学校）は地域に『開放』されるでしょう」という意味である。その直後に具体的な内容が述べられている。同じ意味に書きかえた文の People can enjoy 〜 at closed schools「閉鎖された学校で〜を楽しむことができる」が，下線部直後の英文の Many people feel happy to 〜「多くの人々がそこで（＝閉鎖された学校で）〜して幸せに感じる」に当たると考え，「人々は閉鎖された学校で会って話すことを楽しむ」という意味になるように4語 meet and talk together を抜きだす。**enjoy に続く動詞は動名詞にするので，meeting and talking together に形を変える。**

> **訳**　ある日，母は昼食のために僕をレストランに連れて行きました。そこに着いたとき，レストランはどこにあるのかなと思いました。そこには学校が見えました。「学校は2年前に閉鎖されて，今はレストランとして使用されているのよ」と母が言

いました。「日本にはたくさんの閉鎖された学校があって、その中には他の目的に使用されているものもあるの」それを聞いて僕は驚きました。家に帰ったあと、閉鎖された学校についてもっと知るために、ネットサーフィンをしました。

日本では、毎年約500の学校が閉鎖されています。学校の周りの人々は、このことでとても悲しんでいます。そして、学校が閉鎖されたあと、他の問題があります。たとえば、子供のいる家族が別の町に引っ越すと、人口が少なくなってしまいます。また、閉鎖された学校を安全な場所として維持するには、多額の費用がかかります。使用せずに放置するのは危険です。それらは老朽化したり、誰かが何か悪いことをするために中に入ったりするかもしれません。

今は日本全国で、閉鎖された学校を利用することが一般的になっています。実際、それらの約70%がさまざまな目的に利用されています。会社にオフィスとして利用されるものもあります。ホテルやレストランとして使われるものもあります。高知県のある市では、水族館として閉鎖された学校を利用しています。人々がそれをオープンする前に、漁師たちは水族館のために魚を提供しました。彼らの都市の天然資源が彼らを助けたのです。今では、多くの訪問者がその閉鎖された学校で魚や他の動物を見て楽しんでいます。

学校を再利用することには良い点があると思います。彼らは机、いすまたは部屋を使うことができるので、新しいプログラムを始めるためにお金を節約することができます。また、新しいプログラムを開始するには、労働者が必要なので、人々の就職の機会が増えます。特に学校は人々にとって多くの思い出があるので、大切な場所です。そのような場所を、簡単になくしてはいけません。

多くの学校は「閉鎖」されていますが、それらを再利用すれば、地域に「開放」されるでしょう。多くの人がそこで会って、一緒に話をして、幸せに感じます。島根では、過去10年間で51以上の学校が閉鎖されました。利用されているものもありますが、利用されていないものもあります。僕たちはこれらの学校をもっと利用すべきです。それらの使い方について話しましょう。

2 long

解説

「京都には何日滞在しましたか？」を、How long を使って「京都にはどのくらいの間滞在しましたか？」と言いかえる。

訳　ケンジ：　こんにちは、ブラウン先生。私はあなたが京都に行ったと聞きました。旅行はどうでしたか？
ブラウン先生：すばらしかったよ。
ケンジ：　京都には何日滞在しましたか？
ブラウン先生：私はそこで3日間過ごし、観光を楽しんだよ。日本の歴史について学ぶのが好きなので、多くの有名な神社や寺院を訪れたんだ。

ケンジ：　きっとそこで楽しい時間を過ごしたのですね。
ブラウン先生：そうしたよ。

3 イ

解説

something interesting「おもしろいもの」が指す具体的な内容として正しいものを選ぶ。**直後のアリサの「それは何？」に対するナナの4つ目の発言がその説明にあたる**。それをまとめたイの、a way to help people in other countries「他の国々の人々を助ける方法」は、「お店が服を集めて、服を必要としている人がたくさんいる国々に送ること」をまとめている。

訳　ショウヘイ、ナナ、そしてアリサは東京の高校生です。デイビッドはアメリカ合衆国出身の高校生です。彼らは放課後、教室で話しています。
ショウヘイ：この写真を見て！　この自転車が欲しいんだ。
ナナ：　新しいものを手に入れるのはわくわくすることだと思うけど、買う前に慎重に考えるべきよ。
デイビッド：どういう意味？
ナナ：　先週の日曜日、私は姉と一緒に服屋さんに行ったの。私はかわいいTシャツを見つけて、それを買いたかったわ。でも姉は、「あなたはもう十分Tシャツを持っているわ。これ以上必要ないわよ」と言ったの。その後、私はそれを買わなかった。
ショウヘイ：なるほどね。
ナナ：　そのお店で、あるおもしろいものを見かけたのよ。
アリサ：　何？
ナナ：　ポスターよ。それは、他の国々には服を必要としている人がたくさんいるから、そのお店は服を集めて、そこにそれらを送ったことを説明していたわ。
アリサ：　それは興味深いわね。
ナナ：　うん。私は服のいくつかをそのお店に持っていくことにしたの。

PART 2
読解

10 要約文を完成させる問題

問題→P92

1

1　surprised　2　lost
3　technology

解説

1 　第2段落最初の文と2文目より，筆者にとって「『ユーチューバー』が日本の中学校の男子の間で最も人気のある職業の1つである」というニュースは驚くべきものだったので， 1 を含む文が「筆者は日本の中学生の男子の間でユーチューバーが人気の職業になったというニュースを聞いて驚きました」という意味の文になるよう，surprised を入れる。

2 　本文第4段落最初の文「2030年までに，かなり多くの職業が失われ，新たな仕事が生まれると言われています」より，2 を含む文が「人々は，近い将来(＝2030年までに)，**多くの種類の職業が生まれ，そして失われるだろうと言う**」という意味になるよう，lost を入れる。

3 　第4段落6文目をもとに，3 を含む文が「変化している世界で生きるためには，筆者は，人々は将来重要になるテクノロジーについてよく知らなければならないと思っている」という意味になるよう，3 に technology を入れる。**本文の will need to learn about technology が，要約文では have to know much about technology に書きかえられている。また，skills に対する動詞は get なので，know much about に続く語としては不適切である。**

訳 日曜日の午後遅くに，私の2人の子供がユーチューバーのように動画をつくっています。彼らを見ながら，私は彼らの将来について考えています。インターネット上に驚くべきニュースがありました。それには，「ユーチューバー」が日本の中学校の男子の間で最も人気のある職業の1つであると書いてありました。ユーチューバーとは独自の動画をつくり，インターネットにそれらをアップすることによって，お金を稼ぐことができる人のことです。なぜ多くの若い日本人はユーチューバーになりたいのでしょうか？　ある学生は，「毎日自分の好きなことができるので，楽しそうです」と言います。「有名になることも，お金持ちになることもできます」と言う学生もいます。しかし，私はユーチューバーになるには危険性があると思います。まず，ユーチューバーは顔や日常生活が番組に出してしまうので，彼らのプライバシーを守るのは難しいかもしれません。また，自分のお気に入りのユーチューバーがどこに住んでいるのか見つけようとする視聴者もいるかもしれません。第2に，あなたがユーチューバーとして有名になることができれば，真実ではない悪いうわさをされるかもしれません。ユーチューバーになるには危険性がありますが，日本の多くの若者からとても注目を集めていると思います。現在，多くの人がユーチューバーという言葉を知っていますが，11年以上前には，世界の人々はそれについてあまり知らなかったと思います。

技術が世界を変えているのです。将来，地震予報士，宇宙観光ガイド，ごみエンジニアなどの新しい職業が生まれるでしょう。しかし，それが世界をいつもより良いものにすることができるわけではないことを覚えておかなければなりません。つまり，私たちが多くの仕事を失う危険性があるということです。たとえば，技術によって，タクシーやトラックの運転手は仕事を失うかもしれないし，多くの会社はいろいろな場所で店員を雇うのをやめるかもしれません。

2030年までに，かなり多くの職業が失われ，新たな仕事が生まれると言われています。つまり，多くの大人にとって子供にどのような職業が適しているかについてアドバイスすることは難しくなるだろうということです。将来の仕事について考えるために，自分たちの経験を利用することができますか？　いいえ，そうは思いません。技術のおかげで，私たちの生活は以前よりも便利になっていっています。それがないと生きていけないのは真実なのかもしれません。だから，子供たちは技術について学び，変化する世界で役立つ技術を身に付ける必要があると確信しています。また，大人は子供のために，そして自身のためにそうする必要があるでしょう。

今，私の子供たちは動画をつくるのをやめて，ソファーで休んでいます。私は彼らの将来について心配していますが，それを見るのを楽しみにもしています。

PART 2 読解

11 長い文を読む問題

問題→P95

1
(1) ア
(2) ① 母に花をあげることが
　　 ② 花屋の小さな看板を見つけた
(3) ① 花を買いに来た理由
　　 ② 人々を幸せにすること
(4) エ
(5) don't have to buy flowers
(6) イ
(7) イ，カ
(8) ウ

解説
(1) I did it again. 「またやっちゃったわ」の again に注目すると，**最初の文 I forgot Mother's Day again.** から，アを選べばよいとわかる。
(2) 本文第1段落10〜12文目参照。
(3) 本文第3段落5〜9文目参照。9文目の I thought it was wonderful. の it は，8文目の「自

分たちのお店の花が人々を幸せにしたこと」を指している。

(4) 下線部を含む文は,「このことを覚えておいて」という意味で,「このこと」はその直後に続く内容を指している。

(5) don't have to ～「～する必要はない」を使った文。動詞を don't buy にすると,to・have が余ってしまう。

(6) ミマの父が言ったことで,亜矢が正しいと思った言葉として**イ**「花はただの道具である」を選ぶと,そのあとの,亜矢の「花は素敵な道具である」と考えている部分と合う。

(7) **ア**「亜矢は昨年お母さんに花を渡したが,彼女はそれらを気に入らなかった」(×)亜矢は昨年母の日に花を渡し忘れたので,合わない。

  イ「亜矢はミマが初めて彼女のクラスに入ってきたとき,驚いた」(○)第2段落1～4文目参照。

  ウ「ミマの家族はアメリカに滞在するのが好きではなかったので,日本に帰ってきた」(×)

  エ「亜矢は,毎週たくさんの花を買う男性の話を聞いた」(×)ある男性が毎週買うのは,たくさんの花ではなく1輪の花なので,合わない。

  オ「ミマの父は,亜矢が白いバラを欲しがったので,彼女にそれをあげた」(×)

  カ「亜矢は白いバラで家族に感謝の気持ちを示したいと思った」(○)本文最後の文参照。it は a white rose「(ミマの父からもらった)1輪の白いバラ」を指す。

(8) ミマの父からもらった白いバラを,亜矢が父に渡してありがとうと言った後日談である。**ウ**を選ぶと,「私たちの周りの人々に『ありがとう』と言うことは大切だと学びました」という意味の文になる。また,直後の I should try to do it. の it は**ウ**の to say "thank you" to people around us を指し,「『ありがとう』と言おうとするべきです」という意味になることからも,**ウ**が正しいとわかる。

> **訳** 「また母の日を忘れちゃったわ」亜矢は,高校でバスケットボールの練習を終えて,家に向かうバスに乗ったときにそう思いました。もう午後7時

でした。彼女の家の周りにある花屋はもう閉まっているだろうなと思いました。母の日には,いつも母に何本かの花を渡しました。しかし昨年,彼女はその日を忘れてしまいました。お母さんは何も言いませんでしたが,亜矢はお母さんの悲しそうな顔を思い出しました。「ごめん,お母さん。またやっちゃったわ」と彼女は独り言を言いました。彼女はその夜,お母さんに花をあげることはできないと思いました。彼女は悲しくて,窓越しに外を見ていました。そのとき,彼女は駅の近くでお花屋さんの小さな看板を見ました。「降ります！」と彼女は叫びました。彼女はバスを降りて,お店に走って向かいました。それは小さなお花屋さんでした。亜矢はそこで女の子を見かけました。その女の子は短い髪と大きな目をしていました。亜矢は彼女にたずねました。「閉店ですか？」その少女は亜矢を見て,「うーん,閉じるところですが,何かご用ですか？」亜矢さんは答えました。「はい,お母さんへのお花が必要なんです」「母の日？ 大丈夫です。あなたに美しい花を見せられます」その女の子はそう言って,微笑みました。母の日の1週間後,新しい生徒が亜矢のクラスにやって来ました。亜矢は彼女を見たとき,驚きました。彼女は短い髪と大きな目をしていました。お花屋さんの女の子でした。彼女の名前はミマでした。先生は,「ミマは5年間アメリカに住んでいて,2か月前に日本に戻ってきました」と言いました。それから先生は,彼女に亜矢の隣に座るように言いました。ミマは座ったとき,亜矢を見て,「お母さんはお花を気に入ってくれた？」とたずねました。亜矢はミマが自分のことを覚えていたので,ワクワクしました。亜矢は答えました。「うん。あのお花は彼女をとても幸せにしたよ」ミマは満面の笑みでもう一度彼女を見ました。ミマと亜矢は仲のいい友達になりました。ある日,ミマは亜矢に家族とアメリカでの生活について話しました。ミマのお父さんはアメリカ人で,お母さんは日本人でした。彼らはニューヨークでもお花屋さんをしていました。ミマは言いました。「多くの人が私たちの小さなお花屋さんに来てくれたわ。私たちはよく彼らと話をして,なぜ彼らが花を買いに来たのかを聞いたの。お花は彼らの家族や友人のためのものだったわ。私たちのお花は人々を幸せにしたの。私はそれがすばらしいことだと思ったわ」ミマの両親はニューヨークが大好きでしたが,日本に住んでいた彼女の祖父が亡くなりました。それで,彼らは彼女の祖母を独りにしたくなかったので,日本に戻ってきたのです。ミマのお花屋さんへ行くことは,亜矢が週末にする好きなことの1つになりました。ミマの両親と話すことや,花について多くを学ぶことは楽しかったです。亜矢は花の名前と,それらの世話の仕方を学びました。ある日,亜矢はミマのお父さんと母の日について話していました。亜矢は,「また母の日を忘れてしまうかもしれないと心配なのです」と言いました。ミマのお父さんは,「心配しないで」と言い,亜矢に白いバラを渡しました。亜矢は驚きました。「今日は特別な日ではありません」と彼女は言った。彼は微笑んで,「このことを覚えておいて,亜矢。花は特別な日のためだけのものではないよ。私たちは2か月前に店を始めた。この町に住んでいるある男性は,毎週花

を買うために私たちの店に来るんだ」と言いました。「毎週？　彼はたくさん花を買っているのですね！」亜矢は驚きました。「いいえ。彼は毎回1輪だけ買っていくんだ」ミマの父は言いました。「1輪の花？　なぜ彼はそうするのですか？」亜矢はたずねました。ミマの父は言いました。「あのね，彼はそれは時には妻，息子，そして他の家族のためのものだと言っていた。その男性はただ何かを言うために花を使っているのだと思う。花はただの道具なんだ。彼はかつて，彼らに感謝の気持ちを示すことはとても重要だと言っていた。彼は，花を贈るのはそうするのに素敵な方法だと思ったのかもしれない」ミマの父は続けました。「あなたは『ありがとう』と言うために花を買う必要はない。でも，花が便利なときもある。だから，あなたはこの花を使ってもいいかもね」ミマの父は亜矢の手の中にある花を見て微笑みました。
家に帰る途中，彼女はミマの父の言葉を思い出していました。「彼は『花はただの道具なんだ』と言っていたわ。ミマのお父さんの言う通り。花は素敵な道具だけど，それがあってもなくても自分の周りにいる人たちに感謝の意を示すべきなんだ。大事なことは，そうしようとすることだ。私はそれをミマのお父さんから学んだわ」亜矢はそう考えて，手の中にあるバラを見ました。「誰に渡したらいいの？」彼女はしばらく考えましたが，1人を選ぶのは難しかったです。彼女は家族みんなにそれを渡したいと思いました。

1 語順整序

問題➡P101

1

(1) My uncle reads a newspaper written in

(2) was your dream when you were

解説

(1) 動詞は reads，それに対する三人称単数の主語は My uncle である。reads の目的語として a newspaper を置き，そのあとに「（英語）で書かれた」と修飾する written in (English) を続ける。**be 動詞がないことから，過去分詞 written は「〜される〔〜された〕」と名詞を修飾するために使われると考える。**

> **訳** エリコ：　私のおじは毎日，英語で書かれた新聞を読むの。
> 　　　ロジャー：本当？　彼はどこでそれを買うの？

(2) **疑問詞 What に疑問文 was your dream を続ける。**when と残った主語・動詞 you were (a child) を組み合わせ，「あなたが（子ども）だったときに」というかたまりをつくる。What の疑問文として were you を置くと，文が成り立たない。

> **訳** ミカ：あなたの子どものころの夢は何だったの？
> 　　　サム：うーん，科学者になりたかったな。君はどうなの？

2

(1) イ→エ→ウ→オ→ア
(2) エ→ウ→ア→オ→イ
(3) エ→ウ→ア→オ→イ
　　〔エ→オ→イ→ウ→ア〕

解説

(1) 直前の「誰のことを話しているの？」に対する答えなので，**どのような人かを説明する文をつくると考える。**語群直前の The と man を組み合わせ，さらに，taking care (of) と熟語のかたまりをつくる。残った語 who と is から，The man を関係代名詞のかたまり who is taking care (of the dog over there) が修飾していると考える。**The man を分詞 taking care of 〜が修飾していると考えると，who is が余ってしまうので，修飾のために who を関係代名**

詞として用いる。

> 訳 A:以前，あの男性を見たことがあると思う。
> B:誰のことを話しているの？
> A:向こうで犬の世話をしている男性よ。
> B:あぁ，彼はヒガ先生よ。私の理科の先生だわ。

(2) 語群の not と as 〜（as …）から，「…ほど〜ではない〔しない〕」という意味の文をつくればよいとわかる。

> 訳 A:サッカー部では誰が最も速く走るの？
> B:ケイスケだよ。
> A:ユウトはどう？
> B:彼も速く走るよ。でも，ケイスケほど速くは走れないんだ。

(3) 外は寒くて，今も寒く感じているという状況から，Do you want の目的語として，something hot to drink「何かあたたかい飲み物」を置く。-thing の修飾は，hot のような 1 語の形容詞でも後ろに置くことに注意する。〈something ＋形容詞＋ to 〜〉「…な〜するもの」という意味になる。

> 訳 A:今日は学校どうだった？
> B:体育がとてもおもしろかった。でも外は寒すぎたよ。今もまだ寒い。
> A:あたたかい飲み物，欲しい？
> B:うん！　ありがとう。

3
(1) How is the weather in
(2) Taking care of them isn't easy
(3) have lost the watch my father bought for

解説

(1) 直後で天候を表す文があるので，天気をたずねる文 How is the weather をつくればよいとわかる。in は語群直後の Tokyo と組み合わせ，「東京で」と場所を表す語句にする。

> 訳 A:今日の東京の天気はどう？
> B:雨が降っていて，寒いよ。富山はどう？
> A:こちらは，今日，曇っているけれど暖かいよ。

(2) 熟語 take care of 〜「〜を世話する」を使ったかたまり taking care of them「それら（＝ 3 匹の犬）を世話すること」をつくる。それを主語にすると，isn't easy「簡単ではありません」と組み合わせることができる。

> 訳 A:僕は毎朝犬と散歩をするんだ。
> B:犬を何匹飼っているの？
> A:3 匹だよ。彼らを世話するのは簡単ではないけれど，彼らと生活するのを楽しんでいるよ。

---

(3) 探しものをしているということから，lost を使って「僕は時計をなくした」を中心にした文にする。残った my father bought for（me）「（私）に買ってくれた」を，the watch を修飾するためにその後ろに置き，「父が僕に買ってくれた腕時計」という目的語のかたまりをつくる。have は，過去分詞 lost と組み合わせ，現在完了の完了用法で「なくしてしまった」という意味を表す。bought と組み合わせないように注意する。

> 訳 A:何か探しているの？
> B:うん。お父さんが僕に買ってくれた腕時計をなくしちゃったんだ。
> A:それをどこに置いたの？
> B:2 日前，このテーブルに置いたよ。

4
(1) 3番目：6　　5番目：5
(2) 3番目：6　　5番目：1
(3) 3番目：3　　5番目：4

解説

(1) B が「すしが一番好きよ」と答えているので，A は「あなたはどんな食べ物が一番好きですか」とたずねていると考える。What（〜）do you like the best?「あなたは何（の〜）が一番好きですか」とたずねる英文をおさえておこう。What は名詞 food と組み合わせて「どんな食べ物が〜？」とたずねる疑問詞のかたまりにすることに注意。

> 訳 A:サヤカ，君はどんな食べ物が一番好き？
> B:すしが一番好きよ。

(2) 動物園に行ったことについての過去の文なので，動詞は see ではなく looked を用いる。〈look ＋形容詞〉「〜そうに見える」と〈形容詞＋ to 〜〉「〜して…」を組み合わせて，looked happy to see the animals「動物を見て幸せそうに見えた」という意味の文をつくる。looked at 〜「〜を見た」を使わないように注意する。

> 訳 A:週末はどうだった？
> B:家族と動物園に行ったの。妹はそこの動物たちを見てうれしそうだったわ。

(3) like はここでは「〜のような」という意味の前置詞として使い，this と組み合わせ，「このような」という意味の語にする。I've wanted to have「〜を持ちたかった」の目的語として

a watch like（this）「（この）ような時計」とすると自然な文になる。正解の他に，I've wanted の目的語として，something to ～「～するもの（が欲しかった）」や a watch「時計（が欲しかった）」が考えられる。something を使った something to watch like（this）「（この）ような見るための何か」を目的語とすると，不要の a を除いても have が余ってしまう。また，a watch を使って，a watch to have like（this）「（この）ような持つべき時計」という意味になり，文として不自然。**watch が名詞で使われているか動詞で使われているかにも注意する。**

> **訳** A：アヤコ，誕生日おめでとう！ これはあなたへのプレゼントよ。
> B：ありがとう，ママ！ すばらしい！ このような腕時計を付けたいと思っていたの。

PART 3
英作文

2 和文英訳問題

問題→P104

1
(1) （例）You had a chance to think about Japan and understood what to do.
(2) （例）I think the things written in the book are useful when you talk about Japan.

解説
(1) 「あなたは～をもち，そして（あなたは）…を理解しました」と表すので，主語 you と過去形の動詞（had, understood）を使った文を，and でつなぐ。You had の目的語「日本について考える機会」は，不定詞の形容詞的用法を使った a chance to ～「～する（ための）機会」を用いて表す。また，and understood に続く目的語「何をするべきか」は，what to do と表す。
(2) **主語・動詞は I think で，続ける目的語〈（that ＋）主語＋動詞〉の主語が「その本に書かれていること」で，動詞部分は「役に立つ」である。**「その本に書かれていること」には，things「こと」に過去分詞を使った written in the book「その本に書かれている」を続けて，後ろから修飾する形で表す。また，「あなたが日本について話す時に」は，〈when ＋主語＋動詞〉「～が…

する時」を用いて表す。

> **訳** 私は世界にそんなに多くの世界遺産があるのを知りませんでした。あなたは日本について考える機会をもち，そして何をするべきかを理解しました。あなたは日本にある世界遺産についての本を読むために図書館に行ったのですね。その本に書かれていることは，あなたが日本について話す時に役立つと思います。

2
(1) （例）I found a book for traveling abroad and I kept reading it for two hours.
(2) （例）What is the most wonderful book that you have ever read?

解説
(1) **読点で区切られた部分を，and でつなぐ。**前半の主語・動詞は I found で，それに続く目的語「外国を旅するための本」は，a book に目的を表す前置詞を使った for ～ ing を続けて表す。後半は，動詞 keep ～ ing「～し続ける」を使った kept reading に対する主語 I を補い，主語・動詞を完成させる。なお，(1)では前半と後半の主語が同じなので，必ずしも I を補わなくてもよい。
(2) **最上級を用いた the most wonderful book のあとに，「あなたが今までに読んだ」という修飾を付け加える。**修飾に〈主語＋動詞〉を含む場合は，目的格の関係代名詞（省略可）を用いて表す。目的格の関係代名詞 that のあとの主語として you，動詞として have ever read を置く。**the most wonderful book のように先行詞に最上級が用いられている場合は，関係代名詞として that を使うのが普通。**

> **訳** 私は先月学校の図書館に行きました。私は外国を旅するための本を見つけ，それを2時間読み続けました。今では，しばしばそこに行って，たくさんの本を読みます。あなたが今までに読んだ最もすばらしい本は何ですか。私もそれを読んでみたいです。

3

① （例）You need to understand them.
② （例）Such people may be saved by our efforts.

解説

① 「～する必要がある」は，must ～または need〔have〕to ～を使って表す。
② 「救われるかもしれない」は助動詞 may ～「～かもしれない」と受け身 be saved「救われる」を組み合わせて表す。「～によって」は by ～と表す。

> **訳** 海外に行ったことがありますか？ 私は一度も海外を訪れたことはありませんが，興味はあります。先月，アメリカに行くために英語で面接試験を受けました。その面接試験で，面接官は私にいくつか質問をしました。「なぜアメリカに興味があるのですか？」「アメリカ留学の目標は何ですか？」私はこれらの質問に答えました。しかし，次の質問は私にとって難しかったです。彼らは，「あなたは将来何をしたいですか？」とたずねました。私は何を言うべきかわかりませんでしたが，「私はアメリカで働きたいです……ええと，国際連合で」と言いました。それから彼らは，「あなたが国際連合について知っていることを教えてください」と言いました。私は国際連合が何をしているのか知らなかったので，この質問に答えることができませんでした。だから私はアメリカに行く機会をもらえませんでした。
> 面接試験後，私は英語の先生であるグリーン先生とそれについて話しました。彼女は私に言いました。「国際連合は世界の問題を解決しようとしています。あなたはそれらを理解する必要があります」
> その後，私はそれらの問題についての本を探しました。私は本当にたくさんの問題があることに気づきました。たとえば，多くの人がきれいな水を手に入れることができません。多くの人が十分な食べ物を手に入れることができません。家族のために働くため，学校に行くことができない子供たちのいる場所もあります。そのような人々は私たちの努力によって救われるかもしれません。だから私は，何をするべきか知りたいと思いました。それから私は，2人の高校生によるスピーチを聞きました。彼らはボランティアとして発展途上国に行きました。彼らのうちの1人は，子供たちの世話をしました。もう1人の生徒は，小さな村を訪れ，そこに住んでいる人々のために井戸を掘りました。今，私は何かをやり始めることが，自分にとって最も重要だと思います。だから来年，もし機会があれば，途上国でボランティアとして働きたいです。将来，私は世界の問題を解決できる人になるでしょう。

PART 3　英作文

3 場面・条件に合う
英文を書く問題

問題→P107

1

① （例）many foreigners visit Japan
② （例）you should watch movies in English

解説

① because に続け，それら（＝外国の文化）について学ぶことがとても大事だとする理由を書く。because のあとには，主語・動詞を続ける。
② 直前のなおみの発言を受け，For example に続けて英語をよりよくする方法の具体例を挙げる。you should ～「あなたは～するべきです」を使ってアドバイスの文を書くとよい。

> **訳** ブラウン先生：新学期が始まりましたね。何を学びたいですか。
> なおみ：外国の文化についてもっと学びたいです。多くの外国人が日本を訪れるので，それらについて学ぶことはとても大切です。
> ブラウン先生：それはとても良い視点ですね。
> なおみ：私は自分の英語をよりよくしていきたいとも思っています。でも，そうする方法がわかりません。何か考えはありますか。
> ブラウン先生：たとえば，英語で映画を見るべきです。
> なおみ：いいですね。そうします。

2

（例）My father bought me a camera for my birthday, so let's go and take pictures during the winter vacation.

解説

「私の誕生日にお父さんがカメラを買ってくれたので，冬休み中に一緒に写真を撮りに行きましょう」という意味の文を書く。「～ので…」は，～ so …でつなぐ。

3

(1) ①
（例1）The dinner you made yesterday was delicious.
（例2）I liked the dinner you cooked for me yesterday.

（例3）I enjoyed the meal you prepared for dinner yesterday.

②

（例1）How's your school life here?

（例2）Is your school life in Japan all right?

（例3）Do you have any problems at school in Japan?

③

（例1）What do you want to do while you are here?

（例2）What would you like to do during your stay in Japan?

（例3）Can you tell me what you want to try in Japan?

(2)　①

（例1）His house is near our school.

（例2）He lives near here.

（例3）My grandfather's house is close to this school.

②

（例1）My grandfather and I often walk his dog.

（例2）We often walk his dog together.

（例3）I often go out for a walk with him and his dogs.

③

（例1）There are many pictures of his dog in his house.

（例2）My grandfather has a lot of pictures of the dog at home.

（例3）His house has many photos of the dogs.

解説

(1) ① 「（あなたが）昨日作ってくれた夕食」は「夕食」のあとに「（あなたが）昨日作ってくれた」を置いて修飾する。**修飾に主語・動詞が入っているので，〈目的格の関係代名詞 which または that（省略可）＋主語＋動詞〉**を用いて表す。

② 「～はどうですか」と様子をたずねるときには，疑問詞 How を用いて How is ～? で表す。また，「日本での学校生活は大丈夫ですか〔問題はないですか〕」など，心配する英文でもよい。

③ 「あなたは日本にいる間に何をしたいですか」という意味の英文を書く。「あなたは何をしたいですか」は want to ～〔would like to ～〕「～したい」を使って What do you want to do?〔What would you like to do?〕と表す。「日本にいる間」は，〈while ＋主語＋動詞〉「～が…している間」または〈during ～〉「～の間」を使って表す。

(2) ① 「～にある」は be 動詞を用いて表す。主語が His〔My grandfather's〕house なので，be 動詞として is を使う。「～の近く」は，near ～, close to ～, by ～ などを使って表す。また，「彼（僕の祖父）は学校の近くに住んでいます」という文でもよい。

② often「しばしば」は一般動詞 walk「～を散歩させる」などの直前に置く。

③ 「…にたくさんの～がある」は，〈There are many〔a lot of〕～ ＋…（場所）〉または〈…have〔has〕＋ many〔a lot of〕～〉を使って表す。「彼の犬の写真」は pictures〔photos〕of his〔the〕dog という語順で表すことに気をつける。

PART 3 英作文 4 英文に返事などを書く問題

問題→P110

1
（例）We can go next time. Please take care.

解説

デイビッドからのメールの内容は，昨夜から体調が悪く，午後に約束していたテニスの試合観戦に行くことができないことを謝っているものである。それに対する返信で，京子は Are you OK?「大丈夫？」と See you soon.「またね」と言っているので，**体調を気遣ったり，また今度一緒に行く機会を持ちたいという気持ちを伝えたりする英文を書くとよい。**

訳【メール】
こんにちは，京子。
本当に申し訳ないけれど，今日の午後に君と一緒にテニスの試合を見に行くことができないんだ。昨夜から体調が悪いんだ。
デイビッドより

2

(例) You should go to Kyoto. There are many shrines and temples in Kyoto. You can learn about Japanese history by visiting them. You can also enjoy good Japanese food in Kyoto.

解説

　シンガポールに住むチャーリーに，日本のどこを訪れるべきかとその理由を伝えるメールを書く。まず，**You should visit〔go to〕〜．「あなたは〜に行くべきです」と行くべき場所を伝える。**その理由として，You can 〜 there.「あなたはそこで〜することができる」と利点をあげたり，if〔when〕you visit it〔go there〕「そこへ行ったら」やby visiting it〔going there〕「そこへ行くことによって」を使って，**実際にその場所へ行ったときの良い点をあげたりするとよい。**

訳　こんにちは，○○○！　元気？
僕は将来日本を旅行したいんだ。日本文化に興味があるんだ。それで，僕は日本のどこを訪れるべきかな？　そしてそれはなぜ？
アイディアをくれたらうれしいな！
君の友達，チャーリーより

あなたの返事
こんにちは，チャーリー！
メールをありがとう。
君は京都に行くべきだよ。京都にはたくさんの神社とお寺があるんだ。それらを訪れることで，君は日本の歴史について学ぶことができるよ。京都ではおいしい日本食を楽しむこともできるよ。
よろしくね，○○○より

3

(例) I think a Japanese restaurant is good for you. I am sure you like cooking, so you will enjoy learning about Japanese food there.（23語）

解説

　ケイティのメールから，彼女の好きなことや得意なことを読み取り，それに合う職場を，資料の

職場リストから1つ選んで，I think（that）〜 is good for you.「あなたには〜が良いと思います」と職場体験の場所を推薦する。

訳　電子メール①
件名：自由時間にすることについて
こんにちは，香織。
メッセージありがとう。
あなたが私の職場体験の場所をおすすめしてくれると知ってうれしいわ。
私は自由時間にしていることについて書くから，この情報が役に立つといいなと思っているの。
私には弟がいるの。そして，ひまなときに彼と遊ぶのよ。彼はそれをとても楽しむの。
私は犬を2匹飼っているわ。毎朝彼らを散歩させ，毎晩彼らの毛にブラシをかけるのよ。
週末には，家族のために夕食をつくるんだけど，彼らは本当にそれを気に入ってくれるわ。
私は毎月4冊以上の本を読んで，友達とその物語について話すのよ。
あなたからのメールを待っているわ！

電子メール②
件名：職場体験
こんにちは，ケイティ。
あなたの職場体験にこの場所を推薦するわ。
日本食レストランがあなたによいと思う。あなたはきっと料理が好きだろうから，そこで日本食について学ぶことを楽しむでしょう。
あなたはそこでよい経験をすると思うの。
どう思う？
質問があったら私に聞いてね。
香織より

5 自分の考えを書く問題

問題→P114

1

（例） I want to study English hard to be a better speaker of English. My future plan is to go abroad and make many friends in the world. (27語)

解説

　まず，これからやりたいことを I want to 〜 . や I'd〔I would〕like to 〜 . を使って挙げる。理由として，そうする目的や目標などを書くとよい。25語以上書くために，「これから」を具体的に when I become a high school student「高校生になったら」や if I visit Australia「オーストラリアを訪れたら」などと表すこともできる。

2

（例1） I agree with this idea, because we will not have to use English in the future. We will have very useful machines that can speak English. So we should study other subjects more. (33語)

（例2） I don't think so. In the future, there will be more foreigners from all over the world in Japan. We will have to work with those people and have communication with them in English. (34語)

解説

　まず，【考え】に賛成の場合は I agree with this idea.〔I think so, too.〕，反対の場合は I don't agree with this idea.〔I don't think so.〕と立場をはっきりさせる。意見や理由の主語は I や we「私たち（日本人）は」を使う。動詞には must 〜〔have to 〜〕「〜しなければならない」，not have to 〜「〜する必要はない」, should 〜「〜するべき」などを加えて表すとよい。

3

（例）

I can make my English communication abilities better by watching movies in English. I can learn many English words and how to use them by doing so. (27語)

解説

　質問は，「あなたの英語のコミュニケーション能力をよりよくするために何をすることができますか」という意味。まず，（I think that）I can 〜 .「〜することができる（と思う）」と質問に対する意見を書く。さらに，I can 〜 by doing so.「そうすることによって〜することができる」と，そのように英語を勉強する利点を述べるとよい。

4

（例）

〈セイヤさんに賛成の場合〉I agree with Seiya. When we take care of animals, we work together with our friends. It's important to do something with others. (23語)

〈カナコさんに賛成の場合〉I'm for Kanako's opinion. If we have animals in our classroom, we may lose our attention during class. Some animals make sounds and it can surprise us. (27語)

解説

　まず，2人のうちどちらに賛成するかを，I agree with Seiya〔Kanako〕. などと表す。賛成する理由を，〈When＋主語＋動詞〉「〜が…するとき」や〈if＋主語＋動詞〉を使って，実際に動物を飼ったときの良い点や悪い点を述べる。

訳		
先生：	教室で動物を飼っている学校もあります。彼らは，動物は生徒たちによいと思っています。あなたたちは教室で動物を飼うべきだと思いますか？
セイヤ：	僕は教室で動物を飼うべきだと思います。それは私たちに動物について知るよい機会をくれます。僕たちは本には書かれていないかもしれないことを学ぶことができます。
カナコ：	私は動物を飼うべきではないと思います。動物を飼いたくない生徒もいます。彼らは動物を怖がったり，それらにアレルギーがあったりするかもしれません。
先生：	セイヤとカナコの言うことはわかります。あなたの意見はどうですか？

6 絵や図を読み取る問題

問題→P117

1

① we'll start practicing
② finish changing clothes

解説

① ☐ のあとの volleyball in the gym at one「1時に体育館でバレーボール」から，**黒板の「13:00 〜バレーボール練習開始」に注目すればよいとわかる。**練習を開始するのは生徒たちなので，主語として we を使い，動詞は will start〔begin〕を使う。「練習開始」は「練習することを始める」と考え，start〔begin〕practicing〔to practice〕と表す。

② ☐ の直前 must 〜「〜しなければならない」と直後の before we go to the gym「体育館に行く前に」をもとに，**黒板の「体育館集合前に，更衣をすませておくこと（＝体育館に行く前に着替えることを終わらせなければならない）」に注目すればよいとわかる。**「着替えることを終わらせる」を，change clothes「着替える」と finish 〜 ing「〜し終える」を組み合わせた finish changing clothes と表す。

> **訳** ① 黒板を見て。1時に体育館でバレーボールの練習を始めるみたいだよ。
> ② まぁ！ 体育館に行く前に着替えなきゃいけないわ。急いだほうがいいわね。

2

（例1）Junko is playing the guitar.
（例2）Haruko is drinking water.
（例3）Hiroshi is sitting on the bench.
（例4）Yoko is eating ice cream.
（例5）Kenji is walking a dog.
（例6）Jiro is sleeping.

解説

現在進行形〈is〔am / are〕＋〜 ing〉を用いる。主語が三人称単数なので，be 動詞として is を用いる。

3

④ （例）It is called〔We call it〕
⑥ （例1）Don't take pictures here
　 （例2）You must not take pictures
⑧ （例1）Shall we drink something
　 （例2）Would you like something to drink

解説

④ ③の「このような絵」についての説明として，直後に suibokuga「水墨画」があることから，「それは日本語で水墨画と呼ばれています」または「私たちは日本語でそれを水墨画と呼びます」という意味の英文にすればよいと考える。

⑥ Look at this.「これを見て」の**「これ」は，指を差している「撮影禁止」の掲示なので，Don't 〜 . または You must not 〜 . を使って「写真を撮ってはいけません」という意味の英文を書く。**

⑧ 「のどがかわきました」に対して，⑨では「コーヒーショップに行きましょう」と提案しているので，⑧には「何か飲みましょう」という意味の英文が入るとわかる。**英文が？で終わっているので，Let's 〜 . は使えない。**Shall we 〜 ?, How about 〜 ing?, Why don't we 〜 ? などを使って提案したり，Would you like something to drink?「飲み物はどうですか？」と相手の意向を聞いたりする。

> **訳** ① なんて素敵な美術館なの！ この美術館には何枚の絵があるのですか？
> ② ここには約100枚の絵があると聞いています。
> ③ 私は今までにこのような絵を見たことがありません。
> ④ それは日本語で水墨画と呼ばれています。ここでは水墨画の世界を楽しむことができます。
> ⑤ なんて美しいのでしょう！ 写真を撮りたいわ。
> ⑥ これを見て。ここで写真を撮ってはいけません。
> ⑦ あぁ，なるほど。この掲示は見ていませんでした。ありがとう。
> ⑧ のどがかわきました。何か飲みましょうか。
> ⑨ わかりました。向こうのコーヒーショップに行きましょう。

英語の質問に答える問題

問題→P121

例題

No. 1

放送文

A: Junko, have you ever been to a foreign country?
B: Yes, Mark. I've been to Canada three times and China twice.
A: Wow, that's great. Which country do you like better?
B: I like Canada better.
Question: How many times has Junko been to Canada?

訳 A：ジュンコ，外国に行ったことはある？
B：えぇ，マーク。私はカナダに3回，中国に2回行ったことがあるわ。
A：わぁ，それはすばらしいね。どちらの国の方が好き？
B：私はカナダが好きよ。
質問：ジュンコはカナダに何度行ったことがありますか？

No. 2

放送文

A: What are you going to eat, Kumi?
B: I think I'll have soup and salad. How about you?
A: I'll have pizza, salad, and cake.
B: I'll have cake, too.
Question: What will Kumi eat?

訳 A：クミ，きみは何を食べるつもりなの？
B：スープとサラダを食べると思う。あなたはどう？
A：ピザ，サラダ，そしてケーキを食べるよ。
B：私もケーキを食べるわ。
質問：クミは何を食べますか？

1 (1) イ (2) エ (3) ウ (4) イ

解説

(1) 質問は「アレックスは何について読んでいますか？」という意味。

放送文

A: What are you doing, Alex?
B: I'm reading a book. It's about baseball.
A: Oh, I see.
Question: What is Alex reading about?

訳 A：アレックス，何をしているの？
B：本を読んでいるよ。それは野球についてのものなんだ。
A：あぁ，なるほど。
質問：アレックスは何について読んでいますか？

(2) 質問は「彼らはいつ図書館で勉強するのですか？」という意味。Bがダンスのレッスンを受ける土曜日を選ばないように注意する。

放送文

A: Mayumi, let's study in the library this Saturday.
B: Sorry, Tommy. I have a dance lesson this Saturday. I'll be free on Sunday.
A: All right. Then, let's meet in the library on Sunday.
Question: When are they going to study in the library?

訳 A：マユミ，今週の土曜日に図書館で勉強しよう。
B：ごめん，トミー。今週の土曜日はダンスレッスンを受けるの。日曜日は時間があるわ。
A：わかった。じゃあ，日曜日に図書館で会おう。
質問：彼らはいつ図書館で勉強するのですか？

(3) 質問は「誰が東京で働いていますか？」という意味。A（＝リョウコ）の兄〔弟〕が東京で働いている。ロンドンで働いているB（＝マイク）の兄〔弟〕や，東京の学生であるA（＝リョウコ）の姉〔妹〕を選ばないように注意する。また，マイクの姉妹については話されていない。

放送文

A: Do you have any brothers or sisters, Mike?
B: Yes, I have one brother. He's in London and works for a Japanese company. How about you, Ryoko?
A: I have one brother and one sister. They're in Tokyo. My brother works there and my sister is a student.
Question: Who works in Tokyo?

訳 A：マイク，あなたには兄弟姉妹がいる？
B：うん，僕には兄弟が一人いるよ。彼はロンドンにいて，日本の会社のために働いているよ。リョウコ，君はどうなの？
A：兄弟と姉妹が一人ずついるよ。彼らは東京にいるわ。兄〔弟〕はそこで働いていて，姉〔妹〕は学生なの。
質問：誰が東京で働いていますか？

(4) 質問は「ミシェルはなぜ日本に興味を持つようになったのですか？」という意味。放送文のShe often told me about this country when I was in Canada, so I became interested in Japan.「私がカナダにいたとき，彼女はよくこの国について話してくれたので，日本に興味を持つようになったの」を，Because を使って言いかえたイ「彼女はしばしば祖母から日本について聞いていたから」を選ぶ。

A: Why did you come to Japan, Michelle?
B: My grandmother was born in Japan. She often told me about this country when I was in Canada, so I became interested in Japan.
A: Really? I'm surprised to hear that.
Question: Why did Michelle become interested in Japan?

訳 A：ミシェル，君はなぜ日本に来たの？
B：私のおばあちゃんは日本で生まれたのよ。私がカナダにいたとき，彼女はよくこの国について話してくれたので，日本に興味を持つようになったの。
A：そうなんだ。それを聞いて驚いたよ。
質問：ミシェルはなぜ日本に興味を持つようになったのですか？

訳 グリーン先生：こんにちは，ヒロシ。今朝はとても寒いわね。
ヒロシ：　　今夜は雪が見られそうです。
グリーン先生：とてもわくわくしているわ。
ヒロシ：　　あなたの国では雪が降りますか？
グリーン先生：いいえ。冬がないので，私は自分の国ではそれを見たことがないの。
ヒロシ：　　本当ですか？　あなたの国にはいくつの季節がありますか？
グリーン先生：2つの季節しかありません。4つの異なる季節を楽しむことができるので，私は日本が好きよ。あなたはどの季節が好き？
ヒロシ：　　ええと，僕は海で泳ぐことができるので夏が好きです。あなたはどうですか？
グリーン先生：私たちは美しい花を楽しむことができるので，春が一番好きよ。
ヒロシ：　　秋にもとても美しい花があります。僕はそれらを見るのが好きです。だから秋も僕の好きな季節のひとつです。

(1)　グリーン先生はなぜわくわくしているのですか？
(2)　ヒロシはどの季節が好きですか？

2　(1) イ　(2) ア

解説

(1)　質問は「グリーン先生はなぜわくわくしているのですか？」という意味。I'm so excited. は直前の「今夜は雪が見られそうです」に対しての発言なので，イ「彼女は今夜雪を見ることができるからです」を選ぶ。

(2)　質問は「ヒロシはどの季節が好きですか？」という意味。「夏が好きです」と「だから秋も僕の好きな季節のひとつです」から，アを選ぶ。

放送文

グリーン先生：Hi, Hiroshi. It's very cold this morning.
ヒロシ：　　We're going to see snow tonight.
グリーン先生：I'm so excited.
ヒロシ：　　Do you have snow in your country?
グリーン先生：No. I have never seen it in my country because we don't have winter.
ヒロシ：　　Really? How many seasons do you have in your country?
グリーン先生：We have only two seasons. I like Japan because I can enjoy four different seasons. Which season do you like?
ヒロシ：　　Well, I like summer because I can swim in the sea. How about you?
グリーン先生：I like spring the best because we can enjoy beautiful flowers.
ヒロシ：　　Some flowers are very beautiful in fall too. I like to see them. So fall is also one of my favorite seasons.

(1)　Why is Ms. Green excited?
(2)　Which seasons does Hiroshi like?

3
(1)　high school student
(2)　visit
(3)　to talk

解説

(1)　「ウィルソンさんはいつ日本語を学び始めたのですか」に対して，「彼は高校生のときに日本語を学び始めました」という答えにするために high school student を入れる。

(2)　「ウィルソンさんは日本で何をするのが好きですか」に対して，「彼は日本の古い町を訪れることが好きです」という答えにする。空欄の直前に to があるので，「〜を訪れること」は不定詞を使って to visit と表す。

(3)　「なぜタカコは中国語を学びたいのですか」に対して，「もっと多くの人々と話せるようになりたいからです」という答えになるよう，be able に続けて to talk を入れる。be able to 〜「〜することができる」。

放送文

タカコ：　　Mr. Wilson, I hear you have studied Japanese for a long time.
ウィルソンさん：Yes, I started learning it when I was a high school student.
タカコ：　　Wow! Was Japanese a subject at your school?

ウィルソンさん:	Yes, it was. Some of my friends took Japanese and some of my other friends took French and Chinese.
タカコ:	Why did you choose Japanese?
ウィルソンさん:	One of my friends at school was from Japan and he showed me some pictures of old towns in Japan. After that, I decided to study Japanese.
タカコ:	And now you are here in Japan.
ウィルソンさん:	Yes. I really like to visit old towns in Japan.
タカコ:	Really? If you like old towns, Kyoto is a good place to visit.
ウィルソンさん:	I'm going there this summer. By the way, you are learning English now, but are there any other languages you want to learn, Takako?
タカコ:	Well, I want to learn Chinese in the future.
ウィルソンさん:	Oh, why is that?
タカコ:	A lot of people speak Chinese, so I want to be able to talk with more people.
ウィルソンさん:	I see. You can do a lot of great things if you can speak other languages. Good luck.

| タカコ: | 多くの人々が中国語を話すので、もっと多くの人々と話せるようになりたいのです。 |
| ウィルソンさん: | なるほど。あなたが他の言語を話すことができれば、すばらしいことがたくさんできるよ。がんばってね。 |

---

4 (1) エ (2) イ (3) ウ

解説

(1) 質問は「カナダ出身の男性は何を知りたがっていましたか?」という意味。

(2) 質問は「ケンジはカナダ出身の男性にどのように伝えましたか?」という意味。「簡単な単語といくつかのジェスチャーを使いました」を書きかえたイ「簡単な単語といくつかのジェスチャーを使うことによって」を選ぶ。

(3) 質問は「明はその経験から何を学びましたか?」という意味。

放送文

When I was walking in the park with my friend, Kenji, last Sunday, a man talked to us in English. He spoke slowly to us, so we soon found that he was from Canada and he wanted to know how to get to the hotel. We wanted to tell him how to get there in English, but I couldn't talk to him because I was nervous and I didn't want to make mistakes. Then Kenji began to talk to him in English. Kenji's English wasn't very good, but Kenji used easy words and some gestures to tell him the way to the hotel. I thought he wasn't afraid of making mistakes. The man looked very happy when he understood where the hotel was. Kenji also looked happy.

I was always nervous when I spoke English. But I learned I shouldn't be afraid of making mistakes through this experience. I'll try to speak English like Kenji next time.

(1) What did the man from Canada want to know?

(2) How did Kenji tell the man from Canada?

(3) What did Akira learn through the experience?

訳 タカコ: ウィルソンさん、あなたは長い間日本語を勉強してきたと聞いています。

ウィルソンさん: そう、私は高校生のときにそれを学び始めたんだよ。

タカコ: わぁ! あなたの学校では日本語は教科だったのですか?

ウィルソンさん: うん、そうだったよ。友達の何人かは日本語を受講し、他の友達の何人かはフランス語と中国語を受講したんだ。

タカコ: なぜあなたは日本語を選んだのですか?

ウィルソンさん: 学校の友達の一人が日本出身で、彼は私に日本の古い町の写真をいくつか見せてくれた。その後、日本語を勉強することにしたんだ。

タカコ: そして今、あなたは日本にいます。

ウィルソンさん: そう。私は日本の古い町を訪れるのが本当に好きなんだ。

タカコ: 本当ですか? あなたが古い町が好きならば、京都は訪れるのに良い場所です。

ウィルソンさん: 私はこの夏そこに行くつもりなんだ。ところでタカコ、君は今英語を勉強しているけれど、他に勉強したい言語はあるかい?

タカコ: ええと、将来は中国語を勉強したいです。

ウィルソンさん: ふむ、なぜ?

訳 先週の日曜日、友達のケンジと公園で散歩しているときに、ある男性が英語で僕たちに話しかけてきました。彼は僕たちにゆっくり話してくれたので、すぐに彼はカナダ出身で、ホテルへの行き方を知りたがっているとわかりました。僕たちは彼にそこへの行き方を英語で伝えたかったのですが、僕は緊張していたし、失敗したくないと思っていたので、彼に話すことができませんでした。そのとき、ケンジが彼に英語で話し始めました。

ケンジの英語はあまり上手ではありませんでしたが，ケンジは彼にホテルへの行き方を教えるために簡単な単語といくつかのジェスチャーを使いました。僕は，彼は失敗を恐れないのだと思いました。その男性は，ホテルがどこにあるかわかったとき，とても幸せそうに見えました。ケンジも幸せそうに見えました。

僕は英語を話すとき，いつも緊張していました。しかし，この経験を通して，失敗をすることを恐れるべきではないと学びました。次回はケンジのように英語を話してみようと思います。

(1) カナダ出身の男性は何を知りたがっていましたか？

(2) ケンジはカナダ出身の男性にどのように伝えましたか？

(3) 明はその経験から何を学びましたか？

---

5 **(1)** イ **(2)** To enjoy Japanese food.

解説

(1) 質問は「ABC デパートはどのくらいの間，世界の昼食祭を開催するのですか？」という意味。「11 時から 3 時まで，7 階で世界の昼食祭を開催する予定です」から，イ「4 時間」を選ぶ。

(2) 質問は「モリ・タロウは他の国々の人々に何をしてほしかったのですか？」という意味。「彼はそこの人々に日本食を楽しんでもらいたいと思いました」から，「日本食を楽しむこと」という答えになるよう，不定詞を使って To enjoy Japanese food. と表す。

放送文

　Welcome to the ABC Department Store. Today we have a special event. From eleven to three, we are going to hold our World Lunch Festival on the seventh floor. Chefs from five countries will come and cook traditional foods. And today a famous Japanese sushi chef, Mori Taro, will also come to the festival! He started to work as a sushi chef in Kanagawa thirty years ago. He worked as a sushi chef for many years in other countries, too. He wanted people there to enjoy Japanese food. He came back to Japan last year. He is going to open a new restaurant in Tokyo next month. Today he will make four different kinds of sushi lunch for you!

　We hope you enjoy your shopping and a special lunch at the ABC Department Store today. Thank you.

(1) How long will the ABC Department Store hold the World Lunch Festival today?

(2) What did Mori Taro want people in other countries to do?

訳 ABC デパートへようこそ。今日は特別なイベントがあります。11 時から 3 時まで，7 階で世界の昼食祭を開催する予定です。5 か国出身のシェフが来て，伝統的な料理をつくります。そして今日，日本の有名な寿司職人のモリ・タロウさんもお祭りにやって来ます！　彼は 30 年前に神奈川で寿司職人として働き始めました。彼は他の国でも寿司職人として長い間働いていました。彼はそこの人々に日本食を楽しんでもらいたいと思いました。彼は昨年日本に帰ってきました。彼は来月，東京に新しいレストランをオープンする予定です。今日，彼はみなさんのために 4 種類の異なる寿司ランチをつくります！

本日は，ABC デパートでお買い物と特別な昼食を楽しんでいただければと思います。ありがとうございました。

(1) 今日，ABC デパートはどのくらいの間，世界の昼食祭を開催するのですか？

(2) モリ・タロウは他の国々の人々に何をしてほしかったのですか？

2 イラスト・図表を選ぶ問題

問題→P124

例題

例題1

放送文

場面A

男性：May I help you?

女性：Yes. I'll have a hamburger and a hot dog, please.

男性：Would you like a drink?

女性：Yes. Orange juice, please.

Question: What is the customer going to buy?

訳 **男性**：何かお手伝いしましょうか？

女性：はい。私はハンバーガーとホットドッグを食べます。

男性：飲み物はいかがですか。

女性：はい。オレンジジュースをください。

質問：お客さんは何を買おうとしていますか？

放送文

場面B

女性：Which animal do you like the best, Mark?

男性：Please guess. We can often see it in the zoo in Japan.

女性：Is it big or small?

男性：It's big. And it has a very long nose.

Question: Which animal does Mark like the best?

訳 **女性**：マーク，あなたはどの動物が一番好きなの？

男性：あてて。日本の動物園でよく見られるよ。

女性：それは大きい？　それとも小さい？

男性：大きいよ。そしてそれはとても長い鼻をしているんだ。

質問：マークはどの動物が一番好きですか？

例題2

放送文

A lot of people are traveling in the world. Which country has the most visitors? Look at this graph. It shows the number of people who visit some countries in a year. These are the top eight countries in the world. France is No.1. Some countries in Europe are very popular. On the graph, Germany and the U.K. are almost the same. Russia is not on the graph because it is the ninth. China is on the graph and it has the most visitors in Asia. Japan is not there. In 2020, we have the Olympic and Paralympic Games in Tokyo. I hope a lot of people will visit Japan.

訳 多くの人々が世界を旅行します。最も訪問者が多いのはどの国ですか。このグラフを見てください。それは1年にいくつかの国を訪れる人の数を示しています。これらは世界の上位8か国です。フランスが1番です。ヨーロッパのいくつかの国はと

ても人気があります。グラフでは，ドイツと英国は同じくらいです。ロシアは9番なので，グラフには載っていません。中国はグラフにあり，アジアでは最も訪問者が多いです。日本はそこにはありません。2020年に東京でオリンピックとパラリンピックが開催されます。私は多くの人々が日本を訪れることを望んでいます。

1
(1) エ (2) イ (3) ア (4) エ

解説

放送文

(1) A man is looking at a clock on the wall.

(2) It was snowing this morning, so I couldn't go to school by bike. I had to walk.

(3) **A**: What's the matter?
   B: Well, I've had a stomachache since this morning. I didn't have it last night.

(4) Attention, please. We've just arrived at London Airport. The time in London is twelve fifty p.m. The weather is cloudy, and the temperature is thirteen degrees. Please enjoy your stay in London.

訳 (1) 1人の男性が壁の時計を見ています。

(2) 今朝は雪が降っていたので，私は自転車で学校に行けませんでした。歩かなければなりませんでした。

(3) **A**：どうしたの？
   B：ええと，今朝からずっとおなかが痛いのです。昨夜は痛くなかったのですが。

(4) お知らせします。当機はロンドン空港に到着いたしました。ロンドンの時刻は午後12時50分です。天気は曇りで，気温は13度です。ロンドンでのご滞在をお楽しみください。

(4) 現在の時刻，天気，気温をもとに正しいものを選ぶ。**数字の fifty と fifteen，thirty と thirteen をしっかり聞き分けることに注意する。**

2
(1) イ (2) ウ (3) エ (4) ウ (5) ア

解説

(1) I'm surfing the Internet.「ネットサーフィンをしているんだよ」より**イ**を選ぶ。

(2) Saturday, October 5「10月5日の土曜日」より**ウ**を選ぶ。fifth「5日」の聞き取りに注意。

(3) 質問は「アレックスはどうやってシティタワーを登ることができますか？」という意味。アレックスの「そのタワーを登れるのかな？」と，カナの「うん，でも階段を使わなければいけないの」から，**エ**を選ぶ。

(4) you can eat delicious donuts「おいしいドーナツを食べられる」より**ウ**を選ぶ。

(5) 質問は「日曜日，アレックスとカナはどこで会いますか？」という意味。「日曜日」とは，アレックスが兄とカナとツアーに参加すると決めた日である。カナの「ツアーは駅から出発よ。朝9時にそこで会いましょう」から，**ア**を選ぶ。

放送文

カナ：	Alex, what are you doing?
アレックス：	Hi, Kana. I'm surfing the Internet. My brother is going to come to Japan on Saturday, October 5. So, I will show him around this city on Sunday.
カナ：	Nice! Do you have any ideas?
アレックス：	No. Can I ask you for some advice?
カナ：	Well, how about a bus tour?
アレックス：	A bus tour?
カナ：	Yes. It will take you to some interesting places like the aquarium and the City Tower.
アレックス：	Oh, can I climb the tower?
カナ：	Yes, but you have to use stairs. Also, you can eat delicious donuts during the tour.
アレックス：	Great! I'm sure my brother will like the tour. If you don't have any plans, would you like to come with me?
カナ：	I'd love to.
アレックス：	Good. Where will we meet?
カナ：	The tour starts from the station. Let's meet there at nine in the morning.
アレックス：	OK. Thank you for your advice, Kana.

Question (1): What is Alex doing?
Question (2): When will Alex's brother come to Japan?
Question (3): How can Alex climb the City Tower?
Question (4): What can Alex eat during the bus tour?
Question (5): Where will Alex and Kana meet on Sunday?

訳
カナ：	アレックス，何をしてるの？
アレックス：	やぁ，カナ。ネットサーフィンをしているんだよ。兄が10月5日の土曜日に日本に来る予定なんだ。それで，僕は日曜日にこの町を案内してあげるんだ。
カナ：	いいね！　あなたにはなにか考えがあるの？
アレックス：	ううん。アドバイスをもらっていいかな？

カナ：	ええと，バスツアーはどう？
アレックス：	バスツアー？
カナ：	そう。それは水族館やシティタワーのようなおもしろい場所に連れて行ってくれるわよ。
アレックス：	そのタワーを登れるのかな？
カナ：	うん，でも階段を使わなければいけないの。あと，ツアー中においしいドーナツを食べられるわよ。
アレックス：	すごい！　きっと兄はそのツアーを気に入るよ。もし予定がなければ，一緒に来てくれないかな？
カナ：	ぜひそうしたいわ。
アレックス：	よかった。どこで会おうか？
カナ：	ツアーは駅から出発よ。朝9時にそこで会いましょう。
アレックス：	わかった。アドバイスありがとう，カナ。
質問(1)：	アレックスは何をしているのですか？
質問(2)：	アレックスの兄はいつ日本に来るのですか？
質問(3)：	アレックスはどうやってシティタワーを登ることができますか？
質問(4)：	バスツアー中にアレックスは何を食べることができますか？
質問(5)：	日曜日，アレックスとカナはどこで会いますか？

---

3 **ア**

解説

「スピーチをする」が10人以上，「物語を読む」が8人，「日記を書く」も同数の8人，そして「英語の歌を聞く」の数が最も多い**ア**を選ぶ。

放送文

It was interesting to know what activity you enjoyed the best in my English class. I was glad to know that over ten students chose making speeches. Eight students chose reading stories, and the same number of students chose writing diaries. Maybe you can guess the most popular activity among you. It was listening to English songs. I hope you will keep enjoying English.

訳　英語の授業で，あなたたちがどのような活動をいちばん楽しんだかを知ることはおもしろかったです。私は10人以上の生徒がスピーチをすることを選んだことを知ってうれしかったです。8人の生徒が物語を読むことを選び，同じ数の生徒が日記を書くことを選びました。もしかしたら，あなたたちの中で最も人気のある活動を当てることができるかもしれません。それは英語の歌を聞くことでした。英語を楽しみ続けてくれるといいなと思います。

問題➡P127

例題

(1)

放送文

A: Are you free this afternoon?
B: Yes, I am. But why?

訳 A：今日の午後，ひまかな？
B：うん，ひまだよ。でも，どうして？

(2)

放送文

A: What can I do for you?
B: I am looking for a red T-shirt.
A: How about this one?

訳 A：いらっしゃいませ。
B：赤い T シャツを探しています。
A：これはどうですか？

(3)

放送文

A: Oh, no.
B: What happened?
A: I didn't bring my dictionary. Can I use yours?

訳 A：ああ，しまった。
B：どうしたの？
A：辞書を持ってきていない。きみのを使ってもいい？

---

1 (1) **ウ** (2) **ア**

解説

(1) 「コーヒーにミルクはいかがですか？」に対して正しい返答を選ぶ。

放送文

A: May I help you?
B: I'll have a cup of coffee.
A: Would you like milk for your coffee?

訳 A：いらっしゃいませ。
B：コーヒーを一杯いただきます。
A：コーヒーにミルクはいかがですか？

(2) 「この本に興味ある？」に対して正しい返答を選ぶ。B は話題にのぼっている動物を助ける人々についての本を，I've never read it.「読んだことがない」と言っているので，読んだことがあることを表す**イ**や**ウ**を選ばないようにす

る。

放送文

A: Have you read this book? It's interesting.
B: No. I've never read it. What is the book about?
A: It is about people who help many animals. Are you interested in this book?

訳 A：この本を読んだことある？ おもしろいよ。
B：ううん。読んだことはないよ。何についての本なの？
A：それは多くの動物を助ける人々についてのものだよ。この本に興味ある？

---

2 (1) **ア** (2) **ウ** (3) **エ** (4) **ア**

解説

(1) お礼に対する返答である**ア**を選ぶ。

放送文

A: Excuse me. Is there a post office near here?
B: Yes. It's in front of that big hospital.
A: Oh, thank you very much.

訳 A：すみません。この近くに郵便局はありますか？
B：はい。あの大きな病院の前です。
A：あぁ，ありがとうございました。

(2) 最後の1文で，Aは B（＝フジオカ・マサフミ）に「もう一度あなたの名前を教えてくれませんか？」と言っているので，**ア**と**イ**は選ばない。また，**エ**の2文目はAが I'm fine. とは言っていないので，I'm fine, too と返すのは不自然。

放送文

A: Good morning. I'm Jane Smith. Nice to meet you.
B: Nice to meet you, too, Ms. Smith. I'm Masafumi Fujioka.
A: I'm sorry, but could you tell me your name again, please?

訳 A：おはようございます。私はジェーン・スミスです。はじめまして。
B：こちらこそはじめまして，スミスさん。僕はフジオカ・マサフミです。
A：すみません，もう一度あなたの名前を教えてくれませんか？

(3) 腕時計を探している A に対する返答として正しいものを選ぶ。**エ**を使って，探す場所としてテレビの周りを提案している。

放送文

A: Mom, do you know where my watch is?
B: Your watch? No. Where do you usually put it?
A: On my desk, but it's not there.

A：お母さん，僕の腕時計がどこにあるか知ってる？
B：あなたの腕時計？　ううん。いつもはどこに置くの？
A：僕の机の上だけど，ないんだ。

(4) Shall we ～？「～しましょうか」と誘う文に対して適する返答を選ぶ。**ア**を選ぶと，「わかりました，そうしましょう（＝ 7 時半に家を出ましょう）」という意味になる。

放送文
A: Shinji, when will our plane leave tomorrow?
B: At nine. We need to arrive at the airport one hour before that, right?
A: Yes. It usually takes about thirty minutes to get there, so shall we leave home at seven thirty?

訳　A：シンジ，明日，私たちの飛行機はいつ発つの？
B：9 時だよ。その 1 時間前に空港に到着しなきゃいけないよね？
A：うん。たいていそこまで行くのに約 30 分かかるから，7 時半に家を出ましょうか？

3　**(1) ア (2) ウ (3) イ**

解説

(1)　大きなかばんが欲しいという **B** に対して，**A**（＝ 母親）が「明日買い物に行こうか？」と言っているという状況から，**ア**「うん。新しいかばんにはたくさん本が入れられると思う」が適切。

放送文
A: Your birthday is next week. What do you want for your birthday?
B: I want a big bag.
A: I see.   Shall we go shopping tomorrow?

訳　A：あなたの誕生日は来週だね。誕生日に何がほしい？
B：大きなかばんが欲しいな。
A：なるほどね。明日買い物に行こうか？

(2)　頭が痛かったため授業に遅れた **A** の，「授業に参加してもいいですか？」という質問に対する返答を選ぶ。授業に参加してもよいという返事と，体調を気遣った発言をしている**ウ**「はい。授業中に気分が悪くなったら私に伝えるべきだよ」が適切。

放送文
A: I'm sorry, Mr. Green. I'm late. I had a

---

headache this morning.
B: Really? Are you OK?
A: Yes. I'm OK now. Can I join the class?

訳　A：すみません，グリーン先生。遅れました。今朝，頭が痛かったのです。
B：そうだったんだ。　大丈夫かい？
A：はい。今は大丈夫です。授業に参加してもいいですか？

(3)　友達と図書館で宿題をしようとしている **B** が，雨が降っているため野球をすることができない **A** に対して**イ**「じゃあ，一緒に図書館に行こう！」と誘っていると考える。

放送文
A: It's raining today. Do you have any plans after school?
B: Yes. My friends are waiting at the city library. We want to do our homework there together. I'll leave soon.
A: Oh, I see. I want to play baseball in the park, but I can't play it in this weather.

訳　A：今日は雨が降っているね。放課後，何か予定はあるの？
B：うん。友達が市の図書館で待っているわ。そこで一緒に宿題をやりたいのよ。すぐに出るわ。
A：あぁ，なるほど。僕は公園で野球をしたいけど，この天気ではできないな。

4　**(1) ア (2) ウ**

解説

(1)　「買いに行ってくれない？」に対する返答として，**ア**を選ぶ。**イ**と**ウ**は，買いに行くのが自分ではなく相手になるので，不適切。

放送文
A: What do you want to eat for dinner this evening?
B: I want to eat hamburgers, Mom.
A: Then, we need some more beef. Will you go and buy it?
ア　No problem.　イ　Of course, you can.
ウ　Thank you for doing that.

訳　A：今夜の夕食に何が食べたい？
B：ハンバーガーを食べたいよ，お母さん。
A：じゃあ，もう少し牛肉が必要だわ。買いに行ってくれない？
ア　問題ありません。
イ　もちろん，あなたはそうしていいですよ。
ウ　そうしてくれてありがとうございます。

(2)　「（オーストラリアに）滞在中，ホストファミリーのための計画はあるの？」に対する返答として，**ウ**を選ぶ。**ア**は「ホストファミリーのた

めの計画」という部分に合わず，**イ**は「私の国で」が「（オーストラリアに）滞在中」という部分に合わない。

> 放送文
> A: What will you do this summer?
> B: I will stay with a host family in Australia.
> A: Do you have any plans for your host family during your stay?
> ア Yes, I'm going to write a letter to my parents.
> イ Yes, I'm going to join the school trip in my country.
> ウ Yes, I'm going to cook some Japanese food for them.

> 訳 A：この夏はどうするの？
> B：オーストラリアのホストファミリーのところに滞在するよ。
> A：滞在中，ホストファミリーのための計画はあるの？
> ア はい，両親に手紙を書くつもりです。
> イ はい，私の国で修学旅行に参加するつもりです。
> ウ はい，彼らのために日本食をつくるつもりです。

---

5 **(1) ア (2) ウ**

解説

(1) 週末の予定について話した男性に対する返答として，**ア**を選ぶ。

> 放送文
> 男性：What are you going to do this weekend?
> 女性：I am going to go shopping. How about you?
> 男性：I am going to meet my friend, Jack. We will have lunch together.
> ア That sounds nice.
> イ Here you are.
> ウ Thank you very much.
> エ Nice to meet you, too.

> 訳 男性：君はこの週末に何をする予定なの？
> 女性：私は買い物に行くわ。あなたはどう？
> 男性：友達のジャックに会うつもりだよ。僕たちは一緒に昼食を食べるんだ。
> ア いいですね。　イ はい，どうぞ。
> ウ ありがとうございました。
> エ こちらこそはじめまして。

(2) 前回の授業についていくつか質問するという先生に，「教科書を見てもよいですか？」とたずねている生徒の質問に対する答えとして，**ウ**を選ぶ。

> 放送文
> 生徒：Good morning, Mr. Green. What will we

---

do in today's lesson?
先生：First, I will ask you some questions about the last lesson.
生徒：Can we look at our textbooks?
ア Yes. I am free today.
イ Yes. That's all for today.
ウ No. Please close them.
エ No. Say it in English.

> 訳 生徒：おはようございます，グリーン先生。今日の授業では何をしますか？
> 先生：まず，前回の授業について質問をいくつかします。
> 生徒：教科書を見てもよいですか？
> ア はい。私は今日ひまです。
> イ はい。今日はそれだけです。
> ウ いいえ。それらを閉じてください。
> エ いいえ。それを英語で言いなさい。

> **PART 4** リスニング **4** まとめや表を完成させる問題

問題➡P130

例題

例題1

> 放送文
> 拓也：　　Shall I help you for the party?
> エイミー：Thank you, Takuya. Can you go to the cake shop and get cakes at eleven?
> 拓也：　　OK. Do you want anything else?
> エイミー：Yes. Could you buy something to drink at the supermarket on the way? Please come back before noon.
> 拓也：　　All right.

> 訳 拓也：　　パーティーに向けて，手伝おうか？
> エイミー：ありがとう，拓也。11時にケーキ屋さんに行ってケーキを受け取ってくれる？
> 拓也：　　わかった。他に何か欲しいものはある？
> エイミー：ええ。途中でスーパーマーケットで飲み物を買ってきてくれるかしら？　正午までには戻ってきてね。
> 拓也：　　わかったよ。

例題2

> 放送文
> Ken:　　Today, I'm going to show you my favorite picture. This picture was taken when I was born. You can see my family. We all look happy. My sister says she was very happy to have a little brother. When I feel sad or tired, I usually look at this picture, and it gives me a lot of energy. When I see it, I always feel that I'm loved by my family. Thank you.
> Question: When was Ken's favorite picture taken?

訳	ケン：今日は，僕のお気に入りの写真をあなたたちに見せるつもりです。この写真は，僕が生まれたときに撮られました。僕の家族が見えます。僕たちはみんな幸せそうです。姉は，弟ができてとてもうれしかったと言います。僕は悲しかったり疲れていたりするとき，たいていこの写真を見ると，それは僕にたくさんのエネルギーをくれます。それを見ると，僕は家族に愛されているといつも感じます。ありがとうございました。
	質問：ケンのお気に入りの写真はいつ，撮られましたか？

1

① 5　② 10　③ 歴史
④ ハンカチ　⑤ 寺

解説

① on August 5「8月5日に」
② 8時に家を出て，2時間後に大阪に着いたことから，大阪に着いた時刻は10時である。
③ メモの「日本の」をヒントに，about the history of Japan「日本の歴史について」を聞き取る。
④ メモの「買ったもの」をヒントに，bought a handkerchief「ハンカチを買った」を聞き取る。
⑤ メモの「午後に」をヒントに，In the afternoon, we visited a temple を聞き取る。

放送文

Hi, everyone. Today, I'll tell you about my trip during the summer vacation.

On August 5, I went to Osaka with my family by car. We left home at eight o'clock and got to Osaka two hours later. In the morning, we went to a museum to learn about the history of Japan. I bought a handkerchief at a shop in the museum for my friend. In the afternoon, we visited a temple. We wanted to go to an aquarium after that, but we didn't have time. So I want to go there when I visit Osaka again. Thank you.

訳 みなさん，こんにちは。今日は，夏休み中の私の旅行についてお話しします。
8月5日，家族と車で大阪に行きました。私たちは8時に家を出て，2時間後に大阪に着きました。午前中，私たちは日本の歴史について学ぶために博物館に行きました。私は友達のために，博物館のお店でハンカチを買いました。午後，私たちはお寺を訪れました。その後，水族館に行きたかったのですが，時間がありませんでした。だから，また大阪に行くときはそこに行きたいです。ありがとうございました。

2

(1) 7:30　　(2) 教室（を）掃除
(3) 5　　　(4) 金

解説

(1) 表の「学校が始まる」をヒントに，started from 7:30 a.m. を聞き取る。
(2) 表の「毎朝」と「～しなければならない」をもとに，Every morning, the students had to clean up their classroom「毎朝，生徒たちは授業が始まる前に教室を掃除しなければなりませんでした」を聞き取る。
(3) It（＝Fish and Chips）was a big fried fish and potatoes which was five dollars の，関係代名詞 which より後ろにある which was five dollars が，フィッシュ＆チップスの値段を表している。
(4) 表の「アフタヌーンティータイム」をもとに，On Fridays after school, there was afternoon tea time.「金曜日の放課後には，アフタヌーンティータイムがありました」を聞き取る。

放送文

Hi, everyone. I am Mika. I studied abroad in New Zealand for ten months and I made a lot of happy memories. Today, I am going to talk about my experience there. There are some differences between our school and the school I went to. My school in New Zealand usually started from 7:30 a.m. and finished at 3 p.m. Every morning, the students had to clean up their classroom before lessons started.

The students also had to move to each class because teachers had their own classrooms and stayed there. So they had fifteen-minute breaks between classes. Around lunch time, I often went down to the cafeteria. My favorite food was "Fish and Chips." It was a big fried fish and potatoes which was five dollars. It is a very popular and traditional food in New Zealand. On Fridays after school, there was afternoon tea time. I loved that time. All teachers were very kind and friendly. I made many good friends from other countries. I miss them so much. Why don't you visit New Zealand someday? I think you will love it.

訳 みなさん，こんにちは。私はミカです。私は10か月間ニュージーランドに留学し，たくさんの幸せな思い出をつくりました。今日は，そこでの経験についてお話しします。私たちの学校と私が通っていた学校には違いがいくつかあります。ニュージーランドの学校は，ふつう午前7時30分から始まり，午後3時に終わりました。毎朝，生徒たちは授業が始まる前に教室を掃除しなけれ

ばなりませんでした。

先生が自分の教室を持っていて，そこに留まっていたので，生徒たちは授業ごとに移動もしなければなりませんでした。だから，授業の間に15分の休憩がありました。昼食の時間になると，私はよく食堂に行きました。私の好きな食べ物は「フィッシュ＆チップス」でした。それは5ドルの，揚げられた大きな魚とポテトでした。ニュージーランドではとても人気がある伝統的な食べ物です。金曜日の放課後には，アフタヌーンティータイムがありました。私はその時間が大好きでした。先生はみんなとても親切でフレンドリーでした。私には他の国出身の仲の良い友達がたくさんできました。私は彼らにとても会いたいです。いつかニュージーランドを訪れませんか。私はあなたたちがそれを大好きになると思います。

---

3 (1) green (2) 23

解説

(1) 前後の語句から，買ったバッグの色を書き入れればよいとわかる。B が I'll take the green one(＝bag). と言っているのを聞き取り，green を入れる。**black や blue を入れないように注意。**

(2) 電子メールで I bought two presents. と言っているのは，プレゼントとして15ドルの緑のかばんと8ドルのカップを買ったということである。よって，合計の23ドルを書き入れる。**1回目は緑色のかばん1つとカップ1つを買ったことを聞き取り，2回目にそれぞれの値段を特に注意して聞き取るとよい。**

放送文

A: May I help you?
B: Yes, I'm looking for some presents for my brother.
A: Well, how about these bags?
B: How much are they?
A: This black bag is 18 dollars and the green one and the blue one are 15 dollars each.
B: OK. I'll take the green one. It's his favorite color. Oh, this is a nice cup. He can use it to drink tea every morning.
A: It's 8 dollars.
B: I'll take it too.

訳 A：何かお手伝いしましょうか？
B：ええ，私は兄弟へのプレゼントを探しています。
A：では，これらのかばんはいかがですか？
B：いくらですか？
A：こちらの黒いかばんは18ドル，緑色のものと青いものはそれぞれ15ドルです。
B：わかりました。緑色のものをいただきます。そ

れは彼の好きな色なのです。まぁ，これはいいカップです。彼は毎朝お茶を飲むためにそれを使えます。
A：そちらは8ドルです。
B：それもいただきます。

---

4 あ newspaper い Friday

解説

あ メモの the same に注目します。そこで，the same newspaper を聞き取る。そのあとの choose the story につられ，the same story としないように注意する。

い メモの When「いつ」に注目し，on Friday を聞き取る。

放送文

We do a reading activity after school. In the next activity, each of us will read the same newspaper and choose the story each person likes. Then, we will talk about it and share our ideas in groups. Please come to the library on Friday.

訳 私たちは放課後，読書活動をします。次の活動では，私たち1人1人が同じ新聞を読み，各々が好きな話を選びます。それから，私たちはグループでそれについて話し，考えを共有します。金曜日に図書館に来てください。

---

5 (1) イ (2) エ (3) イ (4) ア (5) ウ

解説

(1) 部員数を述べた There are 25 members, 12 boys and 13 girls in this club. から，イを選ぶ。男女それぞれの人数として正しいものを選ぶので，男女の合計人数の25人を選ばないように注意する。また，twelve「12」と twenty「20」，thirteen「13」と thirty「30」をしっかり聞き分ける。

(2) メモから土曜日の練習時間を聞き取ればいいとわかるので，Sometimes on Saturdays, we practice from 1:00 p.m. to 5:00 p.m. からエを選ぶ。

(3) メモから8月の合宿の最大のイベントを聞き取ればいいとわかる。It is the biggest event during the camp!「それがキャンプ中の最大のイベントです！」とあり，It が指す内容は直前

の some famous tennis players will visit us! You can practice tennis with them. 「何人かの有名なテニス選手が私たちを訪ねます！　あなたは彼らとテニスを練習することができます」なので**イ**を選ぶ。

(4) She is a math teacher. を聞き取り，担当教科として**ア**を選ぶ。

(5) 記入事項を選ぶので，please write your name and phone number に注目する。さらに，Also don't forget to write your birthday. 「また，誕生日を書くことを忘れないでください」ともあるので，**ウ**を選ぶ。

放送文

Welcome to our tennis club. We are very glad to see you. Today we will introduce our club. There are 25 members, 12 boys and 13 girls in this club. We practice on Mondays, Wednesdays and Fridays. Our practices start at 4:00 p.m. and finish at 6:00 p.m. Sometimes on Saturdays, we practice from 1:00 p.m. to 5:00 p.m. On Sundays, Tuesdays and Thursdays, we don't practice. We have a summer camp in August. At night we can enjoy playing card games and watching movies. During the camp, some famous tennis players will visit us! You can practice tennis with them. It is the biggest event during the camp! Tennis tournaments are held 3 times a year. Our members won first prize last June. If you practice hard, some of you may win first prize at one of the tournaments. The teacher of our club is Ms. Mary Rose. She is a math teacher. If you decide to join our club, please write your name and phone number on this paper. Also don't forget to write your birthday. Please give it to Ms. Rose. She is in the teachers' room. Please join us. Thank you.

訳 私たちのテニス部へようこそ。お会いできてとてもうれしいです。今日は私たちの部を紹介します。この部には，12人の男子と13人の女子の25人のメンバーがいます。月曜日，水曜日，金曜日に練習します。私たちの練習は午後4時に始まり，午後6時に終わります。土曜日はときどき午後1時から午後5時まで練習することがあります。日曜日，火曜日，木曜日は練習しません。私たちは8月にサマーキャンプをします。夜はトランプゲームや映画鑑賞を楽しめます。キャンプの間，何人かの有名なテニス選手が私たちを訪ねます！　あなたは彼らとテニスを練習することができます。それがキャンプ中の最大のイベントです！　テニストーナメントは年3回開催されます。私たちのメンバーは昨年6月にトーナメントで1位になりました。あなたたちが一生懸命練習すれば，何人かはトーナメントの1つで1位になるかもしれません。私たちの部の先生はメアリー・ローズ先生

です。彼女は数学の先生です。あなたたちが私たちの部に入ろうと決心したら，この紙にあなたの名前と電話番号を書いてください。また，誕生日を書くことを忘れないでください。それをローズ先生に渡してください。彼女は職員室にいます。ぜひ参加してください。ありがとうございました。

5 正しい場所を答える問題

問題➡P133

例題

放送文

> ジュンコ： Where are you now, Tom?
> トム： I'm at the station.
> ジュンコ： OK. Go down the street in front of you and turn right at the post office.
> トム： Turn right at the hospital?
> ジュンコ： No. Turn right at the post office, and go straight to the park. Then, you'll find this museum on your left.

訳

> ジュンコ：トム，今どこにいるの？
> トム：駅にいるよ。
> ジュンコ：わかったわ。あなたの目の前にある通りに沿って行って，郵便局で右に曲がって。
> トム：病院を右に曲がる？
> ジュンコ：いいえ。郵便局を右に曲がって，公園にまっすぐ歩いていって。そうすれば，左側に博物館を見つけられるわ。

1 ア

解説

郵便局への道案内の放送を聞き，その場所を選ぶ問題。左側にある病院を右に曲がり（Turn right at the hospital on the left），まっすぐ進む（go straight）と，**ア**が正しいと予測できる。さらに，郵便局がコンビニエンスストアの隣にあり（The post office is next to it (=the convenience store)），郵便局の正面にお花屋さんがある（there is a flower shop in front of the post office）ことから，**ア**が正しいと考える。

放送文

> A: Excuse me, could you tell me the way to the post office?
> B: Sure. We can see two hospitals over there. Turn right at the hospital on the left and go straight. You'll see the convenience store. The post office is next to it, and there is a flower shop in front of the post office.
> A: Thank you very much.
> B: You're welcome.
> Question: Where is the post office on the map?

訳

> A：すみません，郵便局への道を教えてくださいませんか？
> B：いいですよ。向こうに2つの病院が見えます。左側の病院で右に曲がってまっすぐ進んでください。コンビニが見えるでしょう。郵便局はその隣にあり，郵便局の前にはお花屋さんがあります。
> A：ありがとうございます。
> B：どういたしまして。
> 質問：地図上で郵便局はどこですか？

2 D

解説

質問は，「アツシのお母さんはどこで財布を見つけましたか？」という意味。I found it (=Atsushi's wallet) under your bed から，**D** を選ぶ。**アツシの財布が，my wallet と一度話題に上がった後の文では，代名詞 it で表されていることに注意する。また，他の場所を表す語句 on the table「テーブルの上」や by the desk「机のそば」に惑わされないようにする。**

放送文

> A: What are you looking for, Atsushi?
> B: I'm looking for my wallet. I thought I put it on the table.
> A: I found it under your bed this morning. I put it in your bag by the desk. Don't lose it.
> B: Oh, I see it now. Thanks, Mom.
> Question: Where did Atsushi's mother find his wallet?

訳

> A：アツシ，何を探しているの？
> B：財布を探しているんだ。テーブルの上に置いたと思ったんだけど。
> A：今朝，それをあなたのベッドの下で見つけたわ。机のそばのかばんに入れておいたわよ。失くさないでね。
> B：あぁ，今見つけたよ。ありがとう，お母さん。
> 質問：アツシのお母さんはどこで財布を見つけましたか？

3 　ア

解説

　質問は「スミス先生はどこに座る必要がありますか？」という意味。スミス先生の where should we, teachers, sit? に対する山田先生の答え We have to sit in the left block from the entrance. から，（入口から）左側のブロックを指すアを選ぶ。**生徒たちが in the middle block「真ん中のブロック」，生徒たちの家族が「（入口から）右側のブロック」に座ることから，消去法で選んでもよい。**

放送文

A: Hi, Mr. Yamada. Are your students ready for tomorrow's chorus contest?
B: Yes, Ms. Smith. They look a little nervous because they will sing first.
A: I hope they will do their best. Can students sit anywhere in the gym?
B: No. They have to sit in the middle block.
A: Then where should we, teachers, sit?
B: We have to sit in the left block from the entrance. The students' families will sit in the right block. They will sing on the stage at the end of the contest.
A: Wow! I'll sit near the stage in our block.
Question: Where does Ms. Smith have to sit?

訳　A:こんにちは，山田先生。あなたの生徒は明日の合唱コンテストの準備ができていますか？
B:はい，スミス先生。彼らは最初に歌うので，少し緊張しているようです。
A:彼らが最善を尽くすことを願っています。生徒たちは体育館のどこに座ってもいいのですか？
B:いいえ。彼らは真ん中のブロックに座らなければいけません。
A:では，私たち先生はどこに座るのですか？
B:私たちは入口から左のブロックに座らなければいけません。生徒たちのご家族が右側のブロックに座ります。彼らはコンテストの終わりにステージで歌います。
A:わぁ！　私は自分のブロックのステージに近いところに座ります。
質問:スミス先生はどこに座る必要がありますか？

4 　(1) イ 　(2) エ

解説

(1) 質問は「お花屋さんはどこですか？」という意味。学校からお花屋さんへの行き方をたずねているリンダに対するヒロトの答えを注意して聞く。コンビニエンスストアが右手(on your right)に見えたら，左に曲がる(turn left)という案内から，イがお花屋さんだと予想する。また，その後，右手に書店が見え，お花屋さんはその隣だということから，イが正しいと考える。

放送文

リンダ: Can you tell me the way to the flower shop from our school?
ヒロト: OK. First, you will see the park on your left, but keep walking straight.
リンダ: And then?
ヒロト: When you see the convenience store on your right, turn left. The first store you see on your right is the bookstore. The flower shop is next to it.
リンダ: Thank you.
Question: Where is the flower shop?

訳　リンダ:私たちの学校からのお花屋さんへの行き方を教えてくれる？
ヒロト:わかったよ。まず，左側に公園が見えるけど，まっすぐ歩き続けて。
リンダ:それから？
ヒロト:コンビニが右側に見えたら，左に曲がって。右側に見える最初のお店は，本屋さんだよ。お花屋さんはその隣にあるよ。
リンダ:ありがとう。
質問:お花屋さんはどこですか？

(2) 質問は「夏祭りはいつ始まるでしょうか？」という意味。今日は7月12日で，その週末(7/17・7/18)に夏祭りがあるというリンダに対して，**ヒロトが夏祭りは次の週の金曜日（7/23）から日曜日（7/25）にあると訂正しているので，エを選ぶ。**

放送文

リンダ: What's the date today, Hiroto?
ヒロト: July 12th. Why?
リンダ: There will be a summer festival in our city this weekend, right?
ヒロト: No. The summer festival will be next week, from Friday to Sunday.
リンダ: Oh, I see. Let's go together.
Question: When will the summer festival begin?

訳　リンダ:ヒロト，今日は何月何日？
ヒロト:7月12日だよ。どうして？
リンダ:今週末，私たちの市で夏祭りがあるでしょう？
ヒロト:ううん。夏祭りは来週の金曜日から日曜日までだよ。
リンダ:ああ，そうなんだ。一緒に行きましょう。
質問:夏祭りはいつ始まるでしょうか？

問題→P136

5 イ

解説

　質問は「ABC ハンバーガーショップはどこにありますか？」という意味。放送文後半の Do you know where "ABC Hamburger Shop" is?「『ABC ハンバーガーショップ』がどこにあるかご存知ですか？」のあとの道案内を注意して聞く。東駅を出発してまっすぐ行き（go straight），2つ目の信号で左に曲がる（turn left at the second light）。そのあと，1つ目の信号まで歩く（walk to the first light）と，右手に銀行が見える（find a bank on your right）とあるので，イが正解だと予想する。ABC ハンバーガーショップはちょうどそれ（＝銀行）の前（in front of it）にあるので，イが正しいと考える。

放送文

　Hello! Today is Saturday, October 13th. It's almost noon. Are you hungry? Then please go to "ABC Hamburger Shop"! I love the cheeseburger the best but the shop is famous for the Special Hamburger. It is usually $3.50 but today you can get it for $2.50. Great! And if you want to try my favorite cheeseburger, you should go tomorrow. It'll be only $2.00 this Sunday!

　Do you know where "ABC Hamburger Shop" is? OK, from the East Station, go straight and turn left at the second light. Then walk to the first light and you'll find a bank on your right. ABC Hamburger Shop is just in front of it. See you there!
Question: Where is ABC Hamburger shop?

訳　こんにちは！　今日は 10 月 13 日土曜日です。もうすぐ正午です。お腹が空きましたか？　では，「ABC ハンバーガーショップ」へお越しください！私はチーズバーガーが一番好きですが，その店はスペシャルハンバーガーで有名です。それはふつう 3.5 ドルですが，今日は 2.5 ドルでお召し上がりいただけます。すばらしいです！　そして，私のお気に入りのチーズバーガーを試したいのなら，あなたは明日お越しいただくといいです。今週の日曜日はたった 2 ドルになるのです！
「ABC ハンバーガーショップ」がどこにあるかご存知ですか？　いいですか，東駅からまっすぐ進んで，2つ目の信号で左に曲がります。それから最初の信号まで歩くと，右手に銀行が見つかるでしょう。ABC ハンバーガーショップはその正面にあります。では，そこでお会いしましょう！
質問： ABC ハンバーガーショップはどこにありますか？

1

(1)　start〔begin〕to work
(2)　study Japanese at
(3)　for seven〔7〕years
(4)　the baseball game
(5)　by the computers

解説

(1)　質問は「ジェーンの家族はなぜ日本に来たのですか？」という意味。「お母さんとお父さんがここ日本で働き始めたから，私たちはここに来た」をもとに，解答欄に合わせて，答えは「彼女のお母さんとお父さんが日本で働き始めようとしていたから。」という英文にする。

(2)　質問は「日曜日の午後，ジェーンの家族は何をしますか？」という意味。「日曜日の午後に語学教室で勉強する」をもとに答える。

(3)　質問は「タクはどのくらいの間野球をしていますか？」という意味。「僕（＝タク）は7年間野球をしている」をもとに，答えは「彼は7年間それをプレイしている」という意味の英文にする。「私（＝ジェーン）はそれ（＝テニス）を 11 年間プレイしている」をもとに for eleven〔11〕years「11 年間」と答えないように注意する。

(4)　質問は「タクは何を望んでいますか？」という意味。本文の I want you to enjoy the game.「僕（＝タク）はあなた（＝ジェーン）に試合を楽しんでほしい」をもとに，解答欄に合わせて「彼（＝タク）はジェーンに野球の試合を楽しんでもらうことを望んでいる」と答える。

(5)　質問は「辞書はどこにありますか？」という意味。There are many dictionaries by those computers.「それらのコンピューターのそばに辞書がたくさんある」をもとに，「それらは学校の図書館の，コンピューターのそばにあります」と答える。

放送文

ジェーン： Excuse me. I want to go to the school library. How can I get there?
タク： Oh, I'm going there to look for some science books. Let's go together.
ジェーン： Thank you. I'm Jane. I'm a new student from Canada. I don't know much about this school.

タク：　Welcome to our school, Jane. I'm Taku. Well, when did you come to Japan?

ジェーン：A week ago. My mother and father started to work here in Japan, so we came here. We don't speak Japanese well, so we study it at a language school on Sunday afternoons.

タク：　I see. What do you think about this city?

ジェーン：I like it very much because there are many nice shops and beautiful parks. Next Saturday, my family and I are going to go cycling in one of the parks.

タク：　That sounds fun. Well, Jane, do you want to join any club activities?

ジェーン：Yes, I want to join the tennis club. I have played it for eleven years. Do you play any sports, Taku?

タク：　Yes. I've played baseball for seven years. I'm a member of the baseball team at school. We have a big game in Minami Ballpark next Sunday morning.

ジェーン：Really? My father and I like baseball very much. I want to go to see the game with him.

タク：　The ballpark is near our school. The game will start at nine o'clock.

ジェーン：OK. I'll go there.

タク：　I want you to enjoy the game. Here we are. This is our school library.

ジェーン：Thank you. Do you know where we can find dictionaries?

タク：　Yes. There are many dictionaries by those computers.

ジェーン：Oh, I see.

Questions:
(1) Why did Jane's family come to Japan?
(2) What does Jane's family do on Sunday afternoons?
(3) How long has Taku played baseball?
(4) What does Taku hope?
(5) Where are the dictionary?

訳　ジェーン：すみません。学校の図書館に行きたいのです。そこにどう行けばいいですか？

タク：　あぁ，僕は科学の本を何冊か探すためにそこに行きます。一緒に行きましょう。

ジェーン：ありがとう。私はジェーンです。カナダから来た新入生なの。私はこの学校についてあまり知らないの。

タク：　ジェーン，僕たちの学校へようこそ。僕はタクだよ。ところで，いつ日本に来たの？

ジェーン：1週間前よ。お母さんとお父さんがここ日本で働き始めたから，私たちはここに来たのよ。日本語を上手には話せないから，日曜日の午後に語学教室で勉

強するの。

タク：　なるほど。この市についてどう思う？

ジェーン：素敵なお店やきれいな公園がたくさんあるから，とても気に入っているわ。来週の土曜日，家族と私はそれらの公園の1つでサイクリングをする予定なの。

タク：　それは楽しそうだね。ジェーン，何か部活動に参加したい？

ジェーン：えぇ，私はテニス部に入りたいの。私はそれを11年間プレイしているの。タク，あなたは何かスポーツをするの？

タク：　うん。僕は7年間野球をしているよ。僕は学校の野球チームの一員なんだ。僕たちは次の日曜日の午前中，ミナミ球場で大きな試合をするよ。

ジェーン：本当？　お父さんと私は野球が大好きなの。彼と一緒に試合を見に行きたいわ。

タク：　球場は僕たちの学校の近くにあるよ。試合は9時に始まるんだ。

ジェーン：わかった。そこへ行くわ。

タク：　試合を楽しんでほしいな。さぁ，着いた。これが僕たちの学校の図書館だよ。

ジェーン：ありがとう。どこで辞書を見つけられるか知ってる？

タク：　うん。それらのコンピューターのそばに辞書がたくさんあるよ。

ジェーン：あぁ，わかったわ。

質問：
(1) ジェーンの家族はなぜ日本に来たのですか？
(2) 日曜日の午後，ジェーンの家族は何をしますか？
(3) タクはどのくらいの間野球をしていますか？
(4) タクは何を望んでいますか？
(5) 辞書はどこにありますか？

2　**(1) イ (2) エ (3) ア (4) ウ**

解説

(1) お茶を勧めた **A** に対し，**B** は「のどは渇いていません」と断っていると考え，**イ** を選ぶ。

> 訳 A：お茶はいかがですか？
> B：いいえ，結構です。のどは渇いていません。

(2) 今朝から頭痛がするという **A** に対しての声掛けとして，**エ** の That's too bad. 「お気の毒に」が適切。

> 訳 A：今朝から頭痛がしています。
> B：お気の毒に。今日は早く寝るべきです。

(3) **A** は気に入った T シャツが自分には大きすぎると言っているので，**ア** を使ってより小さなサイズのものはお店にあるかたずねていると考える。a smaller one の one は T シャツを指している。

> 訳 Ａ：私はこのＴシャツが気に入りましたが，私には大きすぎます。もっと小さいものはありますか？
> Ｂ：もちろんです。少々お待ちください。

(4) 聞きたいことがあると言う**Ａ**に対して，**Ｂ**は「私はもう出なければなりません」と言い，さらに**ウ**「（今は話せないので）今晩，電話してくださいませんか？」と付け加えていると考える。**ア**は「今それに答えもいいですか？」，**イ**は「あなたにそれを読み上げましょうか？」，**エ**は「どうしましたか？」という意味。会話でよく使われる，助動詞を使った表現やその他の表現を覚えておこう。

> 訳 Ａ：私たちのレポートについてあなたに聞きたいことがあります。
> Ｂ：ごめんなさい。私はもう出なければなりません。今晩，電話してくださいませんか？
> Ａ：あぁ，わかりました。

3

(1) (Our) train has not arrived yet (.)
(2) (Is) it difficult for you to get up (early?)
(3) (I) remember who took this picture during (the trip.)
(4) (I'll) talk about the book I read yesterday (in the English class.)

解説

(1) has, arrived, yet, not から，現在完了の否定文〈have〔has〕not ＋過去分詞 ～ yet〉「まだ～していない」を使った文だとわかる。

> 訳 私たちの電車はまだ到着していません。

(2) it, for, to, 形容詞 difficult と，文頭に Is があることから，〈It is ～（形容詞）＋ for ＋人＋ to …〉「…することは（人）にとって～だ」の疑問文だとわかる。

> 訳 早起きはあなたにとって大変ですか？

(3) took this picture, during the trip という組み合わせを作ると，Ｉに対する動詞が remember となり，who を使った間接疑問 who took this picture「誰がこの写真を撮ったのか」が remember の目的語になると考えられる。**先行詞となる「人」を表す語句がないので，who を関係代名詞として who took ～などと使うことはできない。**

> 訳 私は誰がこの写真を撮ったのかを覚えています。

(4) １文の中に主語が２つ，動詞が２つあり，また接続詞がないことから，名詞を〈主語＋動詞～〉で修飾する部分があると考える。**yesterday と過去を表す副詞があるので，read は原形ではなく過去形だと考え，I read という組み合わせを作る。**すると，I'll talk about the book ができ，そのあとに I read yesterday を続け，the book を修飾する形にする。

> 訳 私が昨日英語の授業で読んだ本についてお話しします。

4

(1) My Japanese friend told 〔taught〕 me how to make 〔cook〕 it.
(2) I hear Japanese food is eaten in many countries.

解説

(1) 「～（人）に…（もの）を教える」は，〈tell〔teach〕＋～（人）＋…（もの）〉という語順で表す。…（もの）にあたる「～のやり方」は，how to ～と表すので，「それの作り方」は how to make〔cook〕と表すことができる。

(2) 「私は～と聞いている」は〈I hear（that）＋主語＋動詞〉で表す。主語に当たる語句は Japanese food，動詞にあたる語句「食べられている」は受け身〈be 動詞＋過去分詞〉を使って is eaten と表すことができる。**９語で書くという指定があるので，hear のあとの that は省略する。**

> 訳 アヤ：　　まぁ，あなたは日本の食べ物についての本を読んでいるのね。
> ピーター：うん。僕は今，それに興味があるんだ。僕は味噌汁が好きで，毎朝それを食べるんだ。
> アヤ：　　本当？
> ピーター：うん。私の日本人の友達がそれのつくり方を私に教えてくれたんだ。今，僕はいくつかの他のレシピを試してみたいと思っているんだ。
> アヤ：　　なるほど。私は日本料理がたくさんの国で食べられていると聞いているよ。
> ピーター：その通り。私の国のオーストラリアには，日本食レストランがたくさんあるんだ。

5

(1) イ　　(2) working

(3) 他の人々と一緒に働くこと（と）
他の人々の喜ぶ顔を見ること

(4) ウ　　(5) ア，オ

解説

(1) 入れるべき1文は，「彼は彼女の言葉を聞いて，うれしかったです」という意味。**イ**に入れると，「彼女の言葉」がお年寄りの女性の「私は以前，科学の先生だったから，それを聞いてとてもうれしいの。私はもっと多くの生徒に科学を好きになってもらいたいわ」という言葉を指すことになり，自然な流れになる。

(2) 現在分詞 working にして，working there「そこで働いている」が直前の the people「人々」を修飾した，「そこで働いている人々」という主語を作る。

(3) 「彼はそれらのことが私たちの生活のためにとても重要であることに気づきました」の「それらのこと」に当たることを日本語で書く。直前の文の，and でつながった2つのことを日本語でまとめる。

(4) アンケートの結果が書かれている第6段落に，生徒たちの35%が「ボランティア活動に興味を持っていますが，ボランティア活動に一度も参加したことがありません」と答え，ボランティア活動に参加したことがあるのは15%だけだったとあるので，それに当てはまる**ウ**を選ぶ。

(5) **ア** 「明が活動に参加したとき，川をきれいにするのに2時間かかった」（○）　第2段落の5文目の内容に合う。

　イ 「明と明の友達は，お年寄りの人々と歌を歌ったあとに洗濯物をたたんだ」（×）　第4段落1文目に，最初に洗濯物をたたんだとあるので，本文の内容に合わない。歌を歌ったのはそのあとである。

　ウ 「明の夢は，教師になって生徒たちに科学を教えることだ」（×）　第4段落6文目で明は，「僕は科学者になりたい」と言っているので，合わない。

　エ 「お年寄りの女性は便利なロボットについて明にたずねたので，彼はそれらについて話した」（×）

　オ 「明は来週，彼の経験についてのスピーチをするつもりです」（○）　第7段落2文目の内容に合う。a speech about it の it は his experience「彼の経験」を指す。

訳 明は13歳です。今年の6月，先生からボランティア活動について学び，彼はそれらに興味を持ちました。だから彼は，夏休みの間に2つの活動に参加しました。

7月に，明は彼の市のボランティアクラブのメンバーと一緒に川をきれいにしました。彼は川の中にあるたくさんのゴミを見て驚きました。彼はカンやビンなどを拾いました。彼は机と自転車も見つけました！　2時間熱心に作業したあと，川はきれいになりました。彼は，「自分ではするのが大変なボランティア活動は，多くの人が一緒に作業をするとより簡単になるなぁ」と思いました。ボランティアの仕事は彼を疲れさせましたが，彼は活動中に他の人たちと話しながら働くことを楽しみました。

8月に，明は同じくボランティア活動に興味を持っていた何人かの友達と一緒に，学校の近くにある福祉施設に行きました。彼らがそこに着くと，そこで働いている人々が彼らに施設を案内し，仕事を説明しました。

まず，午前中，明と友達は洗濯物をたたみました。その作業のあと，明と友達はお年寄りと一緒にいくつか古い歌を歌い，お年寄りの人々と話しました。明は彼の学校，家族，そして夢について話しました。彼はそうすることとお年寄りの人々の話を聞くことを楽しみました。彼があるお年寄りの女性に「僕は科学を勉強するのがとても好きです。科学者になりたいです。僕は人々のために役立つロボットをたくさん作りたいです」と言ったとき，彼女はとても幸せそうでした。彼女は「私は以前，科学の先生だったから，それを聞いてとてもうれしいの。私はもっと多くの生徒に科学を好きになってもらいたいわ」と言いました。彼は彼女の言葉を聞いて，うれしかったです。

ボランティア活動の間，明は他の人々と一緒に作業し，他の人々の幸せそうな顔を見ました。その活動を通して，彼はそれらのことが私たちの生活のためにとても重要であることに気づきました。彼はまた，「僕の学校の多くの生徒がボランティア活動をしているのかな？」と思い，アンケートを行いました。

明の学校では，生徒たちの35%が「ボランティア活動に興味を持っていますが，ボランティア活動に一度も参加したことがありません」と答えました。「ボランティア活動に興味はないし，ボランティア活動に一度も参加したことがありません」と答えた生徒はより多くいました。生徒の15%だけ，ボランティア活動に参加したことがありました。

明がその結果を見たとき，彼は自分の体験について学校の生徒に話すことにしました。来週の英語の授業で，彼はそれについてスピーチをして，彼がボランティア活動を通して何を得たかを話すつもりです。彼はたくさんの生徒にボランティア活動に参加してほしいと思っています。

2 思考力問題演習②

問題→P140

1

(1) for three [3] months
(2) it's warm all
(3) seven [7] years old
(4) how to skate
(5) some Japanese sports

解説

(1) 質問は「アリスはどのくらいの間新潟に住んでいますか？」という意味。「私はここ新潟に３か月間住んでいます」をもとに答える。

(2) 質問は「アリスが初めて雪を見たときに驚いたのはなぜですか？」という意味。「オーストラリアの私の町は一年中暖かいので，初めて雪を見て驚きました」をもとに答える。

(3) 質問は「アリスはいつサッカーをし始めましたか？」という意味。「７歳のときにそれ（＝サッカー）をプレイし始めました」をもとに答える。

(4) 質問は「ユミはアリスに何を見せましたか？」という意味。「ユミはスケートの仕方を私に見せてくれました」をもとに答える。

(5) 質問は「アリスは今年，何をしたいと思っていますか？」という意味。放送文では I'd like to try some Japanese sports と述べられているが，解答欄では I'd like to ～ と同じ意味の I want to ～ で「～したい」が表現されているので，注意する。

放送文

Hello, everyone! My name is Alice Baker. I'm from Australia. I'm twenty-five years old. I've lived here in Niigata for three months. I was surprised to see the snow for the first time because it's warm all year in my town in Australia.

In Australia, there are many people who love sports. One of the most popular sports is soccer. I started playing it when I was seven years old. When I came to Niigata, I heard about a soccer team in this town and joined it. Our team has many good players. The best player is Yumi. She runs the fastest. She works at a sports shop and loves winter sports, too. She also speaks English well, and I often talk with her a lot.

Two months ago, I tried skating. Yumi showed me how to skate. It was difficult for me, but I practiced very hard to become as good as Yumi. I was happy when I skated well.

Skating has become my favorite sport. I'd like to try some Japanese sports like judo or kendo this year. I'd like to talk about sports with you. Thank you for listening.

Questions:
(1) How long has Alice lived in Niigata?
(2) Why was Alice surprised when she saw the snow for the first time?
(3) When did Alice start playing soccer?
(4) What did Yumi show Alice?
(5) What does Alice want to do this year?

訳 みなさん，こんにちは！ 私の名前はアリス・ベーカーです。私はオーストラリア出身です。私は25歳です。私はここ新潟に３か月間住んでいます。オーストラリアの私の町は一年中暖かいので，初めて雪を見て驚きました。
オーストラリアには，スポーツを愛する人がたくさんいます。最も人気のあるスポーツの１つが，サッカーです。７歳のときにそれをプレイし始めました。新潟に来たとき，私はこの町のサッカーチームについて聞き，それに加わりました。私たちのチームにはたくさんの良い選手がいます。最も良い選手はユミです。彼女は最も速く走ります。彼女はスポーツショップで働いていて，ウィンタースポーツも大好きです。彼女はまた英語を上手に話すので，私はよく彼女とたくさん話します。２か月前，私はスケートに挑戦しました。ユミはスケートの仕方を私に見せてくれました。私には難しいことでしたが，ユミと同じくらい上手になるように一生懸命練習しました。うまくすべったときはうれしかったです。スケートは私のお気に入りのスポーツになりました。今年は柔道や剣道のような日本のスポーツをやってみたいです。あなたたちとスポーツについて話したいです。ご清聴ありがとうございました。

質問:
(1) アリスはどのくらいの間新潟に住んでいますか？
(2) アリスが初めて雪を見たときに驚いたのはなぜですか？
(3) アリスはいつサッカーをし始めましたか？
(4) ユミはアリスに何を見せましたか？
(5) アリスは今年，何をしたいと思っていますか？

2 (1) エ (2) ア (3) オ (4) イ (5) ウ

解説

(1) 写真を送ってもらったと言うアンに対して，リョウはエ「それら（＝ロンドンにいる姉から送られてきた何枚かの写真）を僕に見せてくれる？」と言っていると考える。

(2) 直後でアンが「こっちがジェーンで，こっちがサラ」と姉妹について答えているので，(2)でリョウはア「彼女らは君の姉妹なの？」とたずねていると考える。

(3) 直前のアンの「あなたにも姉妹がいるのですね」を受け，リョウは**オ**を使って「はい，彼女（＝リョウの姉）はジェーンと同い年です」と返していると考える。

(4) 直前で日本犬が話題に出ていることから，リョウは**イ**を使って「君とお姉さん，妹さんは日本犬が好きなの？」とたずねていると考える。これに対してアンは Yes, we do.「はい，私たち（＝アンとアンの姉妹）はそうです」と答えている。

(5) (5)を含む文の them は people walking with their Japanese dogs「日本犬と一緒に歩いている人々」を指している。そのような人々に対して，**ウ**「あなたの犬の写真を撮ってもいいですか？」とたずねると考える。

> **訳** アン：昨日，ロンドンにいる姉が私にメールで何枚か写真を送ってくれたの。
> リョウ：わぁ！ それらを僕に見せてくれる？
> アン：もちろん。はい，どうぞ。見て！ これがロンドンの私の家よ。
> リョウ：君の家の前に2人の女の子が見えるよ。彼女らは君の姉妹なの？
> アン：そうよ。こっちがジェーンで，こっちがサラ。
> リョウ：彼女らは何歳なの？
> アン：ジェーンは17歳，サラは11歳よ。あなたにもお姉さんがいるのよね。
> リョウ：うん。彼女はジェーンと同い年だよ。えと，サラは腕に犬を抱いているね。
> アン：彼は私たちの犬なの。名前はタロウよ。彼は日本犬なの！
> リョウ：本当？ 君とお姉さん，妹さんは日本犬が好きなの？
> アン：うん，そうなの。この近くの公園で日本犬と一緒に歩いている人々を見かけるときがあるの。そのとき私は彼らに，「あなたの犬の写真を撮ってもいいですか？」とたずねるの。
> リョウ：そうなんだ。

3

(1) borrow (2) second (3) must

解説

(1) ten books をもとに，案内の「貸し出し冊数10冊」に注目し，「あなたは図書館から10冊の本を借りることができます」という意味になるよう，borrow を入れる。

(2) there are three computers「3台のパソコンがあります」をもとに，案内の「2階にパソコン3台あり」に注目し，「2階には3台のコン

ピューターがあります」という意味になるよう，second を入れる。

(3) eat or drink in the library「図書館で食べたり飲んだりする」をもとに，案内の「館内での飲食は禁止です」に注目し，「図書館で食べたり飲んだりしてはいけません」という意味になるよう，must を入れる。must not ～「～してはいけない」。

> **訳** 図書館から10冊の本を借りることができます。あなたは2週間それらを持ち続けることができます。2階には3台のコンピューターがあります。あなたは本を探すためにそれらを使うことができます。図書館で食べたり飲んだりしてはいけません。

4

(1) (I) began making a cake for my brother (at noon.)
(2) (How) often have you been to the city(?)
(3) (He) forgot what to do next(.)
(4) (What) news made the girl so happy(?)

解説

(1) 動詞 began に動名詞を使った語句 making a cake を続け，「ケーキを作り始めた」という語句を作ることができる。さらに，for my brother「兄〔弟〕のために」を続ける。

> **訳** 私は正午に，兄〔弟〕のためにケーキを作り始めました。

(2) **how と often を組み合わせて「何回」とたずねるとわかる。**さらに，語群に have，過去分詞 been があることから，現在完了の疑問文 have you been ～? を how often のあとに続けると考える。

> **訳** あなたは何回その市に行ったことがありますか？

(3) **He に対応する動詞は forgot ～「～を忘れた」，その目的語として，what to do「何をするべきか」を置く。**文頭が He であることから what は「何？」とたずねる疑問詞として使うことはないことと，間接疑問文〈what ＋主語＋動詞～〉の主語または動詞になる語句がないことから，what to ～を用いると考える。

> **訳** 彼は次に何をするべきか忘れました。

(4) made と the girl，so happy（形容詞）がある

ことから，〈make ＋〜＋…(形容詞)〉「〜を…(の状態)にする」の過去形を使った文だと考える。残る news は What と組み合わせ，What news「どんなニュース」という意味の疑問詞を作る。

> **訳** どんなニュースがその女の子をそんなに幸せにしたのですか？

5
(1) Do you know who will come to the party?
(2) He is the boy we saw on our way to school this morning.

解説

(1) Do you know 〜？「あなたは〜を知っていますか？」の目的語「誰がそのパーティーに来るか」を，who を主語とした間接疑問〈who ＋ 動詞〜〉を使って who will come to the party と表す。

(2) He is the boy「彼は男の子です」を作る。さらに，the boy に「私たちが今朝，学校に行く途中で見かけた(男の子)」という意味の修飾〈主語＋動詞〉を続ける。「学校に行く途中」＝ on one's way to school。

> **訳** ニック：僕たちは明日，スーザンの家でパーティーをするね。
> クミ：そうね。あなたは誰がそのパーティーに来るか知ってる？
> ニック：うん。ジュディ，トム，サリー，ジムとマイクだよ。
> クミ：マイク？
> ニック：そうだよ。彼は僕たちが今朝，学校に行く途中で見かけた男の子だよ。彼は先週この町に引っ越してきたんだ。
> クミ：あぁ，そうなんだ。

6
(1) ウ
(2) マラソン大会で2時間以内にゴールする。
(3) ① faster ② words
③ weekend

解説

(1) シュンの「僕は速いランナーではありません」に対して，グレイ先生は「(速く走ることよりも)もっと重要なことをあなたにお話ししましょ

う。それは走り終えることです」と言い，それに You are right.「あなたの言う通りです」と言っているので，**ウ**「速く走ることより走り終えることが重要だ」を選ぶ。

(2) 「去年，僕は2時間で走り終えることができなかった」に続けて，「今年はそうしたいです」と言っているので，do that「そうする」は「(マラソン大会で)2時間で走り終える(＝ゴールする)」ことを指している。

(3) ① シュンの6つ目の発言から，去年は2時間以内にゴールすることができなかったとわかる。よって，「1時間45分かかりました。僕は去年(2時間以上)より速く走りました」という意味になるよう，fast の比較級 faster を入れる。

② 心の中で自分自身に「走るのを楽しもう！」と言っているので，**シュンはグレイ先生の最後の発言にある言葉 Let's enjoy running! を思い出している**と考える。

③ グレイ先生の2つ目の発言をもとに，「彼女(＝グレイ先生)は毎週末10キロメートル走ると言っていました」という意味の英文になるよう，weekend を入れる。

> **訳** シュン：こんにちは，グレイ先生。僕たちの学校のマラソン大会がもうすぐやってきますね。
> グレイ先生：ああ，それについて聞いたことがあります。それは来週開催されますね。合っていますか？
> シュン：はい。10月15日に。あなたはそれに興味がありますか？
> グレイ先生：はい，あります。アメリカにいたとき，私は多くのマラソン大会で走りました。ランニングは私が好きなことの1つです。私は毎朝，約2キロ走ります。毎週末には10キロ走ります。
> シュン：10キロですか？ それはすばらしいことです！
> グレイ先生：シュン，あなたも走るのが好きですか？
> シュン：はい。僕は野球チームに所属していて，毎朝チームメイトのジュンと一緒に走って学校に行きます。それが僕たちのトレーニングです。しかし，僕は速いランナーではありません。
> グレイ先生：あぁ，それを気にする必要はありませんよ。もっと重要なことをあなたにお話ししましょう。それは走り終えることです。
> シュン：あぁ，そうですね。あなたの言う通りです。
> グレイ先生：そして，ランニングを練習すること

で，速いランナーになるでしょう。

シュン： ありがとうございます，グレイ先生。
がんばります。去年，僕は 2 時間で
走り終えることができなかったので，
今年はそうしたいです。

グレイ先生：いいですね。何キロ走りますか？

シュン： 15 キロメートルです。まず，学校か
らミナミ公園まで走ります。その後，
川に沿って走ります。

グレイ先生：なるほど。私は以前ミナミ公園の周
りを走ったことがありますが，私は
川に沿って走ったことはありません。

シュン： 川沿いにはたくさんの木があり，こ
の季節には紅葉を見て楽しむことが
できます。

グレイ先生：なるほど。その後学校に戻るのです
か。

シュン： いいえ。学校に戻る前にミナミスタ
ジアムの周りを走ります。それは有
名なスタジアムで，そこではたくさ
んのスポーツイベントや音楽イベン
トが開催されています。

グレイ先生：コンサートを見にそこへ行ったこと
があります。いいスタジアムです。
うーん，私もマラソン大会で走りた
いです。

シュン： 本当ですか？ 多くの生徒があなた
と一緒に走れると知って喜びますよ。
僕たちは朝 9 時にスタートします。

グレイ先生：わかりました。来週は晴れか曇りら
しいです。雨が降ったらどうなりま
すか？

シュン： マラソン大会は来月開催されます。

グレイ先生：わかりました。ランニングを楽しみ
ましょう！

訳 (3)の日記
今日は 15 キロ走りました。1 時間 45 分かかりま
した。去年よりも速く走れたので，とても嬉しかっ
たです。辛かったですが，グレイ先生の言葉を思
い出して「楽しんで走ろう！」と思いました。そ
うしたら，気分も良くなり，きれいな紅葉や素敵
な建物を見るのが楽しくなってきました。グレイ
先生は，毎週末，10 キロを走っているそうです。
私も速いランナーになりたいと思っているので，
それもやってみたいと思います。

MEMO

KADOKAWA